权威·前沿·原创

皮书系列为
"十二五""十三五"国家重点图书出版规划项目

上海蓝皮书

BLUE BOOK OF SHANGHAI

总编/张道根 于信汇

上海法治发展报告
（2018）

ANNUAL REPORT ON DEVELOPMENT OF THE RULE OF LAW IN SHANGHAI (2018)

主 编/杜文俊
副主编/王海峰 孟祥沛

社会科学文献出版社
SOCIAL SCIENCES ACADEMIC PRESS (CHINA)

图书在版编目（CIP）数据

上海法治发展报告.2018/杜文俊主编.--北京：社会科学文献出版社，2018.6
（上海蓝皮书）
ISBN 978-7-5201-2729-5

Ⅰ.①上… Ⅱ.①杜… Ⅲ.①社会主义法制-研究报告-上海-2018 Ⅳ.①D927.51

中国版本图书馆CIP数据核字（2018）第095836号

上海蓝皮书
上海法治发展报告（2018）

主　　编／杜文俊
副 主 编／王海峰　孟祥沛

出 版 人／谢寿光
项目统筹／郑庆寰
责任编辑／张　嫒　陈旭泽

出　　版／社会科学文献出版社·皮书出版分社（010）59367127
　　　　　　地址：北京市北三环中路甲29号院华龙大厦 邮编：100029
　　　　　　网址：www.ssap.com.cn

发　　行／市场营销中心（010）59367081　59367018
印　　装／三河市龙林印务有限公司

规　　格／开　本：787mm×1092mm　1/16
　　　　　　印　张：19.25　字　数：290千字
版　　次／2018年6月第1版　2018年6月第1次印刷
书　　号／ISBN 978-7-5201-2729-5
定　　价／89.00元

皮书序列号／PSN B-2012-296-6/7

本书如有印装质量问题，请与读者服务中心（010-59367028）联系

▲ 版权所有 翻印必究

上海蓝皮书编委会

总　　编　张道根　于信汇

副总编　王玉梅　谢京辉　王　振　何建华　张兆安
　　　　　周　伟

委　　员　(按姓氏笔画排序)
　　　　　王德忠　叶必丰　阮　青　孙福庆　李安方
　　　　　杨　雄　沈开艳　邵　建　周冯琦　周海旺
　　　　　荣跃明　屠启宇　强　荧　惠志斌

《上海法治发展报告（2018）》专家委员会

（按姓氏笔画排序）

丁 伟　王光贤　叶 青　史秋琴　刘 平　刘 华
沈志先　谷继明　陈春兰　林化宾　林国平　周永年
俞卫锋　龚培华　盛雷鸣　盛勇强

《上海法治发展报告（2018）》编委会

主　　任　叶必丰

副 主 任　杜文俊

特邀编委　黄立群

编　　委　王海峰　邓少岭　孙大伟　肖 军　何 源
　　　　　　张 亮　张晓栋　孟祥沛　姚 魏　彭 辉

主　　编　杜文俊

副 主 编　王海峰　孟祥沛

主编简介

杜文俊 法学博士，日本广岛大学访问学者，上海社会科学院法学研究所学术秘书室主任，研究员，硕士研究生导师；兼任中国法学会立法学研究会理事、中国法学会行为法学研究会理事、上海市法学会理事、上海市法学会司法研究会副秘书长；上海市第二中级人民法院诉调对接中心特约调解员、上海市人民检察院第三分院特约检察员。2011~2013年挂职任上海市闸北区人民检察院副检察长。

主要从事经济刑法、职务犯罪、财产犯罪、金融犯罪研究，以及刑法学理论的司法化研究。发表论文60多篇，其中在法学类核心期刊发表论文20多篇，出版专著及编著5部；主持或参与国家和省部级项目8项。2016年获上海社会科学院优秀教学奖、上海社会科学院张仲礼学术奖（应用类）、上海市法学会第三届"上海市法学优秀成果奖"论文类二等奖。

摘　要

《上海法治发展报告（2018）》对2017年上海地方法治建设进行了全方位考察，反映了上海市法治建设持续深入推进的真实情况，回顾并梳理了上海在依法治市、人大立法、依法行政、司法体制改革等方面取得的进步和面临的挑战。

全书共分五部分。总报告全面回顾了上海法治建设领域取得的成绩，对人大、政府、法院、检察院、律师工作有专项解读，并对2018年上海法治建设进行了展望。

评估篇分两章。一是上海市地方性法规行政罚款设定分析报告，通过比较上海市地方性法规罚款设定状况，描述罚款设定演进的轨迹，以全面审视上海市地方性法规罚款设定的合理性、科学性和协调性，深入梳理罚款设定种类及其组合方式，从而得出完善上海市地方性法规行政罚款设定的对策建议。二是上海市黄浦区民营经济法治环境满意度评估，由立法环境、司法环境、行政执法环境、守法环境、法律服务环境五部分构成。建议在法治环境的整体建设中应注意各项指标的均衡发展；立法上着重加强立法的可操作性；司法上推进司法便民，狠抓执行难，注重对民营经济的平等保护；行政执法上推行高效便民的措施，加强行政执法的规范性，加强对协管人员的管理和约束，积极发挥市场在配置资源中的基础性作用。

专题篇从多个角度重点介绍了上海法治建设的现状：有"人工智能"在司法界的普及运用；检察改革的探索与实践；食药品安全犯罪案件的调查；上海市走私犯罪检察工作实证研究（2015~2017年）；上海自贸区案件特点及司法保障；上海市人大对《上海市道路交通管理条例》实施执法的检查；上海法学教育发展报告；对规范性文件审查机制的探讨；区级人大法

制委员会运行情况与机制探索等。

热点篇分两章。"世界级生态岛建设视域下环境资源专门审判庭设置的路径探析",是以崇明法院成立的上海首个环资庭为研究对象,从宏观、微观、国内、域外四个维度深入考察,并提出具体建议。"上海自贸港建设亟待解决的若干法律问题"则是对自贸港法律法规建设的统一性、系统性提出看法,呼吁投资、金融等领域的改革需要紧跟国际化。

案例篇中谈论了电网企业地方立法问题,主要介绍了政企分开之后,电力企业取代原先的电力行政主管部门成为推动电力立法的主体,对上海电力地方立法过程提出许多具有创新性的建议。"上海市'舌尖上的安全'保障工作及其效果述评",则是通过制定《上海市食品安全条例》及出台相关配套措施,形成食品安全社会共治格局。

关键词: 上海　法治建设　行政执法

目 录

Ⅰ 总报告

B.1 2017年上海法治建设状况与2018年展望
　　　　　　　　　　杜文俊　金梦婕　孙　波　谢佳文　张咏莹 / 001
　　一　人大工作稳中有进成效突出 …………………………………… / 002
　　二　法治政府建设取得新进展 ……………………………………… / 013
　　三　司法体制改革全面深化 ………………………………………… / 024
　　四　依法治市扎实推进 ……………………………………………… / 038
　　五　2018年工作展望 ……………………………………………… / 049

Ⅱ 评估篇

B.2 上海市地方性法规行政罚款设定分析报告
　　　　　　　　　　　　　　　　　　彭　辉　王松林　陈　颖 / 057
B.3 上海市黄浦区民营经济法治环境满意度评估 ………… 孟祥沛 / 080

Ⅲ 专题篇

B.4 "人工智能"让司法更加公正高效权威
　　　——"人工智能"在司法领域应用的理论分析与实践探索
　　　……………………………………………………………… 崔亚东 / 092

001

B.5 坚持问题导向　强化创新引领
　　——上海检察改革2.0版的探索与实践
　　……………… 上海市检察机关深化司法改革领导小组办公室 / 107
B.6 上海自贸区的案件特点和司法保障
　　………………………………… 上海市第一中级人民法院课题组 / 119
B.7 上海检察机关办理食药品安全犯罪案件的调查报告
　　………………………………… 上海市人民检察院第三分院课题组 / 131
B.8 上海市走私犯罪检察工作实证研究（2015～2017年）
　　………………………………… 陆建强　王幼君　张　亮 / 146
B.9 上海市人大对《上海市道路交通管理条例》实施执法检查
　　………………………………………………… 肖　军　韩君蕊 / 161
B.10 上海法学教育发展报告 … 华东政法大学上海法学教育课题组 / 171
B.11 上海市区级人大法制委员会的运行情况与机制探索
　　……………………………………………………………… 姚　魏 / 192
B.12 知识分散性与规范性文件审查机制的合理性
　　——全国实践与上海例证 …………………………… 邓少岭 / 213

Ⅳ 热点篇

B.13 世界级生态岛建设视域下环境资源专门审判庭设置的路径探析
　　——以崇明法院成立的上海首个环资庭为实证研究
　　………………………………………………………………… 曹彩云 / 227
B.14 上海自贸港建设亟待解决的若干法律问题
　　……………………………………………… 王海峰　高　宇 / 241

Ⅴ 案例篇

B.15 上海市"舌尖上的安全"保障工作及其效果述评
　　——以《上海市食品安全条例》出台为背景
　　…………………………………………… 孙大伟　秘燕霞 / 250

目 录

B.16 电网企业积极推动地方立法 …………………………… 何 源 / 264
B.17 后记 ……………………………………………………………… / 276

Abstract ……………………………………………………………… / 278
Contents ……………………………………………………………… / 280

皮书数据库阅读 **使用指南**

总 报 告
General Report

B.1
2017年上海法治建设状况与2018年展望

杜文俊　金梦婕　孙波　谢佳文　张咏莹*

摘　要： 2017年上海法治建设稳中求进，人大立法、法治政府、司法改革和依法治市四个方面发展均有新的突破。上海市政府贯彻落实中央决策部署，为地方发展提供法治保障，创建法治化、国际化营商环境，为建设具有全球影响力的科创中心而努力。运用法治思维、创新社会治理手段，打好蓝天保卫战、整治黑臭河道，解决百姓最关心的民生问题。政府改进和加强自身工作，突出立法难点、重点，注重和提升立法质量，人大充分发挥代表职能，丰富活动参与途径、真抓实干督办

---

* 总报告课题组组长：杜文俊，上海社会科学院法学研究所研究员；课题组成员：金梦婕、孙波、谢佳文、张咏莹。

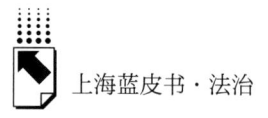

代表建议,为法治政府建设添砖加瓦。2018年上海应对新时代挑战,发挥自身优势,向世界各国展现城市精神。本报告在回顾总结上海2017年法治建设工作重点基础上,对2018年法治建设宏伟蓝图绘制提供思路。

关键词: 人大工作　法治政府建设　司法体制改革　依法治市　上海法治建设

一　人大工作稳中有进成效突出

2017年,上海市人大常委会贯彻党的十八届六中全会、中央经济工作会议精神,基本落实了第十四届人大五次会议明确的各项任务。2017年全年共有11件立法正式项目,其中4件为上年的结转项目、7件为审议项目,提出6件预备项目。监督工作,听取和审议专项工作报告5项,执法检查项目4项,计划预算监督项目4项,同时,就食品安全、新农村建设等监督议题组织专题询问。上海市人大在2017年更加注重服务改革发展和促进民生改善,立法引领进一步强化、增强人大监督实效,充分加强自我建设,发挥代表作用。这为上海市经济、文化、民生、城市管理向纵深发展提供了充分的制度保障。

(一)2017年人大工作回顾

2017年市人大工作紧密围绕立法权、监督权、任免权、重大事项决定权四项职能以及服务代表履职保障、人大自身建设几个维度开展全年工作。总体而言,人大工作稳中有进,亮点突出。

1. 注重调研匠心立法,提高地方立法质量

上海立法领域先行先试,在立法质量上致力于发挥排头兵作用。2017年,上海市审议通过《上海市社会信用条例》,是我国首个在社会信用领域立法的城市;审议通过了《促进科技成果转化条例》,促使科技成果完成单位享有"转化自主权",推动高校院所成果转化,创设了既有利于激发科研人员的创新动力,又能兼顾各方利益的成果转化收益奖励指导规则,鼓励了更多科技成果的涌现和转化。另外,审议通过了《上海市居民委员会工作条例》《上海市实施〈中华人民共和国村民委员会组织法〉办法》等;提请审议《高等教育促进条例》《水资源管理若干规定》《职工代表大会条例》《预算审查监督条例》《农村集体资产监督管理条例》《市人大常委会关于修改拆除违法建筑若干规定》等部分地方性法规的决定;提请常委会审议《单用途商业预付卡管理条例》《张江国家自主创新示范区条例》《历史文化风貌区和优秀历史建筑保护条例》《会展业条例》《消防条例》《住宅物业管理规定》等立法预备项目。

为确保立法质量,上海市人大注重专题调研。进一步扩大开放试验田,全面深化改革。市人大有针对性地组织《中国(上海)自由贸易试验区条例》修法调研,并按照"三区一堡"的新定位,引领自贸试验区各项改革纵深推进;常委会委托内务司法委员会就《老年人权益保障条例》实施情况进行专题调研,对长期护理保险制度建立运行情况进行重点了解,将形成的调研成果报主任会议;此外,常委会还委托侨民宗委、外事委就境外人员、在沪台胞信息平台建设及运作进行跟踪监督,督促政府部门健全境外人员信息平台运作、信息互通和共享机制,建立面向台胞的信息共享平台,调研成果报主任会议。人大常委会还聚焦落实"一带一路"、城镇化过程中的生态建设和保护,开展多元调研活动,明确立法的现实背景,为科学立法和民主立法铺垫具有指导意义的基础材料。

2. 探索多样监督机制,不断落实监督实效

2017年,上海市人大常委会听取、审议5项专项工作报告,检查4项法律法规的实施情况,审查和批准预算情况,听取、审议计划预算执行情况报告,审计查出4项问题整改情况报告,更加注重对规范性文件的备案审查。上海市人大以《监督法》和《关于贯彻实施监督法的若干意见》为底线,不断创新监督职能落实方式。按照新制定的监督工作流程,改进专项工

作监督和执法检查的组织工作,依托"监督工作管理系统",确保监督工作流程统一、规范、有序。常委会组成人员除参加本委员会监督活动外,全程参与部分其他委员会组织的监督调研。完善专题询问组织工作,提升专题询问的针对性、实效性及互动性。全面推进常态化询问,增强审议质量监督。

(1)加强和改进执法检查工作。对《道路交通管理条例》《消费者权益保护条例》《环境保护条例》《食品安全法》等法律法规实施情况组织开展执法检查。检查组组长由常委会主任或副主任担任,并实行执法检查报告制度。坚持"小切口、重实效"原则,确定检查重点,紧扣关键性法律法规条款的落实,提高执法检查报告建议的针对性与可操作性。探索执法检查审议意见交办、督办机制,提出项目化整改方案,报主任会议讨论后交市政府相关部门研究处理。还将市政府研究处理《消费者权益保护条例》执法检查报告及审议意见情况的报告提请常委会审议。

(2)加强对重点工作专项监督。听取并审议市政府《关于2017年上半年经济社会发展情况报告》,组织全体市人大代表进行评议;听取并审议《新农村建设情况、预算公开情况的专项工作报告》。根据需要,相关委员会落实了黄浦江两岸公共空间贯通、中小学生过重课业减负、公共场所控烟条例实施、境外人员和在沪台胞信息平台建设及运作机制、老年人长期护理保险制度,及相关课题组织开展监督调研、跟踪监督。

严格贯彻实施《预算法》,审查并批准2016年度决算,听取并审议上年度计划预算的执行报告、审计工作报告和审计整改情况报告,深化经济运行情况分析,推动经济转型发展,为发展提质增效、优化结构。开展对2018年度计划、预算草案的初步审查工作,完善在预算审查前听取人大代表和社会各界意见建议的长效机制。

(3)加大规范性文件备案审查力度。做好政府规章备案审查工作,重点对"沪府发"规范性文件进行主动审查,基本做到审查全覆盖。2017年人大法工委发布了《关于2016年规范性文件备案审查情况的报告》,2016年上海市政府发布"沪府发"文件111件,市政府法制办将其中46件规范性文件向市人大常委会进行报备,报备率为100%。

2017年上海市人大常委会更加重视备案审查制度建设及能力建设。一方面，完善市政府规范性文件和市人大内部的备案审查机制，坚持中央"有件必备、有备必审、有错必纠"精神，将"沪府发"规范性文件全部纳入报备范畴，有备必审，推动"一口受理，双线审查，专人承办，集体研究，专工委领导负责"机制，完善人大内部文件备案审查流程。另一方面，加强备案审查的信息化建设，实现了地方性法规的网上报送备案，建立备案审查信息平台，实现网上报备审查。

（4）推进人大信访工作的开展和完善。贯彻落实全国人大常委会关于信访工作要求，进一步提高信访办理工作法治化、规范化、制度化水平。改进和完善信访件的转送、调研、汇报制度，加强信访件分析报告。完善人大代表参与信访工作制度，推进常委会及代表依法履职服务。开辟专门渠道听取国家机关和社会团体、企事业单位以及公民提出的审查建议，健全代表、专家参与审查的工作制度，建立审查意见沟通落实的工作机制。按照全国人大常委会要求，推进备案审查工作信息化建设。

3. 发挥代表作用，加强履职保障

人大工作的主体是代表，活力在代表，发展看代表，人大代表是人民群众与人大之间的纽带，在常委会的立法监督各项工作中发挥了生力军的作用。同时，加强代表的履职保障也是充分发挥代表作用的必要条件之一。2017年，上海市人大常委会开展代表履职交流会，要求人大代表在专业领域发挥积极作用，在热点问题上拓展履职宽度，创新工作方式，依托人大平台充分发挥代表作用。贯彻落实《关于完善人大代表联系人民群众制度的实施意见》，健全常委会联系代表、委员会联系代表、代表联系群众制度，建设多方联系的工作平台和网络平台，完善代表反映人民群众意见的反馈机制；进一步加强和改进代表专题调研、代表小组活动、代表联系社区工作，支持和保障代表广泛听取群众的意见和建议；全面完成市人大代表向原选举单位报告履职情况的相关工作。

（1）加强对区人大工作的服务和指导。指导新一届区人大常委会完善制度、健全机制、有效履行职能。协助区人大举办新一届代表履职学习班，加强对新当选区人大代表、常委会和委员会组成人员的培训。召开市人大代表联络机构建设推进会，推进街道人大工委和乡镇人大代表联络机构的规范化与制度化建设。

对代表议案和建议开展"回头看"工作。建立健全代表议案审议、办理工作机制，提高规范化、制度化水平。通过全面梳理本届代表已建议办理议案落实情况，强化对答复为"正在解决""计划解决"的代表建议的跟踪督办，加快解决一批代表持续反映多年的突出问题。完善常委会主任会议、专门委员会、人事代表工委督办工作，搭建人大常委会相关部门与承办部门、人大代表三方沟通协商平台，增强办理工作实效。梳理总结本届代表建议办理工作的经验，力求为新一届代表履职提供借鉴。

（2）不断丰富闭会期间代表活动途径。2017年上海市人大积极组织代表履职学习，邀请1200多位代表列席常委会会议，加强常委会组成人员与代表之间的联系，各委员会成立代表专业小组并定期组织活动，广大代表积极反映社情民意，提出了许多建设性意见。在组织开展法规起草审议、专项监督与执法检查时，广泛邀请代表参与其中，通过担任工作组成员，为常委会和委员会的工作提供源源不断的民意支持。五年来，上海共有3400多位代表参加专题调研，形成了107篇高水准的调研报告，为政府开展相关工作提供参考与支持，并为提出议案建议打下坚实基础。

（3）加强代表议案建议办理和督办。经过审议交办、办理答复和跟踪督办三个环节推进后，本届代表提出的111件议案中有54件议案涉及诚信建设等的立法项目已经由常委会审议并通过，有11件议案涉及安全生产等监督工作也已经完成，有11件议案涉及历史风貌保护等工作已列为立法预备项目。常委会建立健全了主任会议、专门委员会、代表工委分工协同的代表建议督办体系。2015年对代表反映的"不满意件"展开集中办理；2016年举办了6期办理部门和代表共同参加的研讨班，不断推进办理进程；2017年创建了督办会后两个月内书面反馈督办结果的工作机制，并在届中和届末两次开展历年代表建议办理"回头看"工作。据统计，本届代表提出的4050件建议中，已"解决采纳"的有2707件，占比67%，同比提高了14

个百分点。金融支持都市农业、老年护理体系完善、完成"十二五"旧改目标、老旧小区二次供水改造、农村经济果林建设、中小学取消磁带与教材捆绑配送、回民公墓二期工程建设、医院滞留患儿安置、医保定点药店数量增加、全市路口增设反光标识、区际断头路对接等一大批与发展和民生密切相关的重要建议得到落实,广大代表对办理工作的满意度显著提升。

(4)密切代表与人民群众的联系。组织开展两次代表"带主题"进社区活动,健全了代表意见的反馈和处理机制,拓展了听取意见范围,从社区群众扩大至驻区单位与社会组织。4500多位代表围绕急救医疗服务、道路交通管理、食品安全、公共场所控烟、生活垃圾分类管理等领域的立法项目,直接听取并反映基层群众的意见。在实行代表参与人大信访的制度期间,共有近千位代表阅看了8700多封群众来信,及时了解社情民意,同时也增强了代表履职的责任感。在建立了市人大代表履职报告制度后,据统计共有830多位代表向原选举单位报告了履职情况,广大代表在接受人民监督这方面的意识已进一步提高。

上海市人大组织开展"走进人大"系列活动,开放庄严的会议厅让广大市民参与其中,由市人大常委会的相关领导为市民讲解人大制度、人大职权,并围绕市民关心的"共享单车的城市管理"等问题进行模拟专题询问。另外,市人大常委会法工委与华东师范大学法学院签订了实习基地协议,建立合作平台、实现资源共享,组建基层立法联系点志愿者服务队,便于法学专业学生有序参与地方立法实践。

4. 加强人大自身建设,提升工作效能水平

2017年,上海市人大在自身建设方面着眼于新形势、新任务对人大工作提出的新要求,把增强常委会和专门委员会自身建设放在重要位置,确保各项工作的有序推进。加强机关干部队伍建设,切实落实好人大机关巡视整改工作,不断提高机关工作效能和水平。市人大及其常委会认真贯彻中央有关意见,形成调研报告和相关代拟稿,对本市各级人大常委会讨论决定的本行政区域重大改革措施、民主法治建设的重大措施、重大民生工程、城镇建设和重大建设项目适用范围提出建议。建立市人大常委会预算联网审查监督

中心，实现国库集中支付与财政预算管理的数据连接。

一是更加注重思想政治建设和党风廉政建设。坚持常委会中心组理论学习制度，加强常委会政治理论及时更新学习，深入贯彻党的十九大和上海市第十一次党代表大会精神，学习习近平总书记系列重要讲话精神以及治国理政新理念、新思想、新战略，增强政治意识、核心意识、看齐意识和大局意识。加强委员初任培训，发挥老委员"传帮带"作用，确保各项工作稳中有序。举办常委会会议前法制讲座，加强与履职相关的法律知识学习，提高依法履职水平。

注重党内纪律教育，做好机关巡视整改工作，严格执行机关制度，规范经费使用管理，切实完成整改任务。支持纪检组工作，深入开展党风廉政建设以及反腐败工作。落实《机关干部队伍建设三年规划》，培养并提升机关干部专业能力，努力打造一支政治坚定、业务精通、作风优良、纪律严明的机关干部队伍。

二是加强人大机关信息化建设，密切联系群众。充分发挥网络平台优势，注重上海人大网、"上海人大"微信公众号平台建设，畅通与区人大的信息沟通渠道，多途径发布人大工作信息。精心组织"走进人大"活动，组织常委会主任、副主任等赴机关、党校、高校、基层等宣讲人大制度，让公众更好地了解人大制度、支持人大工作，坚定全社会对人民代表大会制度的共识和自信。各人大机关积极推动人民代表大会制度创新、理念创新、实践创新，组织开展理论研究，发挥社会智力资源在人大理论研究中的作用，推动课题研究成果的实际运用。充分发挥人大工作研究会在理论研究中的应有作用，及时全面系统地总结本届常委会在立法、监督、代表工作和制度建设等方面的经验，探索新形势下人大工作的新特点和新规律，加强对新情况的研究，为推动人民代表大会制度理论和实践创新作出积极贡献。

（二）2017年人大工作亮点

2017年上海市人大的工作亮点集中体现在改革创新、补齐短板、民生改善、基层民主四个方面。

1. 先行先试，推进社会信用立法

社会信用综合立法自党的十八大提出"加强社会信用体系建设"以来，自国家到地方层面都得到极大重视。2017年6月23日，上海市人大自主起草并表决通过了《上海市社会信用条例》，全国首部社会信用体系建设领域的地方性综合法规正式落地。该条例统一了公共信用信息归集、使用的基本规则，建立了跨领域、跨部门、跨地区的社会信用联合激励和惩戒机制，赋予了信息主体知情权、提出异议权、积极消除权和主动修复权等权利，同时将欠缴税款等行为纳入失信信息。这不仅为推进全市社会信用体系建设提供了制度依据，也为国家信用体系建设及信用领域立法提供试点经验。

上海市人大在立法过程中坚持"突出针对性、强调操作性、考虑前瞻性"的总体思路，以"中观"视角切入信用，加强信用信息规范管理，促进政府、市场协同联动，构建信用信息采集、共享、查询、联动奖惩等系列机制，亮点突出，具体体现为以下五点。

（1）突出针对性，明确社会信用定位。《上海市社会信用条例》采用"中观"切口，坚持问题导向和有效调整的原则，更注重解决现实问题。避免大而不全，聚焦重点要点，在地方立法的权限内"有所为，有所不为"。对于更多地需要道德去调整的"诚信"问题，通过宣示性条款予以涵盖；而对于社会信用建设中广泛应用的通行规则，则进行了较为详细的规定。

（2）注重可操作性，依据实际工作指引。社会信用体系建设需要对社会信用管理活动进行规制和调整，条例为在实践中开展信用工作提供了有效的对照依据。创设公共信用信息目录，解决"当归不归、无序乱归"的数据归集问题。规范信用信息采集系列行为，对市场信用信息的采集和使用力求真实、客观，明确规定了禁止采集的若干情形。加大信息共享力度，强化平台枢纽作用，加快政府部门之间以及国家信用信息共享平台和地方平台的对接进程。优化便民服务，通过互联网向社会群众提供便捷的查询服务。

（3）发挥能动性，构建联动奖惩格局。社会信用的核心价值在于应用，

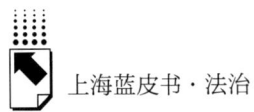

条例以专章对信用联合激励及约束机制进行规定。不仅明确构建"行政机关、司法机关、市场主体共同参与"的联合激励、惩戒机制，也建立了特别惩戒制度，明确特别惩戒范围和措施，列举对严重失信主体可以采取的惩戒措施和市场约束等。

（4）彰显前瞻性，保护信息主体权益。条例首次提出消除权、修复权等权益，体现了权益保障的精神。一是知情权，信息主体有权查阅自己的信用记录；二是记录消除权，失信信息查询期限设定为五年；三是异议权，规定了对可能发生的信息记录错误的补救渠道；四是修复权，鼓励信息主体通过自身努力及行为修复自己的信用记录，引导失信主体积极作为；五是明确了信息提供主体的纠错义务，即人民法院撤销判决、行政机关撤销具体行政处罚时应当通知市相关平台予以删除。

（5）加强引导性，规范促进行业发展。上海虽然有良好的社会信用底蕴和氛围，在全国处于信用产业较为发达的地区，但与发达国家相比仍处于刚刚起步阶段。市场经济从一定意义上来说也是信用经济，构建成熟可操作的社会信用体系是经济进一步向纵深发展的必由之路。条例通过叠加一系列政策效应，搭建具有强大影响力的信用服务平台。明确扶持信用服务企业，用好信用建设专项资金；强化政策引导，扩大信用产品应用范围和影响力，鼓励政府部门使用信用报告，行业管理引入信用评估等。

2. 充分发挥人大代表作用

上海是一座多元发展的超大型城市，多元意味着个体和群体都有不同需求，而充分了解个体、群体的需求则是人大工作的重点，这就意味着人大必须充分发挥主体作用，为群众办实事、办好事。人大代表是会议的组织细胞，人大会议以他们为核心展开，他们同时也是政府与群众之间的重要纽带。上海积极发挥人大职能作用，推动人大工作有序进行。

（1）重视人大代表职能。强化代表会立法功能，进一步增强各位代表的责任感。立法权是宪法和法律赋予人民代表大会最为重要的职权，2015年、2016年、2017年，常委会连续3年将《食品安全条例》《老年人权益保障条例》等5部法规提请大会审议。代表们围绕群众重点关心的问题建言献策，共同商议关乎群众利益的重要法规。上海市2017年建立人大预算联网审查监督中心，与市财政局国库支付系统连接，可查询所有单位财政支出明细。同时为增强大会预算审查职能，每年组织百位代表参与预算草案会前解读工作，连续三年编写"政府预算简明读本"，为代表深入开展年度预算审核工作提供基础，实现全口径预算向大会报告的工作机制。为提高代表大会审议质量，分门别类开设专题审议会议，邀请政府及相关职能部门负责人回答相关专业问题并充分听取与会代表意见，并在专题会议后能够对代表意见进行书面反馈。每年年中，还会邀请代表对上半年政府工作进行评议，促进各项政策有序推进。

（2）拓展人大代表活动途径。人大闭会期间与代表保持密切联系，各委员会组建专业小组定期组织代表开展活动，听代表反映社会民情、民众迫切需求。让代表充分参与本市立法活动，征求对本市五年立法规划和年度立法监督计划等的意见；邀请代表作为工作组成员，参与本市法规起草审议、监督、执法工作，对工作提出要求和意见，使工作能获得民意和智慧两方面强有力的支持。每年定期开展专题调研工作，代表作为调研组成员为政府推进社会治理出谋划策。拉进代表与群众间的距离，坚持举办代表进社区活动，直接听取民众、基层组织、社会组织的意见，完善代表反馈意见的渠道和处理机制。坚持组织代表参与人大信访制度，阅读市民来信，了解民情民意，强化代表履职使命感、责任感。

（3）加强人大代表建议的督办工作。人大代表在深入基层调研和广泛听取民意的基础上，在人大会议中提出改善建议、意见和批评，是法律赋予他们的权利，也是管理本地区和社会事务的重要途径。认真督办代表们的建议，是尊重人民当家做主的权利，也是承办单位的义务和责任。代表们的呼声也是广大群众的愿望，能够切实加强上海市对代表建议的督办工作。上海市常委会构建了主任会议、专门委员会、代表工委分工协同的代表建议督办体系，并不断优化督办工作流程，创新督办方式。2017年常委会更是创建督办反馈工作机制，要求各相关部门在会议后两个月内对工作落实的结果予

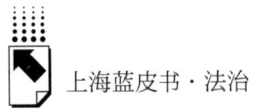

以书面反馈。经过优化工作流程和推动创新工作机制,本届代表提出的4050件建议中,"解决采纳"率高达67%,同上年相比提高了14个百分点。今后上海市仍会在审议交办、办理答复和建议跟踪督办三个环节建立长效机制,保证各位代表的建议能够落实。

3. 重视基层治理,形成法治保障体系

2017年上海市人大常委会统筹谋划,协调推进,积极推动了基层治理创新,并在2016年修改《街道办事处条例》的基础上,审议通过了《上海市居民委员会工作条例》与《上海市实施〈中华人民共和国村民委员会组织法〉办法》,进一步统筹协调了基层组织的管理、公共服务、安全保障职能,规范了村委会和村集体经济组织、居委会和业委会等组织之间的关系,并落实上海街道办事处的职权,最终完成了上海市基层社会治理地方性法规的立法工作,基本建立起上海市基层社会治理法治保障体系。

《上海市居民委员会工作条例》作为全国第一部有关居委会工作的地方法规,对居委会职责任务作出了明确规定。强调居委会属于基层群众自治组织,主要办理本社区的公共事务和公益事业,广泛开展便民利民的社区服务活动,积极推动社区居民之间互相尊重、互相帮助,组织开展各类志愿者活动,将为人民服务作为重要职责。另外,该条例还强调需要发挥居委会在基层群众自治中作为组织者与推动者的重要作用;在面对社区治理的新形势、新要求下,居委会应当不断创新工作方式。在立法过程中,该条例结合了上海深入推进城乡社区治理改革创新的实际情况制定具体规定。在强化居委会工作的综合保障方面主要采取两种方式:一是推进社区减负,限制政府部门下沉至居委会的行政事项,并要求市、区人民政府建立起居委会协助行政事项的准入管理机制,以确保居委会更好地服务群众;二是提升居民的治理能力。该条例明确,居委会的办公经费,社区服务经费,办公用房、居民区公共服务设施和自治项目经费需要由区或者乡镇人民政府按规定予以保障。条例进一步协调了居委会与业委会的关系。通过业主大会选举产生业委会,由业委会依法履职,实现对物业服务的监督。对确因客观情况未成立业委会的小区,条例授予居委会查漏补缺职责,居委会应接受街道办事处或乡镇人民政府的指导和监督，组织业主讨论和决策小区公共管理事务。另外，经业主大会委托，居委会可暂代业委会的相关职责。

二 法治政府建设取得新进展

2017年上海市按照习近平总书记"四个新作为"的要求，以贯彻落实《法治政府建设实施纲要（2015～2020年）》和《上海市法治政府建设"十三五"规划》为主线，积极回应社会需求，坚持稳中求进的工作基调，为上海市创新驱动发展、经济转型升级提供法治保障，在重大行政决策制度改革、上海自贸试验区改革、超大城市社会治理、城市精细化治理、崇明世界级生态岛建设等方面取得法治政府建设的新进展。

（一）2017年法治政府工作回顾

过去一年，上海市承继过去的法治工作，持续推进"证照分离"改革试点，继续提供"上海自由贸易港区建设方案"法治保障，同时着眼于政府的职能转变，积极推进法治政府建设，注重自身作风建设，探讨解决商业办公项目清理整顿、共享自行车规范发展、部队停止有偿服务统一部署等相关问题。在完善法治政府建设中，上海市正式建立市法治政府建设领导机制和报告制度，全面实现政府法律顾问和公职律师制度，积极推进法治政府建设与信息化的结合，在实现治理能力与治理体系现代化的道路上迈开步伐；在立法中，上海市从实际需要出发，围绕城市的精细化管理，注重环境资源的保护，注重政府自身建设，落实重大决策的完善事项，同时开展文件清理工作；在执法中，上海市落实行政执法的"三项制度"，加强文化领域执法；在行政监督方面，上海市加强行政执法监督、规范性文件备案审查监督、行政复议监督并规范行政应诉的司法监督，以保障自身的行为规范性。

1.继续完善法治政府建设配套机制

（1）正式建立市法治政府建设领导机制和报告制度。法治建设涉及所有领域和部门，必须通盘考虑、统一规划、统筹推进，2017年5月2日，

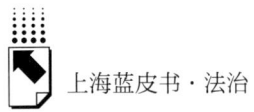

上海市法治政府建设工作领导小组正式成立，回应了法治政府建设的这一需求。领导小组由应勇市长担任组长、由各部门主要负责人任成员，以加强对法治政府建设的统筹规划和组织领导；此后，各区、各部门也陆续成立领导小组。全年上海市以领导小组办公室名义印发的文件7份，全面领导推进法治政府建设相关具体工作。

在全面推进法治政府建设的同时，上海市全面汇总各区政府和市政府部门法治政府建设情况，组织编写了《2016年上海市法治政府建设情况报告》，经市政府常务会议审议通过后以市政府名义报国务院、国务院法制办和市委、市人大常委会。报告归纳总结了2016年上海市法治政府建设的九个方面：编制实施专项规划、聚焦中央决策和战略部署、综合整治城市管理顽症、深化推进"放管服"改革、健全决策程序、健全行政执法体制机制、完善监督机制、健全多元化解机制及开展法治宣传。与回顾相对应，上海市在充分开展调研的基础上，起草了上海市法治政府建设情况专题调研报告，研究提出今后5年上海市法治政府建设工作的指导思想、奋斗目标与主要任务。

（2）全面实现政府法律顾问和公职律师制度。2017年，上海市继续优化政府法律顾问和公职律师制度。年初，上海市法制办就相关问题同市政府外聘法律顾问座谈，制定并通报2016年的工作情况和2017年的重点工作内容，在2017年工作中，上海市进一步指导督促未建立制度的行政机关按时建立法律顾问队伍，基本实现全市政府法律顾问制度全覆盖。在此基础上，上海市逐渐提高政府法律顾问的使用频率，使政府法律顾问在法治政府建设中充分发挥专业作用，如2017年上海市对食品安全进行网格化管理，引导社会各方积极参与到食品监管中来，专门成立了食品安全专家委员会。另外，在《上海市人民政府办公厅关于印发本市建立重大行政执法决定法治审核制度意见的通知》中也明确规定审核机构可以邀请政府法律顾问参与法治审核。

对于与政府法律顾问并行的公职律师制度，上海市根据《关于推行法律顾问制度和公职律师公司律师制度的意见》的精神，以市法治政府建设工作领导小组办公室和市司法局的名义,印发实施建立本市公职律师制度的相关意见,基本实现全市公职律师制度全覆盖,并使公职律师在参与政府的行政立法、为政府决策提供法律咨询和服务、承担行政复议和诉讼、参加法治调研和行政执法监督等工作中起到重要作用,逐步改变行政诉讼出庭依靠外脑的情况。为便利公职律师行使职权,市政府法制办与市司法局积极协调,为公职律师颁发执业证,并为出庭应诉人员办理"一卡通",为公职律师制度发展开辟通达之路。

(3)积极推行法治政府服务建设与信息化建设。建设服务型政府是政府管理模式的演变方向,法治政府的建设也要朝着这一方向发展。上海市着力建设上海公共法律服务体系,先后制定印发《关于建立司法行政综合法律服务窗口的指导意见》《关于深化本市司法行政12348公共法律服务平台建设工作总体方案》《上海市公共法律服务平台建设实施方案》等文件,搭建"四纵三横"的普惠型公共法律服务网络:"三横"的建设思路是指以网络服务为主、电话服务为辅、窗口服务为支撑的"三位一体"的整体架构模式;"四纵"是指建立以市公共法律服务中心为龙头,区公共法律服务中心为枢纽,街镇公共法律服务工作站以及村居公共法律服务工作室为延伸的四级平台。在此基础上,为实现公共法律的一站式、综合性服务,上海市为法律服务平台建立统一的服务标准,同时优化整合各类资源。截至2017年,上海市已经在公共法律平台上整合多种群众日常所需要的法律服务资源,包括行政审批、社区矫正、基层法律服务、人民调解、司法鉴定、公证、律师、司法考试等;同时,上海市还组建了21000余名法律服务志愿者参与的志愿者队伍(共计21支),参与者包括16个区司法局和市人民调解协会、市司法鉴定协会、市公证协会、市律师协会的工作人员,基本实现司法行政公共法律服务事项的全面覆盖。此外,上海市于2017年11月29日正式开通12348上海法网,包括网站、App和微信公众号,该平台目前包括四大板块:一是普法学法板块,集便民信息、法律服务小常识与法宣活动为一体;二是法治地图板块,法律服务机构和人员全部上网,以群众喜闻乐见的淘宝找产品方式查找法律服务机构和人员,从而使群众能找到可靠的法律服务;

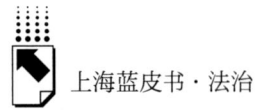

三是法律咨询板块，咨询方式包括留言咨询、智能咨询等，律师、法律援助人员、社区矫正人员、人民调解员、司法鉴定人员和公证人等专业人员实时在线回答群众提问；四是法律服务板块，主要包括线下律师服务预约、法律援助在线预申请、人民调解在线预约、部分公证在线办理、司法考试信息在线查询等功能。与上海法网一脉相承的还有12348公共法律服务热线，2017年已顺利扩容升级改造为面向全社会公众的服务热线，目前已开通行政审批办理、法律咨询及司法考试咨询、狱务公开、戒毒所务公开、公证咨询五项服务。截至2017年11月29日，热线共完成27.6万次服务，服务总时长近2.4万小时。

除12348法律平台外，上海市政府不断创新结合信息化发展推进服务建设，2017年，法制办积极协调办公厅信息中心和技术开发公司，大力推进政府立法、行政执法等八大信息平台建设，至年底，上海市政府立法信息平台、行政执法管理信息平台、行政复议信息平台和行政应诉信息平台已基本建成并投入试运行；规范性文件工作信息平台和法律顾问工作信息平台基本完成软件研发；已启动政府法治工作人员信息平台和政府法治研究信息平台的需求调研。其中，"上海市行政执法信息查询系统"在"上海市政府法治信息网"上线，查询者输入行政执法人员姓名、行政执法证件编号或者执法机构名称等查询项，即可搜索到相关行政执法证件的执法人员姓名、执法证件号码、所属机构名称、执法证有效期截止日期等基本信息。同时，上海市还注重新宣传方式的运用，开创微信公众号"上海微法治"，在2017年推送21期内容，取得较好的社会反响。

2. 有序推进政府立法与重大决策工作

（1）继续完善科学民主立法机制。2017年，上海市着眼于对规章的立法项目论证制度与立法后评估制度。1月，上海市在制定年度地方性法规立法计划的基础上，积极探索立法项目论证制度，首次举办政府规章立法计划项目专家论证会，邀请有关部门的领导和专家对部门申报列入当年正式计划的部分项目是否适当进行论证，在听取各方意见基础上，确定2017年度政府规章制定计划项目。上海市政府法制办在认真梳理近年来政府规章制定计划完成情况，并总结"开门论证"实践经验的基础上，研究制定了本部门的《政府规章立项论证工作试行办法》。11月，市政府发布《上海市规章立法后评估办法》，对推进上海市规章立法后评估工作、提高政府立法科学性、促进规章有效实施具有重要意义。评估主要针对实施后规章的立法质量、执行情况、实施效果、存在问题及原因等进行调查、分析、评价，提出意见和建议，《评估办法》对一系列评估活动予以规范，内容主要包括评估主体、评估项目、评估标准、评估方法以及评估报告的公开等。

（2）推进政府重点领域及其他各项立法工作。2017年，上海市政府提请市人大常委会对6部法规草案进行审议；市政府审议通过了13部政府规章草案，重点突出以下内容。一是围绕崇明世界级生态岛建设等中心工作，确定"1+X"立法模式，起草并提请市人大常委会审议通过《上海市人民代表大会常务委员会关于促进和保障崇明生态岛建设的决定》。二是围绕保障城市安全运行和加强城市精细化管理，提请市人大常委会审议通过《上海市水资源管理若干规定》草案，审议《上海市消防条例（修正）》草案；提请市政府常务会议审议通过《上海市建设工程招标投标管理办法》《上海市建筑垃圾处理管理规定》《上海市住宅物业消防安全管理办法》《上海市流动户外广告管理规定（修改）》《上海市户外广告设施管理办法》《上海市传染病防治管理办法》《上海市气象灾害防御办法》等草案，废止《上海市微生物菌剂使用环境安全管理办法》。三是围绕特定群体权益保障和社会事业发展，提请市人大常委会审议通过《上海市农村集体资产监督管理条例》《上海市高等教育促进条例》等草案，审议《上海市商业预付卡管理规定》草案；提请市政府常务会议审议通过《上海市居住证管理办法》《上海市实有人口服务和管理若干规定》等草案。四是围绕规范政府自身行为，提请市政府常务会议审议通过《上海市政府采购管理办法》《上海市政府效能建设管理试行办法》《上海市市场监督管理投诉举报处理程序规定》等草案。此外，还围绕市委市政府中心工作，开展《上海张江国家自主创新示范区条例》《中国（上海）自由贸易试验区条例（修改）》《上海崇明禁猎区管理规定》《上海市体育设施管理办法》等法规规章的立法调研工作。

（3）全面开展文件清理工作。按照《法治政府建设实施纲要（2015～2020年）》和国务院办公厅、国务院法制办有关"放管服"改革和生态文明建设等涉及的规章、规范性文件清理工作要求，上海市政府办公厅下发通知，要求全面开展规章、规范性文件清理工作；同时，将不符合"放管服"改革要求，以及涉及生态文明和环境保护的法规、规章和规范性文件专项清理列为清理重点。根据时间节点，上海市政府法制办对297件现行有效规章的清理意见进行审核，提出清理建议：继续有效218件，废止10件，宣布失效5件，作"一揽子"简易修改9件，适时修改48件，另有7件已在修改程序中。其中，涉及"放管服"改革事项的，建议废止3件、简易修改7件、适时修改20件；涉及生态文明和环境保护的，建议适时修改10件；另外，上海市政府还协同市人大常委会对12件地方性法规的"一揽子"进行简易修改。

（4）开展重大决策事项试点工作。为规范重大行政决策行为，保障重大行政决策科学、民主、合法，提高行政决策质量，2017年，上海市开始施行《上海市重大行政决策程序暂行规定》，对重大决策实行终身追责制与目录管理制度。同时，上海市确定浦东新区和闵行区为重大行政决策事项目录管理的试点区域，由市政府法制办多次进行实地辅导，指导两区分别制定发布了目录管理办法和年度重大行政决策目录，浦东新区在此基础上出台了公众参与、专家论证等规则。重大行政决策公众参与的课题研究和规则制定工作也与实践同步进行，上海市政府会同市政府外聘法律顾问开展公众参与重大行政决策的课题研究，并在此基础上广泛征求各区政府、市政府各部门意见。此外，上海市政府法制办还会同相关高校对《重大行政决策程序暂行规定》的实施情况以课题方式进行评估。

3. 全面优化行政执法

（1）落实行政执法"三项制度"改革。行政执法"三项制度"是党的十八届四中全会决定提出的"建立执法全过程记录制度、严格执行重大执法决定法治审核制度、推行行政执法公示制度"，上海市作为试点区域，坚持问题导向，鼓励探索创新，注重试点实效，围绕行政处罚、行政强制、行政征收、行政收费、行政检查等执法行为落实行政执法的"三项制度"。一是在行政执法全过程记录制度方面，于2月份发文正式启动试点工作，并赴试点单位进行4次调研；12月，试点工作结束，形成试点总结报告，试点工作在完善制度设计和促进行政执法等方面都达到了预期效果。二是在重大行政执法决定法治审核方面，上海市先后发布《上海市重大行政执法决定法治审核意见的通知》与《关于报送落实〈本市建立重大行政执法决定法治审核制度的意见〉情况的通知》，并于8月召开全市重大执法决定法治审核工作中期推进会，取得良好效果。三是在行政执法公示制度方面，6月启动课题调研，同时广泛收集相关资料，了解相关情况，于年底形成制度框架以及配套信息化建设的初步设想。行政执法"三项制度"的推进在促进行政机关严格规范公正文明执法、保障和监督行政机关有效履行职责、维护人民群众合法权益等方面发挥了重要作用。

（2）加强文化领域执法。在文化市场整治方面，上海市两级文化执法机构针对本市文化市场实际，积极组织执法力量，围绕"扫黄打非""双打"等重点工作，全面加强印刷复制、出版发行、互联网出版及版权保护等领域的执法监管。仅上半年，两级文化执法机构在印刷、图书报刊、音像制品、网络出版、版权等领域执法工作中，共出动执法人员10843人次，实施执法检查2146次，检查相关场所7252家，受理相关举报76件，立案处罚171件，作出行政处罚131件，罚没款人民币222万余元，没收各类非法出版物（含音像制品）及印刷制品约21.2万余件，总体上保持了高压严管的态势，保障了相关市场领域经营秩序总体规范，在全国"扫黄办"督导检查中未发现重大问题。在文物保护方面，上海市文化执法总队贯彻落实《国务院关于进一步加强文物工作的指导意见》和上海市政府《关于进一步加强文物工作的实施意见》精神，结合本市拆迁区域内各级不可移动文物的保护现状，在文物执法工作中始终坚持贯彻"保护为主、抢救第一、合理利用、加强管理"的方针，严格依法行政，以执法促保护，目前，对拆迁区域已经建立起了"总队监督抽查，区队全面覆盖，义务监督员定点巡查"的多层次分类执法巡查模式，确保上海市拆迁区域内不可移动文物的安全。在旅游市场监管方面，上海市紧紧围绕国务院办公厅下发的《关于加强旅游市场综合监管的通知》和市政府下发的《关于加强本市旅游市场综合监管实施方案》精神，总队会同市旅游局行业管理处每周开展联合执法，加强对旅游市场的执法监管工作。仅 2017 年上半年，两级文化执法机构共受理旅游举报 116 件，较上年同期增长了 110.91%，出动检查 895 次，出动稽查人员 4119 人次，检查旅游企业及个人、宾旅馆 3066 家次，立案处罚 110 件，其中重大案件 9 件，占比 8.18%，责令停业整顿 5 家次，罚没款总计人民币 86 万余元。

4. 加强行政监督工作

（1）加强行政执法监督。上海市法制办积极推动制定行政处罚裁量基准制度，并加强跟踪指导。全年共推动 9 家主要部门制定裁量基准，共制定处罚裁量基准文件 21 件；另指导 3 家非主要部门制定裁量基准 12 件。截至 2017 年底，除按照国家部委裁量基准执行的领域外，上海市主要执法单位主要执法领域均建立了处罚裁量基准。执法证管理方面，上海市全年共审核办理执法证件 8900 余张，为 105 家执法单位办理罚没款代收缴机构代码相关业务，规范了行政执法队伍。

（2）加强规范性文件备案审查监督。一是加强对报备文件的审查，上海市法制办全年共受理报送备案审查的行政规范性文件 322 件，同比 2016 年增长 6.6%，已审结 250 件，准予备案 245 件（其中，通知制定机关自行改正后准予备案共 47 件），终止审查 3 件，中止审查 2 件，备案审查纠错率为 19.6%，比 2016 年高 3.2 个百分点。二是积极履行政府文件向人大的报备职责，按照市人大常委会关于规范性文件备案审查的规定，市政府法制办先后向市人大常委会制发 4 批次报送备案函，包括以"沪府发"名义印发的市政府文件 35 件。三是积极推进市政府法制办与市高院、市检察院建立行政规范性文件审查衔接机制，形成行政、司法对行政规范性文件的监督合力，制定实施《关于认定行政规范性文件的指导意见》，全面提高全市行政规范性文件的制定水平和质量。

（3）加强行政复议监督。一是认真办理各类行政复议案件，2017 年全年，上海市政府法制办共收到向市政府提出的行政复议申请1163件，同比增加19%，创历史新高；依法受理607件，审结729件，直接纠错39件，制发复议建议书4件，综合纠错率为6%。二是注重加强重大案件矛盾的化解协调，成功解决多起涉及历史遗留问题、群体性矛盾等疑难复杂案件。三是加大复议体制机制改革创新，深入推进行政复议委员会试点，全面实行非常任委员担任主持人的制度，允许当事人挑选一名非常任委员参与案审会，扩大非常任委员占案审会人数比重，以提升行政复议的专业性和公信力，以改革方式进行的案审会全年共召开6次。四是继续推动行政复议决定书上网公开工作，上海市政府全年上网公开市政府复议决定书共264件，在此经验基础上，上海市政府法制办加强了对市质监局、普陀区政府复议决定书网上公开工作的指导。

（4）规范行政应诉，接受司法监督。2017年全年上海市政府法制办共办理市政府行政应诉案件471件（共同被告案件197件），已审结363件，均依法得到法院支持。其中，一审案件231件，已审结200件；二审案件183件，已审结113件；再审案件57件，已审结50件。同时，为对政府部门人员进行普法，上海市积极推进行政应诉庭审旁听工作，组织开展两批行政诉讼庭审旁听工作，覆盖全市16个区政府和51家市级行政机关，60余位局级领导干部和法治、业务部门负责人共200余人参加。其后，又组织各区政府、市政府相关分管领导、法治机构负责人及工作人员参加全市年度行政复议与行政应诉培训，进一步增强政府工作人员的法治思维与法治能力。

（二）2017年法治政府工作亮点

2017年上海市法治政府工作亮点有：一是推进单用途预付卡立法，二是围绕行政执法"三项制度"开展行政执法全过程记录制度试点工作。

1. 推进单用途预付卡立法，加强消费者权益保护

单用途预付卡是近年来公众关心、媒体关注的一个焦点领域，集中于单用途预付卡上的关门跑路、侵犯消费者合法权益等频发案件。为回应社会关

切、填补制度空白，着力解决当前单用途卡在信息透明度和预收资金风险防控等方面的难点问题，上海市出台《上海市单用途预付消费卡管理规定（草案）》（以下简称《规定（草案）》），该规定系国内首部专门规范单用途预付卡管理的地方性法规。《规定（草案）》按照提高上海特大城市管理科学化、精细化、智能化水平的总体要求制定，特别注重运用大数据、信息化手段推进智能化协同监管，一是建设单用途卡协同监管平台，归集单用途卡发行、兑付、预收资金等信息。二是经营者通过自建发卡业务系统，或者利用公共基础业务系统发行单用途卡，实现发卡信息与协同监管平台相对接。三是行业主管部门、执法部门将依托协同监管平台，通过信息化手段，实现监管智能化和执法精准化。

为加强监管，《规定（草案）》还确立了风险警示标准、合理配置监管职责、运用信用管理手段。第一，《规定（草案）》从保护消费者权益、防范风险的角度借鉴国际通行规则，创新风险警示制度，加强预收资金监管，要求经营者预收资金余额应当与其实缴资本或者上一年度主营业务收入相适应，当预收资金余额达到规定的风险警示标准时，应当对外披露，并采取银行专户管理或购买履约保证保险、专业担保机构保函等风险防范措施。第二，《规定（草案）》合理配置监管职责，构建以一个部门为主、相关行业主管部门共同参与的协同监管体制。其中，商务部门负责指导、协调本市单用途卡经营活动的监管工作；文化、体育、交通、旅游等部门负责各自主管行业、领域内单用途卡经营活动的监管工作。同时，为了解决执法权配置问题，明确工商部门负责实施商务领域的行政处罚；文化综合执法机构负责实施文化、体育、旅游领域的行政处罚；其他领域由行业主管部门负责实施。第三，《规定（草案）》运用信用管理手段，实行失信主体发卡准入负面清单制度，《规定（草案）》注重发挥信用管理在预付卡监管中的作用：一是向本市公共信用信息服务平台采集经营者单用途卡失信信息，并依法采取惩戒措施；二是建立严重失信主体名单，失信情形包括一年内因违反《规定（草案）》受到两次以上行政处罚、关门跑路以及存在非法吸收公众存款、集资诈骗嫌疑等情况；三是对经营者设置信用门槛，实行负面清单管理，凡是被司法机关确定为失信被执行人,或者五年内因单用途卡失信行为被列入严重失信主体名单的经营者,不得发行单用途卡。

2. 行政执法全过程记录制度试点工作

行政执法全过程记录是执法单位通过文字、音像等方式对行政执法过程进行记录的活动,是贯彻落实党的十九大提出的相关要求的举措。该项工作对于有效规范执法人员执法行为,促进执法人员依法履职,提升执法公信力,增加执法透明度,保护行政相对人合法权益,提高信息化运用能级具有重要意义。2017年2月15日,上海市法制办下发《关于本市开展行政执法全过程记录制度试点工作的通知》,并于2月23日召集试点单位召开试点工作座谈会,对试点工作背景情况、试点主要内容、工作要求进行了解读说明。6月30日,上海市法制办下发《关于增加市质量技监局为本市开展行政执法全过程记录制度试点工作试点单位的通知》。为做好试点工作,上海市着重注意以下要点。

一是试点单位要进行流程的梳理与公示。明确行政执法过程的流程是开展执法过程记录的基础。各试点单位根据本单位试点执法行为,明确执法流程与环节并进行公示。例如,市交通委梳理了执法流程、明确了执法环节,以文字及流程图形式,分别在市交通委执法总队案件处理窗口及政府外网向行政相对人及不特定的社会公众进行公示。

二是明确记录要求。行政执法全过程记录的记录方式分为文字和音像两种。其中文字记录方式是基础,音像记录方式则主要运用于检查、核查、抽样现场(含随机抽查)、公告送达、留置送达文书现场,实施先行登记保存现场,实施行政强制现场,以及听证会等较易引发争议的执法现场。各试点单位在试点过程中,在贯彻文字记录全覆盖执法流程的基础上,还结合本单位试点的执法行为特点,对音像记录的拍摄内容、拍摄方式、拍摄要求等进行了探索。例如,虹口区政府专门制定《摄影摄像设备管理办法》,并通过政府购买服务的方式,委托专业化影像服务企业,运用专业的音像记录仪做好国有土地房屋征收听证会的视频录像工作。又如,市质量技监局对文字记录、照片记录、视频记录均予以标准化,分别明确了不同记录形式的必备记录要素。

三是规范记录的立卷归档。各试点单位按照试点要求，建立健全了行政执法案卷立卷归档制度。例如，徐汇区政府明确音像资料管理应当以高、中、低三种风险模式，并在规定的期限内按照法定形式整理执法全过程记录中形成的资料，设定保存期限和归档要求。又如，市质量技监局对于全过程记录文字资料，按照《上海市质量技术监督行政执法档案管理办法》的要求进行立卷保管，对于音像资料则予以导出存盘并随案卷存档。

三 司法体制改革全面深化

2017年，上海立足于国家战略与上海发展大局，不断推动司法工作的创新发展。上海充分发挥了创新发展的"先行者"作用，为全国的法治建设提供了可参考的实践经验和创新制度。

（一）2017年司法体制改革工作回顾

过去一年，上海法院与检察院在深化司法体制改革的背景下，稳步推进各项工作，并取得了阶段性成果。然而，在肯定成效的同时，随着中国特色社会主义步入新时代，社会主要矛盾的转变对司法工作提出了新的要求。因此对于新时代下司法工作中存在的不足、挑战以及新情况需要在2018年的工作中予以解决和完善。

1. 法院工作回顾总结

2017年上海法院在党的十八大、十八届历次全会和党的十九大精神的指导下，继续坚持司法为民、公正司法的主线，立足于审判职能，围绕司法改革、服务经济发展、破除执行困境、优化诉讼服务、加强队伍建设这五方面积极开展各项工作。

（1）深入推进司法体制改革。上海法院作为司法体制改革的试点单位，在最高人民法院的指导下先后实行了146项改革措施。2017年是上海进行司法体制改革的第四年，上海法院基本完成了中央确定的改革任务，充分发挥了改革的"先行者"作用,为全国其他地区的司法改革提供了借鉴蓝本。

一是进一步完善审判权力运行机制。在《关于完善司法责任制的实施意见》及相关配套规定下,院长、庭长"回归"一线办案成为常态,充分利用了现有的审判资源。为了打破过去"审者不判、判者不审"的审判行政化状态,将裁判权还给审理者,上海市法院已落实了审理者的权责,实现了审理与裁判的统一。据统计,有99.9%的案件是直接由独任法官和合议庭裁判的案件。同时,为进一步落实司法责任制,上海法院建立健全了审判监督和审判管理机制,充分保障审判权的规范行使。

二是全面推进《人民法院第四个五年改革纲要(2014~2018年)》(以下简称《四五改革纲要》)。立足于《四五改革纲要》确定的改革任务,结合上海的实际情况,有序地开展各项改革。首先,为实现庭审实质化,落实人权保障,上海法院积极推进非法证据排除与认罪认罚从宽制度等改革任务,通过一系列制度对国家行使惩罚权施加一定的限制,本就是程序公正、保障人权的应有之义。其次,自上海成立了知识产权法院后,在审理过程中不断总结知识产权案件裁判,为推进知识产权审判体制机制改革提供了可借鉴的经验。再次,为确保有案必立、有诉必理,上海法院全面落实立案登记制,据统计,2017年上海法院当场立案率高达99.55%,位居全国法院前列。最后,为推行案件繁简分流机制改革,提升法院诉讼效率,据悉在过去一年中,全市法院一审民事案件简易程序适用率为87.04%,其中适用小额诉讼程序的案件为40.87万件。

三是全面推进员额制改革。为优化司法资源配置,增强一线法官办案能力,上海法院基本完成了人员分类管理改革。2017年9月上海法院在全国已率先启动从法官助理进行法官入额遴选,当前的入额法官占总编制数的31.05%,保证了一线法官的办案力量。另外,为配套员额制改革,建立了法官日常工作考核和员额退出机制,自实行以来,已有3名法官因不合格而退出员额,极大地调动了法官办案的积极性。当然为确保员额制改革的顺利推行,还需要伴以司法职业保障制度。上海法院领先于全国建立并落实了与法官单独职务序列相配套的工资制度、设立了法官权益保障委员会、建立了

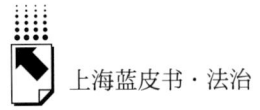

司法人员依法履职保障机制。法官的薪俸固定与任职固定被视为最有助于维护法官独立的两项制度保证。

（2）立足审判职能，维护社会公正。人民法院依法独立行使审判权，其作为诉讼构造的中立方，行使好审判权是安身立命之本。2017年上海法院受理案件有80.43万件，同比上升12.5%，审结案件有80.21万件，同比上升12.8%。其中，一审息诉率为92.6%，经二审后息诉率为98.9%。可见，上海法院的审判质量始终保持在较高的水平，位居全国前列。

2017年上海法院审结一批社会影响较大的案件。首先在刑事犯罪方面，审结了"6·12浦东机场航站楼爆炸案"等其他严重危及人民群众生命安全的案件；审结了陈少爱制造、贩卖、运输毒品案，既彰显我国打压毒品犯罪的决心，又贯彻了我国宽严相济的刑事政策。另外在国家反腐高压态势下，2017年上海法院审结了杨振超、戴海波等人的贪污、贿赂、渎职案件，促进反腐工作沿着法治的轨道规范开展。其次在民商事纠纷方面，上海法院积极推进多元化纠纷解决机制，据统计，有1/3的民商事案件在诉前便得到解决。同时，针对劳动就业、生态环境、社会保障等矛盾纠纷，上海法院有针对性地结合上海的区域特点和实际情况妥善化解了纠纷，促进了社会的和谐与稳定。最后在行政案件方面，上海法院认真落实新《行政诉讼法》，促进行政争议得到实质性的解决。其中，上海法院积极推进行政机关负责人出庭应诉机制，这有利于提高行政机关工作人员的依法行政水平，促进法治政府的建设。

（3）发挥司法职能，服务经济发展。上海作为全国的金融中心，经济发展对上海的重要性显而易见。2017年，上海法院立足于国家战略布局与上海发展大局，充分发挥司法职能，致力于为上海经济发展营造良好的法治氛围。

一是以司法服务保障国家重大战略的实施。对于中国（上海）自贸试验区建设，上海法院针对自贸区的特点，建立了特别的专业化审判体制机制，2017年审结涉自贸区案件共9.4万件。对于上海科技创新中心的建设，上海法院加大了知识产权司法保护的力度，2017年全市法院共审结一审知识产权案件4.42万件，同比上升了301.8%。上海作为"一带一路"司法研究基地，上海法院自然需要为其建设提供强有力的司法保障。过去的一年里，上海法院已审结涉"一带一路"建设相关案件1243件。

二是以司法服务维护上海金融环境。为服务上海的经济发展，上海法院辅之以司法手段，进一步完善产权保护工作，健全以公平为核心的产权保护制度。另外，上海法院通过司法手段解决产能过剩问题，据统计，2017年上海法院共审理企业破产和强制清算案件389件。同时，上海法院在2017年加大了对非法集资等涉众型金融犯罪的打击力度，审结了一批有重大社会影响的非法集资案件，挽回了人民群众数亿的财产损失。上海法院为上海的金融环境提供了有力的司法保障。

三是以司法服务推进法治上海建设。一方面，为了解决涉诉信访矛盾，上海法院积极推动涉诉信访的法治化，据了解，2017年信访案件总量同比下降了41.4%。另一方面，为了提升公众的法治意识，大力加强法治宣传，上海法院在法治实践中推行以案释法，强调释法说理，以生动形象的案例增强群众对司法实践的直观感受和深刻认知。

（4）加强司法执行，提升司法公信。司法执行是司法公正的最终承载，其依托于国家强制力。公众将矛盾诉诸法院亦是相信国家的力量能够解决纠纷，因此，一旦司法执行陷入困境，法律的权威、法院的公信力也必将受到质疑。由于作为两年基本解决执行难工作重点推进地区，上海法院为此作出了艰苦努力。据统计，2017年全市法院的实际执行率达至70.7%，同比上升7.9个百分点，排除无财产可供执行案件后的实际执行率高达98.7%，生效裁判自动履行率已至80.9%，可见上海的执行质量和执行效果取得了明显的成效，位居全国法院前列。

一是为了完善执行权运行机制，上海法院建立了与司法规律相符合的执行权和审判权分离体制，破除执行权运行的困境，完善规范、高效、公开的执行运行机制。据统计，2017年全市法院恢复执行案件有8587件，占已认定无财产可供执行案件的22.6%。二是为了从源头预防和减少执行难案件的产生,上海法院建立起完善立审执衔接机制,并联合相关部门以及企事业单位建立失信被执行人信用监督、警示和惩戒机制,以推动执行难问题的解决。三是为了规范执行工作作风、提升执行管理水平,在全市法院内部继续开展专项治理活动并利用了大数据等信息技术进行全程监管,以实现高效、安全、透明的执行监管,推进执行工作的规范化。

(5)践行司法为民,拓宽服务渠道。近代司法的基本理念强调对人的尊重与关怀,司法为民是法院的根本宗旨,人民群众始终是法院一切工作的出发点和落脚点。为了让正义以群众看得见的方式实现,上海法院不断完善诉讼服务体系与司法公开体系。

一是完善诉讼服务体系,一方面,在已有的种类化、数字化、智能化服务体系的基础上,2017年5月上海法院将"人工智能"植入了"12368诉讼服务平台",有效地解决了关于群众诉讼的系列问题,据悉,群众满意率高达99%。另一方面,随着已有的"律师服务平台"使用率和知名度不断提高,2017年8月,上海法院律师服务平台进一步向全国的律师开放。据统计,目前全国已有18万律师使用该平台处理诉讼业务。二是推进司法公开体系,一方面,上海法院不断深化"阳光司法、透明法院"建设,并以其为载体建立了独具上海特色的司法公开智能服务平台,便于群众及时获取相关信息,为群众参与司法活动提供了多样的渠道。另一方面,进一步推动人民陪审员制度的改革,扩大群众司法实践的参与度,完成人民陪审员的"倍增计划"。据了解,2017年有人民陪审员参与的一审案件共有29.57万件,陪审率高达96.31%。上海法院在立足于审判职能的同时,积极拓展司法服务渠道,有效解决纠纷,维护基层社会的和谐与稳定,并连续三年位居中国司法文明指数榜首。

(6)强化队伍建设,自觉接受监督。高素质的队伍是法院开展各项工作的重要力量,亦是法治上海建设的强有力支柱。上海法院始终坚持从严治院,积极打造一支忠诚、廉洁、担当的高素质法院队伍,为司法公正提供坚实保障。自觉接受各方面的监督正是司法公正的必要保障,司法权存在着滥用的可能性，若不加限制，将导致不可估量的后果。因此，对司法权的监督便显得尤为重要。

一是在注重理想信念教育，加强党建工作的同时，推进"文化法院""健康法院"建设，总结独具上海法院特色的精神文化，发挥先进文化的引领作用，坚定干警的理想信念，改进司法作风。二是突出高素质法院队伍的建设，完善审判人才发现、培养和使用机制，上海法院目前已有6名全国审判业务专家，21名市审判业务专家以及230名审判业务骨干。同时，继续积极开展了分类分级培训和审判业务研讨活动，极大地提升了法院队伍的素质与审判业务水平。三是推进党风廉政建设，加强法院队伍的司法廉洁教育，与此同时，加强对基层法院的巡查，以内部监督进一步规范司法行为，整顿司法作风。四是广泛接受各方的监督，拓展监督的渠道，一方面积极配合人大、政协的视察走访并听取意见建议，另一方面，依法接受检察机关的监督，认真处理检察建议，及时纠正不当之处。

2. 检察院工作回顾总结

2017年，上海市检察机关在党和国家方针政策的指导下，全面履行检察职能，在积极推进司法体制改革、服务改革发展大局、满足群众美好生活的需求、深入推进反腐工作、充分发挥监督职能、加强队伍建设六大方面全面开展检察工作。

（1）积极推进司法体制改革。回顾2017年，上海市检察机关肩负司法体制改革试点重任，始终牢记改革责任，并在推进改革任务过程中形成了150多项制度成果。上海市检察机关在经过一年的探索后，形成了阶段性的创新成果。

一是深入推进员额制改革。依据检察人员的职业特点将检察人员划分为三类，建立检察人员分类管理制度并建立健全相应的配套制度。通过采取跨院遴选、统一遴选和检察官助理遴选三种方式择优录用，同时，采取"一院一策"结合各区域和各院的实际情况调整名额，鼓励"跨院遴选"打破院际壁垒，促进检察人员之间的良性竞争。据统计，目前入额检察官已有1628名，占比29.1%，全市76.6%的检察官皆配置在一线，4名区院资深

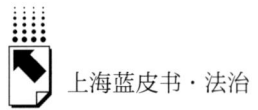

检察官通过"跨院遴选"至市分院任职。可见,检察人员的员额统筹与动态调整机制既妥善解决各区域的司法需求,又增强了一线办案力量的配置。

二是强化检察官权责意识。在深化司法责任制上,上海市检察机关不断完善检察官权力清单制度,并于2017年出台了《上海市各级人民检察院检察官权力清单(2017年版)》,落实"谁办案谁负责,谁决定谁负责"。据了解,目前检察官可独立决定的职权共141项,检查委员会讨论决定的案件同比下降11.5%。同时大力推动入额领导干部办案,通过采取每月定期在网上公示办案情况等方法,落实入额领导干部办案的常态化与制度化。另一方面,在细化权责的同时,还需健全监督机制。上海市检察机关落实了案件质量评查和个案评鉴制度,并将评查结果记入司法档案。采取细化权责与监督制约两种手段双管齐下,以确保检察权运行的规范化、制度化、高效化。

三是落实以审判为中心的诉讼制度改革。我国以起诉法定主义为主,检察机关负责启动审判,而在审判中大部分需要查明的事实证据皆来自于起诉的现实情况,检察机关理当充分发挥审前主导作用,做好庭前的证据收集与审查工作。另外,针对刑事诉讼的对抗式的两造模式,控方与辩方在诉讼中是最为重要的一对抗衡关系。因此,为了构建良性互动的新型检律关系,上海市检察机关建立律师服务平台,便于律师与检察机关之间的沟通交流,保障律师的执业权利。

四是深化跨行政区划改革。依托于全国首家跨行政区划检察院即上海市人民检察院第三分院所总结的办理跨行政区划案件的经验,在推进改革向基层检察院延伸的同时,发挥上海作为"一带一路"建设的"桥头堡"作用,为服务"一带一路"建设,上海市检察机关充分发挥跨行政区划的优势,组织下辖的铁路检察院以设立驻站监察室等方式,维护国际列车的安全运行,并取得了良好的效果。

(2)立足检察职能,服务改革发展大局。"经济中心"建设始终是上海城市发展战略的主要目标之一,为此,上海市检察机关立足于检察职能,结合国家战略与上海发展战略,为上海的经济发展提供司法保障。

一是保障上海自贸区建设。随着上海自贸区的进一步对外开放,自贸区内金融业迅速发展，因此，与之有关的金融犯罪和金融风险不可忽视。据统计，2017年上海市检察机关受理案件共168件，审查逮捕的有46件60人，审查起诉的有122件169人。同时，为配合2017年3月国务院公布的上海自贸区发展战略目标，上海市检察机关通过设立专业化的检察官办公室为自贸区内的创新主体提供综合性的法律监督服务。

二是保障上海国际金融中心建设。为了防范金融风险、规范金融秩序，上海市检察机关针对金融犯罪的高压态势，于2017年9月出台了《上海检察机关关于充分发挥金融检察职能惩治金融犯罪防范金融风险的意见》，扩大对金融犯罪的打击力度。据悉，2017年上海市检察机关关于金融犯罪的刑事案件提起公诉的有7525件，同比上升了35.4%。

三是加强知识产权保护。知识产权的司法保护是上海科创中心建设的重中之重，为此，上海市检察院结合金融犯罪特征专门设立了金融、知识产权监察部门，构建知识产权刑事案件专业化办案体系。另外，上海市检察机关进一步推进知识产权权利人告知制度，提升了惩治知识产权犯罪的司法透明度。据了解，市检察院荣获全球反假冒机构（GACG）颁发的"2017年公共机构最高贡献奖"，该奖项充分肯定了市检察院在构建高标准国际化知识产权保护体系中的工作。

（3）坚持检务为民，满足群众多样需求。检务为民强调以程序正义为基础，进一步对各种利益进行衡平考量，在全社会实现真正的公平和正义。2017年，上海市检察机关为满足群众多样化的需求，主要开展了以下工作。

一是积极推进平安上海建设。安全是人类生存最基本的诉求，是人民群众安居乐业的前提。而与公众安全感密切相关的莫过于犯罪，因此，上海市检察机关着力于犯罪的惩治，坚决打击涉及公共安全的犯罪以及严重暴力犯罪，办理了一批社会影响较大的案件，维护了城市的安全与稳定。

二是加大打击侵犯民生犯罪的力度。为配合上海市委重点推进的"更加有力地保障和改善民生"工作项目，上海市检察机关加大对于"套路贷"、电信网络诈骗等方面犯罪的打击力度，统一检察机关与公安、法院的办案标准,确保三机关间的顺利衔接。据了解,上海市检察机关起诉"套路贷"案件共计58件183人,起诉电信网络诈骗案件共计65件231人。上海市检察机关加强与相关部门的合作,共同构建了打击新型犯罪的法网,为全国打击此类犯罪提供了可借鉴的经验。

三是强化保障食品安全与环境安全。为保障人民群众的食品药品安全,上海市检察机关进一步加大对食药品犯罪的打击力度,2017年全年共提起公诉2000件3208人,并办理了诸如"法欣公司"生产销售伪劣产品等一批造成严重社会影响的案件。针对环境安全方面,上海市检察机关围绕建设"美丽上海、健康上海"的目标,结合区域特点,提出不同的应对方案,推动生态检察建设,为环境资源保护提供强有力的司法后盾。

四是加强对弱势群体的司法保护。对弱势群体的保障既是司法公正的必然要求,又是维护社会和谐稳定的现实要求。随着近几年对未成年人身心健康的进一步关注,上海市检察机关严厉打击侵害未成年人的犯罪,比如在2017年"携程亲子园虐童案"中,检察机关依法及时介入。对于老年人、妇女、残疾人等弱势群体的合法权益,上海市检察机关积极开展司法救助,进一步提升司法保护水平。

(4)深入推进反腐,查办预防职务犯罪。腐败问题是中国现代化转型过程中最大的现实问题,腐败是国家公权力裂变的基因,因此唯有以制度对公权力进行约束才能有效地遏制腐败。在深入推进反腐败法治化的进程中,检察机关将起到至关重要的作用。首先,上海市检察机关坚持有腐必反、有贪必肃的方针,积极开展"天网2017"行动,2017年共查办贪污、受贿大案848件,查办副处级以上要案195件。其次,在"打虎"的同时也未忽视发生在群众身边的"蝇贪",上海市检察机关重点关注在征地动迁、社会保障和新农村建设等领域的"微腐败"案件。再次,为从源头治理腐败,在惩治贪污贿赂案件的同时,坚决查处行贿案件,深化行贿犯罪档案的查询工作并积极开展职务犯罪的预防工作,进一步提升预防效果。最后,在深化国家监察体制改革中,上海市检察机关继续坚守在反腐一线上,据了解,2017年立案侦查职务犯罪355件,同比上升26.4%。另外,全力推进反贪、反渎、预防等职能机构人员的转隶工作，目前已确定有638名人员转隶至市、区两级监察委员会。与此同时，积极探索建立检察机关与新成立的监察委员会之间的工作衔接机制，以便上海市检察机关双方在日后反腐败法治化进程中充分发挥国家监察的制度优势，提升反腐实效。

（5）强化法律监督，维护社会公平正义。孟德斯鸠曾言明，"从事物的性质来说，要防止滥用权力，就必须以权力约束权力"。检察机关作为法律监督机关，肩负着监督宪法和法律统一实施的使命，强化法律监督是实现司法公正的内在要求。

一是就刑事审判监督而言，回顾2017年，检察机关提出刑事抗诉案件共224件，法院审结共155件，意见采纳率为83.9%。

二是就刑事执行监督而言，检察机关开展刑罚变更执行的同步监督，据统计，对不符合变更条件提出检察意见的案件共有1318件。同时，加强对判处实刑未执行刑罚的罪犯的专项检察。

三是就民事行政诉讼监督而言，检察机关加强对案件的释法说理和息诉工作的监督以树立司法权威。另外，加强对执行中不当保全、结案不规范、违法调解等的践行监督，制发检察建议。同时，为了强化对行政违法行为的检查监督，于2017年8月公布了"行政复议与行政检察信息共享平台"，并于9月在依法治区办公室设立检察监督办公室，以进一步提高依法行政水平，推动上海法治政府的建设。

四是就基层刑事执法监督而言，目前上海全市已设置48家社区检察室，以加强对派出所刑事执法和社区矫正活动的监督，并开展各类专项检察以完善具有上海特色的社区检察工作模式，为全国提供有益的借鉴。

（6）加强队伍建设，自觉接受人民监督。正规化、专业化、职业化的检察队伍是一切检察工作开展的充分必要条件。上海市检察机关始终着力于打造忠诚、廉洁、担当的检察队伍。另外，对公权力的监督和制约是实现公共利益的内在要求。上海市检察机关始终坚持监督者更应受监督的理念，自觉接受来自人民的监督。

一是在思想政治建设上，上海市检察机关深入开展"三严三实""两学一做"教育活动,坚定检察人员的理想信念。同时,通过建立健全宪法宣誓、检察职业道德周等工作机制,增强检察人员的职业自信。

二是在司法能力建设上,上海市检察机关强化对执法办案能力的教育培训。通过听庭评议、案件讲评等多种方式,实施分层分类培训。另外,培养符合上海城市发展战略需求的"高精尖"人才,据悉,目前已形成了由30名全国和上海检察业务专家、50名全国业务竞赛能手和349名市级"三优一能"组成的人才队伍。

三是在青年人才培养上,上海市检察机关建立了青年人才培养的长效机制,通过职业导师制度保障检察人才的充沛储备。另外,为锻炼青年人才的综合能力,组织青年检察人才参与重大案件办理、重大专项活动、重大课题调研的实践,以提升青年人才的办案水平。

四是在接受监督上,一方面上海市检察机关自觉接受人大和政协的监督,配合人大和政协的视察与调研,并认真听取意见建议。另一方面,主动接受社会各界的监督,及时公开依法可公开的法律文书,并回应社会关注的问题。

(二)2017年司法体制改革工作亮点

回顾过去一年,上海法院与检察院在全面推进司法体制改革的工作中皆有创新,并将大数据等信息技术广泛地应用于日常的工作中。

1. 法院工作亮点

2017年上海法院的工作亮点基于制度创新以及大数据等信息技术的引用,人工智能越来越多地出现在法院的工作中,主要体现在创新法官助理遴选机制、智能诉讼服务系统以及智能办案辅助系统三个方面。

(1)创新法官助理遴选机制。为落实员额制,上海法院探索建立了一整套法官助理培养和管理机制。2017年,上海是全国率先从法官助理中遴选法官的地区。法官助理的日常工作各有侧重,但遴选考试考察的是法官助理的综合素质,除了必要的法学理论知识和文书撰写的考察外,还需要接受模拟庭审面试。其中,考生担任案件的主审法官,资深的审委会委员担任面试官，入额法官担任当事人。模拟庭审可以真实地模拟法官草拟裁判文书的办案环境，以便考察法官助理对审判程序的熟练度、规范性以及对庭审现场的掌控能力。通过对法官助理综合能力的考察择优录取，录取之后便统一安排在基层法院任职，以锻炼初任法官的办案能力。据了解，这些法官助理具有硕士以上学历的占 85.5%，平均从事司法工作 6.6 年。可见法官助理遴选机制的严格性与专业性，保障了审判队伍的专业化、职业化、正规化。法官助理遴选机制是上海法院一次全新的尝试，为日后进一步探索新型法官遴选制度提供借鉴。

（2）引入智能诉讼服务系统。进入大数据时代，大数据、云计算、人工智能等新技术的出现也改变了法院传统的工作。为了实现公正司法，提升司法的公信力，上海法院坚持"科技强院"的方针，实施了"大数据战略"、"互联网+"和"人工智能+"行动。上海法院依托"上海法院大数据信息系统"建立了"12368 诉讼服务平台"，实现了法院内部的信息共享、"一号对外"的便民服务。之后上海法院与科大讯飞等公司合作，于 2017 年 5 月将"人工智能"引入平台，升级开发了"上海法院 12368 诉讼服务智能平台"，为群众提供 24 小时人工智能诉讼服务。其在试运行期间共为群众提供诉讼服务 3375 次，平台回答的正确率在 80%～90%。升级版的平台主要运用语音识别技术，将语言转换为文字，再通过"上海高院司法知识库"进行智能检索对比，将解答内容转换为语音回复给询问人。"人工智能"的引入最大限度地满足了群众的诉讼需求，便于群众及时获取相关诉讼信息。

（3）开发智能办案辅助系统。在整体推进"数据法院、智慧法院"建设过程中，上海法院充分利用了现有的大数据等信息技术，实现法院办案的信息化。2017 年 2 月，上海高院承担了中央交办的"推进以审判为中心的诉讼制度改革软件"开发任务，并已完成了"上海刑事案件智能辅助办案系统"一期工程研发任务。2017 年 5 月 3 日，该系统上线进行试运行，并在全国的司法改革推进会上演示，获得广泛好评。其依靠强大的同步更新的数据库，通过预定证据标准、证据规则、证据模型，将录入的案卷进行智能分析,从而辅助办案人员对证据进行审查和检验,得出相对准确的证据参考。这无疑有效地保证了证据的准确性,减少了司法的任意性。与此同时,上海法院拓展研发的"上海民商事、行政案件智能辅助办案系统"也已上线并进入试运行阶段,其覆盖了民事、商事、金融、知识产权、行政等六大方面,通过总结民商事、行政案件的审判规律,分析证据与事实,帮助法官更好地办案,提高审判的质量与效率,提升司法的公信力。

2. 检察院工作亮点

2017年上海市检察机关的工作亮点主要在于新型模式与信息技术的引入。具体而言,分别是科创中心服务平台、命名检察官办公室、公益诉讼研究中心与检察工作的智能化。

(1)建立科创中心服务平台。为保障上海科创中心建设,上海市检察机关于2017年4月启动了"上海科创检察统一平台"并在上海检察官方微信和市检察院第三分院官方微信增设"科创检察"栏目。该平台立足于提供专业的服务,充分发挥检察职能以促进科技创新,不断激发市场的活力和发展的动力;通过为科创主体提供专业化、立体化的检察服务,方便其及时查询相关的法律信息,维护科创主体的合法权益。人才对科创中心的建设发挥中流砥柱的作用,只有保障勇于创新、善于创造的"高精尖"人才的合法权益,才能保持科创中心的创新活力。另外,为充分发挥"上海科创检察统一平台"的功能,上海市检察机关邀请了知识产权业界、司法实务、理论研究领域的专家共同打造上海检察智库,并举办服务保障科创中心建设法律和实务问题的研讨活动。

(2)创新专业化办案组织。为了进一步落实司法责任制,上海市在2017年版的检察官权力清单中进一步明确检察长、主任检察官和检察官的权责界限。为破除司法"行政化"的困境,实现办案效能最大化和司法人员配置最优化,上海市检察机关在全国设立了第一个检察官办公室。2017年3月上海市浦东新区检察院出现了第一个"命名检察官办公室",以检察官的名字命名,旨在凸显检察官办案的主体地位。"命名检察官"独立行使办案决定权，独立承担办案责任并直接对检察长或检查委员会负责。在自身的业务领域内，充分发挥"命名检察官"的专业职能，排除不必要的行政管理的干扰。另外，"命名检察官"主要以办理专业化案件和部门重点案件为方向，真正实现了"术业有专攻"。通过划分办案团队的方式促进办案的专业化、精准化，最大限度地实现司法资源的优化配置，减少业务的层级审核，提高司法办案的实效，实现"工不兼事则事省，事省则易胜"。

（3）成立"公益诉讼研究中心"。由于环境公共利益的特殊性，环境民事公益诉讼面临着诸多挑战，因此，为配合新修改的《民事诉讼法》和《行政诉讼法》的正式实施，突出司法权在环境民事公益诉讼制度中的作用，2017年8月，上海市检察院和华东政法大学合作成立了"公益诉讼研究中心"。该中心汇聚了来自学界和司法实务部门的专家学者，深入开展公益诉讼的理论和实践研究。该中心主要承担着为公益诉讼提供理论基础，解决司法实务中存在的重点和难点，实现司法实务部门与学界的直接对话，定期举办公益诉讼论坛，提升检察官的办案水平这五项任务。通过实现检察机关与高校之间的资源共享和实时互动，提升公益诉讼的办案质量，形成公益诉讼的上海经验，以便推广至全国各省市。目前，上海的公益诉讼工作已经全面铺开，上海市检察机关针对公益诉讼的范围、管理、办案程序等皆作出了具体的规定。

（4）检察工作的智慧化、创新化。在推动检察工作信息化，实现"智慧检察院"的过程中，检察机关充分利用大数据、人工智能等信息技术将其引入检务工作，推动检察工作的现代化。在办案方面，实现办案智能化，普及统一的办案软件，并创新了法医文证审查网上协同机制，以提高办案的准确性。在管理方面，为提高司法效率，试点推行"检察官执法办案全程监督考核系统"，通过对检察官办案的全程监控并进行可视化的评价，规范检察官的执法办案行为。通过将案件质量评价与司法责任评鉴相结合，促进检察官办案质效的提高。在司法服务上，除了进一步优化12309上海检察服务平台外，上海检察官方微信公众平台于2017年11月开启了智能法律机器人服务，以"智能法律问答"的形式直接回答查询人提出的各项法律问题。

据统计,自上线以来,已提供专业法律解答45.7万次。上海市检察机关依托大数据、云计算等信息技术建立大数据中心,整合各类数据资源以辅助检务工作,为人民群众提供精准高效的司法服务。

四 依法治市扎实推进

党的十九大清晰地勾勒出了我国未来依法治国的宏伟蓝图。上海作为全国改革开放的排头兵,要坚决落实十九大报告的精神和各项要求,全面稳步推进依法治市。2017年,上海市在依法行政、司法体制改革、强化党的领导、创新社会治理等方面开展了大量工作,坚定不移推进依法治市。2018年我们将加快构建依法办事、遇事找法、用法解事的法治环境,为建设法治上海不断努力。

(一)2017年依法治市工作回顾

上海市认真谋划2017年工作部署,紧紧围绕"七五普法"规划。深入开展"立良法、行善治"法治活动,弘扬法治精神,政府与民众上下齐心,助推法治建设。

1. 始终坚持党的领导

党的十九大指出,中华民族伟大复兴梦想的实现,必须深入推进党的建设新的伟大工程。党的领导是法治建设的根本保障,上海是党的诞生地,更应当传承和发扬党的精神,这是一项神圣的使命。回首2017年,上海市"以党的政治建设为统领",深入贯彻学习习近平总书记系列讲话、召开专题学习会、开展党的教育讲座,提高党员党性修养,弘扬党员敢为人先、艰苦卓绝的优良传统。加快基层党员队伍建设和基层党建工作建设,紧密联系群众,为他们提供更好的公共服务。

(1)加强党员经常性教育。在全面依法治国的大环境下更需要培养党员领导干部的法治思维和法治办事能力,在日常生活中强化党员的党性教育是实现这一目标的方式之一。上海响应中央号召,在全市各区开展"三严三实"和"两学一做"专题学习教育，提高党员思想政治素质，坚定党员的理想信念，树立党员的人生观、价值观和世界观，牢记党的宗旨，坚持立党为公、执政为民的理念。严守党的纪律，在思想上与党中央保持高度一致，始终做到清正廉洁，在面对诱惑时毫不动摇。充分发挥党员同志的模范先锋作用，自觉贯彻实行党的路线方针政策，在面临危险时挺身而出。党员领导干部必须始终心系群众，将手中权力用在为人民群众谋福祉上。

（2）加快基层党员工作者队伍建设。新时代对基层党建工作提出了更高的要求，更专业、更智能、更社会化的需求迫使我们探索新的党建驱动方式。新格局之下，推动基层党建工作的有序进行，就必须建设一支高专业水准、对工作极富热情、思想政治理论素质高的基层党员队伍。经过不懈努力，上海基层党建工作者队伍总体面貌焕然一新，充满朝气和活力，充分发挥先锋作用，着力解决群众急难愁问题。上海下一步拟在基层党支部和党员工作者队伍建设方面，探索党支部具体建立标准、党员分类管理指标体系，更好地服务群众。

（3）提高党建科学化水平。上海党建工作环境较之以往发生了重大变化，在科技、信息高度发达的时代，基层党建不能再拘泥于传统建设，应当善于利用新媒体等科学技术，夯实基层党建。党建任务的艰巨性、长期性和复杂性决定了党建工作必须具有前瞻性、开阔性，努力运用和掌握现代新兴科技、新文化、新知识，为党建工作提供科学化的管理模式。社区党建服务中心的建立是上海市党建工作的重要经验之一，基层党建工作与社会治理的有机结合，服务中心犹如核心枢纽，将社会富余资源与紧缺资源相互匹配，并下沉至社区，推动社区党建服务工作全覆盖。建立党建服务管理信息系统，推行智慧党建，建立"上海基层党建"微信服务平台，为用户推送精彩文章，发挥微信互动功能，拓宽群众表达诉求的渠道，加强党员与群众之间的联系。运用网格化党建管理方式，划分党建服务区块，由基层组织成员担任网格长、网格员，积极在网格内发现问题、解决问题。目前全市16个区，218个园区、街镇已经全面建立党建服务中心，并且在各地区商务楼和居（村）委会内建立党建服务站点1万多个，已形成功能齐全、布局合理的党建服务网络。

2. 法律服务建设有序推进

法律服务建设必须以群众需求为重点、以群众满意度为工作的检验标准，为群众提供优质的法律服务和便捷的服务通道。依托"互联网+服务"建立统一服务平台惠及群众；细化法律服务行业规则，提升服务质量、人员执业操守；开拓本市法律服务行业新领域、寻求新机遇，朝着更高端、更专业的法律服务目标前行。

（1）积极搭建公共法律服务平台。为群众提供全覆盖、更便捷、无漏洞的公共法律服务，上海目前已经基本建成"四纵三横"普惠型公共法律服务网络。纵向上，全市建立四级实体服务平台，以市公共法律服务中心为主，区公共法律服务中心为辅，街镇公共法律服务工作站和居村公共法律服务工作室为延伸。横向上，实现"三位一体"的服务模式，即线下（实体窗口）、线中（电话热线）、线上（智能网络），将资源高度融合，提供全方位的法律服务。目前全市16个区已经全部建立线下实体平台，实现全市居村（社区）法律顾问覆盖率100%，全市街镇层面公共法律服务工作站覆盖率61%，居村公共法律服务工作室覆盖率37%。各区线下法律服务实体平台基本涵盖行政审批及辅助服务、法律援助、法治宣传教育、人民调解以及法律咨询等服务项目。

（2）制定法律服务行业规范化标准。严格制定法律行业服务细则，细化律师事务所、律师执业的管理规定，完善律师违规会见行为的行政处罚裁量基准设定，推动法律服务行业有序发展。依托管理平台公布律所、律师基础信息和奖惩机制信息，增强律师依法执业和诚信意识。以跨部门协作推动行业监管，与证监会上海监管局组织"双随机一公开"联合执法检查，积极磋商建立涉及证券业务律师、律师事务所联合监管协调机制。深入司法鉴定行业开展工作调研，发现工作短板积极破解难题。整肃司法鉴定行业违纪违规行为，开展司法鉴定收费"双随机一公开"检查和"三大类"司法鉴定机构业务受理点专项调查活动。开展司法鉴定执业人员岗前培训，提升鉴定工作专业性，提高鉴定工作质量。开展工作专班深入公证行业检查卷宗和查处违规违法行为行动。发布公证工作执行标准、指导性文件16份,负面清单27项,重申"五不准"执业禁令,重塑公证行业形象。建立公证员宣誓制度,提升公证员责任心、使命感,强化公证行业信用管理。

(3) 延伸法律服务领域。随着自贸试验区的不断发展,上海对涉外法律服务的需求不断增加,更专业、更高端的法律服务需求,促使上海探索建立一支具有国际水准的优秀法律服务团队。积极举办如陆家嘴法治论坛和外滩金融法治论坛等大型法律交流论坛,促进律师和社会各界人士相互切磋学习。拓展公证服务行业在金融、知识产权、商事贸易等领域的运用,探索公证服务发展新方向。加快推进本市法律服务行业服务上海科创中心建设,与上海市张江高新区管委会进行对接并达成合作意向,为引导律师服务经济建设发展提供了新的机遇和平台。开展涉外法律服务业联席会议,向与会各委办局推介了一批办理涉外业务的律师事务所、律师和优秀案例,为律师服务国企"走出去"战略搭建制度化平台。

3. 法治宣传教育有序展开

随着我国改革的不断深入,法治宣传教育环境发生转变,新时期下宣传教育工作也应与时俱进,通过运用新媒体平台,开展法治辩论赛、竞答赛,播放法治电影等通俗易懂的方式大力宣传法治,培养群众法治意识。建立健全法治宣传教育工作体制机制,为更好地开展法治宣传教育,扩大宣传效果而不懈努力。

(1) 推进法治宣传教育体制机制建设。上海市已着手研究起草《关于本市实行国家机关"谁执法谁普法"普法责任制的实施意见》,以普法清单形式明确本市55家主要单位的普法责任。推动市委宣传部等七部门制定出台《关于本市新闻媒体和互联网传播平台开展公益普法的实施办法》,明确媒体公益普法的重点和任务要求。以"普法与法治进步关联度指数"为突破口,以考核"谁执法谁普法"等工作为重点,以评估"尊法学法守法用法"为效果要点的基本思路,形成了考核评估指标体系的具体方案,初步成果得到司法部法宣司的充分肯定。

(2) 开展丰富多样法治宣传教育主题活动。上海市充分利用城市公共空间，在轨道交通专列、轨交站点、公交车站等地点开展法治宣传活动。开展食品安全、交通安全、烟花爆竹禁燃禁放等特色主题活动讲座、论坛，同时通过法治文艺巡演、法治电影展播、微信平台法治问答、播放法治公益广告等多样的法治宣传活动，寓教于乐，希望能够以通俗易懂的方式增加群众的法律知识、提升法律意识。组织专业人员编写"以案释法"系列实务手册，围绕法治热点，绘制法治漫画、制作法治主题海报、撰写法治文化丛书等，开展广泛的法治宣传活动。深入各高校、高中开展法治辩论赛，组织"新沪杯"中学生法律知识竞赛，提高青少年法治意识。市司法局还会同市委宣传部联合印发《关于本市组织开展"尊法学法守法用法加快建设法治上海"主题法治宣传实践活动的意见》，对2017~2020年的法治宣传实践活动进行部署。

（3）扩大法治宣传教育效果。利用新媒体广泛进行宣传，吸引群众注意，通过在互联网平台上开展法律知识竞答、举行大赛投票、举办交流研讨会等方式进一步扩大宣传效果。开设的"法治上海"微信互动平台，定期传送宣传文章，聚焦法治传播，全年发帖840条，粉丝近7万人，全年阅读量超过300万人次，今日头条号2篇帖子阅读量超过10万人次。"东方法治网"法宣专业网站作用有效发挥，15个网站栏目共发布稿件6439篇，全年访问量超过2500万人次。上海法治传播新媒体联盟进一步扩容，成员达到91家，每季度推出《上海法治传播新媒体联盟微信公众号矩阵法治传播指数PDI评估》，凝聚力、传播力进一步增强。2017年上海市积极举办法治沙龙，强化品牌标识，优化互动体验，市各委办局、各区等30余家单位参与，线上线下参与人次超过350万，受众遍布全国及世界12个国家，影响力不断扩大。

（二）2017年依法治市工作亮点

2017年上海依法治市亮点纷呈，以法治惠民生为工作理念，在法治建设过程中时刻为百姓谋福祉。上海市第十四届人民代表大会常务委员会第四十一次会议决定，对12项地方性法规进行修改，其中涉及民生环保领域的共计7件,包括《上海市绿化条例》《上海市公园管理条例》《上海市古树名木和古树后续资源保护条例》《上海市河道管理条例》《上海市防汛条例》《上海市市民体育健身管理条例》《上海市实施〈中华人民共和国残疾人保障法〉办法》。可以看出上海市人大对环保及民生领域问题的重视。上海市将民众最关心的问题列为重点治理对象,通过严格制定地方法规与条例、完善监管制度等举措,逐步消除民众忧虑,为他们创设良好的法治环境。

1. 着力保障和改善民生

民生保障涉及百姓生活的方方面面,与百姓利益密切相关。民生保障资源的有限性和有效需求的广泛性、多样性是一对深刻的矛盾,这对矛盾的解决,就需要深入思考如何利用有限的资源,以何种方式、最大限度地满足百姓的有效需求,在此基础上该如何进一步扩大资源供给。2017年上海始终创新社会治理方式,大力保障和改善民生,为实现中华民族伟大复兴的中国梦而不断努力。

(1)加大食品安全管理。近期上海市民对上海食品安全满意度评分已公布,76.1分比2016年多出了3.8分,可以看出上海市民对本市食品安全管理工作的高度认同,并且分数的增长也证明上海始终用心严格监管。在最新发布的《2017年上海市食品安全状况报告》中,全市食品安全状况稳步提升、稳中求好,而能够取得这些优异的成绩,主要得益于上海市始终贯彻"四个最严"的要求,坚持每年开展食品安全检验检测执法。2017年开展日常巡查、监督检查和专项执法检查工作共计55.2万户次,整治问题企业5.6万户。在坚持定期检查之外,常委会还与各区人大加强管理和执法方面的联动,对食品安全顽疾重拳出击。从对流动无证摊贩治理到对餐饮行业主体责任制的落实,再到形成食品安全管理体系的长效机制,实现全方位、多渠道、全覆盖的食品安全监督工作,修改后的《食品安全条例》更是制定了链条式管理和监管制度,为食品安全管理保驾护航。在过去的2017年上海共查处案件6714起,有效遏制食品犯罪的发生,今后也会延续高压打击食品违法犯罪的行动和长效监管机制,让上海市民能够放心用餐。

(2)重点建设爱心接力站。城市的温度体现在细节之中,上海在探索城市人性化建设方面除了坚持传统运行模式之外，还不断积极探索寻求新运营方式，爱心接力站则是时下上海最为暖心的民生保障方式。爱心接力站利用一切可以利用的资源，为辛劳的基层户外工作人员提供遮风避雨的温暖港湾。目前全市已经建设93个爱心接力站，它们的存在让更多群众在家门口便能感受到上海的温度。今后也将会同多个部门在全市新建1000个爱心接力站，开设在各大药房门店、超市和大卖场、饭店等处，覆盖金融、教育、餐饮等各类行业，为户外职工提供休息场所，希望人民群众能够得到充分的休息。

（3）保障老年人合法权益。根据调查，2016年上海65周岁及以上的老年人为299.03万人，约占上海人口总数的20.6%，而上海高龄人口的总量也呈现上涨的趋势，养老问题成为社会热议的重点。人口老龄化发展迅猛，如何保障"老有所养"成为棘手问题。为此上海市政府制定了《老年人权益保障条例》和《养老机构条例》，两部条例分别规划了上海未来养老服务的发展方向，并为举办养老机构的社会机构提供优惠政策，以优化社区居家养老模式，对群众最为忧心的养老问题作出具体规定，免除群众的后顾之忧。全市计划在2018年新建50家社区综合养老服务中心、80家老年人日间服务中心，新增7000多张养老床位，改造1000张失智老人照护床位。为深入推进长期护理保险制度的试点工作，上海市加紧修订《上海市长期护理保险试点办法》，并将于2018年起正式实施，为老年人的日常生活护理提供更为全面的保障。

（4）保护消费者合法权益。2018年，中国消费者协会发布《2017年城市消费者满意度测评报告》，上海排名位居全国城市前列，优异的成绩得益于上海在努力保障消费者合法权益方面的各项举措。在网络和科技发达的当代，网购已经成为人们主要的购物方式，因网购产生的消费矛盾也与日俱增。新修订的《消费者权益保护条例》加强了网购市场的监管，对网购信息安全保护、无理由退货等消费者最为关心的问题作出进一步详细规定。2017年上半年，全市对条例落实的具体情况集中开展了执法检查、专题调研和询问工作。针对多处发现的企业通过预售卡形式骗取消费者钱款后关门跑路、老年人陷入保健品诈骗圈套、非法收集和使用个人信息等突出的消费问题加大监管力度。年末人大常委会听取了《上海市单用途预付消费卡管理规定（草案）》的说明和解读。上海作为全国首个对单用途卡进行立法的城市，为全国提供地方立法样本，产生了积极的意义。上海市人大常委会还修改了《上海市旅游条例》以更好地规范旅游购物、完善旅游市场管理制度等，为市民出行旅游保驾护航。

（5）加强保障群众健康权益。习近平总书记在出席全国卫生与健康大会时发言强调"没有全民健康，就没有全面小康"，全方位、全周期保障人民健康是为实现中国梦打下的坚实健康基础。上海市委、市政府积极响应习总书记的要求，对城市健康建设进行了全面的部署，力争在2020年将上海建设成为亚洲一流的健康城市。2017年3月1日正式实施最严禁烟令，明确在任何室内场所都禁止吸烟，并且在本市人流密集场所张贴禁烟公益海报和禁烟标志，市区两级执法部门在3~5月固定一周时间对公共场所吸烟行为开展集中执法，积极落实《公共场所控制吸烟条例》。在城市急救医疗服务方面，上海敢为人先制定全国首个院前急救、院内急救、社会急救"三位一体"的《急救医疗服务条例》，弘扬医护人员救死扶伤的精神，确保患者在最短、最佳时间内得到有效医疗救助。

（6）坚持"房子是用来住的，不是用来炒的"定位。我国住房问题由来已久，房价调控工作也从未间断，但越是调控反而购买的人越来越多，房价涨幅也在加大。解决人们住房问题不能再用传统方式，必须另辟蹊径。习近平总书记在十九大报告中重申"加快建立多主体供给、多渠道保障、租购并举的住房制度，让全体人民住有所居"，这也是中央对住房问题的回应。响应中央的号召，上海也加大力度推行"租购并举"的住房新政策，目前上海市已经新建和转化租赁房屋20万套，新增代理经租房源9万套，新增供应5.5万套各类保障房，完善共有产权住房制度，放宽廉租住房准入标准，新政策为在上海奋斗的人们提供了温暖的港湾。同时为提升本市居民现有居住环境，展现城市活力，坚持以保护为主、留改拆并举的方式，对中心城区住房困难用户进行房屋综合改造，修缮保护各类里弄住房100万平方米，使蜗居群众能够享受更好的居住环境。

2. 积极有序推进上海生态环境治理

十八大以来习近平总书记在国内外多场合都强调生态环境的重要性。上海响应中央号召，积极在本市开展生态环境实地调研工作，组织代表团实地走访全市16个区28个重点整治地段，以"五违四必"为工作重点，听取各区整治成效、工作开展的重点难点，代表团还实地开展专项监督检查工作。

（1）严格防治大气污染。近年来上海在加强空气污染和环境保护方面做足了防治工作的功夫，但就目前环境保护的效果而言并不尽如人意。2017年上海雾霾天气频发，并且呈现连续几天的污染情况，针对大气污染问题，上海市开展了以PM2.5污染防治为重点的立法和监督行动。市人大常委会在结合上海大气污染的实际情况后及时修改了《大气污染防治条例》，加大对严重污染大气行为的处罚力度，提高环境违法成本，彰显对大气污染的零容忍。条例还另设专章对联动合作执法、与各地环境标准准确对接、长三角合作机制、大气数据信息共享机制等作出具体且详细的规定，为将来大气污染防治工作提供合作基础。下一步政府将会根据目前上海环境的具体情况，加快执行新一轮的大气清洁行动计划，为改善空气质量而不断努力。

（2）全面推行河长制。河长制的推行是五大发展理念的贯彻落实，也是保护上海生态文明的内在需求。上海在2017年正式发布《关于本市全面推行河长制的实施方案》，针对本市区域内黑臭中小河道、饮用水水源保护、水环境治理等突出问题进行规制。通过对全市中小河道进行实地排摸，确认今年河道整治的重点，并在第一时间开展治理工作。过往治理河道存在反复、多次治理的问题，如何长治则是重点关注的问题。对此市人大常委会积极开展执法监察工作，确保各区政府能严格履行管理职责，重点治理河道污染源，加强对村沟宅河的治理工作，发挥四级河长制的优势和作用，形成治理长效机制。落实"河长制"的责任制，按照属地负责制和分级管理制度的原则，目前上海已经形成市、区、街镇三个级别的河长治理体系。16个区已公布首批河长名单，各区河长分别由本区区委书记、区长、副区长担任,已全面建立河道整治的长效机制,助推中小河道消除黑臭。除了在水治理方面下功夫之外,水资源治理还着眼于循环利用,紧随时代发展需求,废旧立新制定《水资源管理若干规定》,着眼水资源的综合利用,严格管控取水到排水阶段的各个环节,在各级政府考核中新增水资源保护项目,引起相关管理部门的重视。明确要求服务业、工业等用水单位,必须安装节水设备,采用节水技术和工艺,配置循环用水设施,综合利用废水处理回用等措施,降低用水消耗,提高水的重复利用率。上海"因水而生、因水而兴",水的品质折射了城市的品质,上海对水资源的整治工作有了更高的追求和要求。

(3) 深入推进城市垃圾分类。上海市自2014年起实施《上海市促进生活垃圾分类减量办法》,为城市垃圾分类提供了切实可行的办法,可是三年来实施效果不凸显,主要原因在于上海还没有实现全市垃圾分类制度的全部覆盖,如果仅针对个别单位或者个人进行行政处罚,显然有失公允。但2017年出现了新的转机,全国各地区、各城市开始加强对垃圾分类的宣传、教育和执法工作,一些刚性的举措得以落实。上海在垃圾分类方面着眼于顶层设计,人大代表们走进群众身边,认真听取大众声音,探索科学化垃圾分类管理方式,有针对性地提出符合上海垃圾分类的立法思路和框架。在2017年年初,发布《上海市单位生活垃圾强制分类实施方案》,该方案明确要求全市所有单位必须严格执行生活垃圾的强制分类要求,并对拒不执行或执行未达到标准的单位进行行政处罚。加之上半年有关单位已经通过多渠道将此实施方案广泛告知各党政机关、学校、社会团体等多家企事业单位,这就为在全市大规模推广垃圾分类制度和行政执法工作打下了坚实的基础。同年8月城管执法部门对违规的单位开出了首张责令企业垃圾分类整改的通知书,也表明上海在深入推进垃圾分类制度上的决心。除了要求有关单位对该制度的落实之外,要在全市完全实现垃圾分类确有难度,上海敢为人先,在着力推进生活垃圾分类、投放、收集、运输和处置的同时,为提高可再生资源的回收利用率,开工建设一批资源利用设施,真正做到变废为宝。

(4) 促进和保障崇明建设世界级生态岛。2016年崇明撤县设区,为崇明发展提供了新机遇。上海市人大常委会举全市力量,逐步推进崇明"生态+"建设,守护本市最珍贵、无可替代的生态战略空间。制定《关于促进和保障崇明世界级生态岛建设的决定》,明确崇明岛未来的发展基本方针与政策,创造新的原动力,强化底线约束,明确生态补偿,用法律思维为世界级生态岛的建设"保驾护航"。2017年市政府高度重视崇明生态岛的建设,开展区环境专项调研、整治和监督问询活动,适时调整区域环境建设发展不适应之处,保护和巩固生态环境质量,凝聚市区力量形成合力,助推本市生态文明建设。

3. 深入推进自贸试验区改革

在最新发布的《"上财中国自由贸易试验区发展指数"评估报告》中,上海自贸区处于领先地位,取得这样的成就得益于上海不断改革创新监管方式,以负面清单为核心,扩大开放政策,增加自贸区国际竞争力。

(1) 自贸区制度框架基本形成。一是全面建立基础性制度。对综合执法、信息共享、社会征信体系、企业年度报告公示、社会力量参与市场监督等具体方式作了全面的规范。同时更细化安全审查、反垄断审查、事中事后监督等管理制度,做到全方位无死角,保障自贸区秩序井然。二是确立高标准贸易监管制度。深入推进国际贸易"单一窗口"、货物状态分类监管、海关和检验检疫信息互换互通、监管互认、执法互助的通关模式,打通信息孤岛,杜绝推诿扯皮。三是注重金融创新制度建设。打造更开放的商事环境,建立面向国际金融市场的平台,运用科技手段实时监控、有效防范金融风险。

(2) 营造更具竞争力的营商环境。上海自贸区在过去一年中,始终坚持"营商环境就是生产力"的理念,参照国际最高标准查找管理过程中的短板弱项,以企业发展为重点,为企业努力打造更好的营商环境,为它们提供更适宜的商业环境、优质的贸易服务和广阔的发展舞台。浦东新区率先试点"证照分离"制度,梳理企业市场准入审批事项548项,并进一步筛选改革,即除国家规定事项之外,市区两级的许可审批都将陆续取消。自贸区还率先推行"营改增"试点,设立规模50亿元的中小微企业政策性融资担保基金,实施注册资本认缴制等商事制度改革,吸引更多企业入驻自贸区。

五 2018年工作展望

2018年是十九大精神贯彻落实的开局之年,也是改革开放四十周年,十三五规划进入攻坚阶段。随着十九大、第十三届全国人大一次会议的召开,我国社会主要矛盾的转变,经济文化创新型转型发展,人民生活及社会进步对法治建设也提出了新的要求。上海市法治建设需要问题导向,积极响应在发展过程中发现的亟待解决的问题,人大立法、法治政府、司法体制改革、依法治市四大领域仍旧面临着巨大挑战,各项工作需顺应时代发展,稳步推进。

(一)立法引领做实监督,加强人大履职水平

2018年,上海市第十五届人大即将开始新的征程,市人大常委会将进一步以习近平新时代中国特色社会主义思想为指导,按照党的十九大和市十一次党代会精神,坚持稳中求进的工作基调,贯彻新发展理念,围绕上海市工作大局,以问题导向、需求导向和效果导向,依法行使立法、监督、决定、任免四项职权,充分发挥代表作用,加强代表履职保障,健全人大组织及工作制度,担负宪法赋予的各项职责,加强制度供给、紧密联系群众,为上海成为新时代改革开放、创新发展的排头兵、先行者作出进一步努力,展现开局工作的新气象。

第一,立改废释并举,提高地方立法质量。2018年是上海市第十五届人大及其常委会履职的第一年,上海市人大常委会将编制《上海市第十五届人大常委会五年立法规划》,坚持依法立法、科学立法、民主立法,加强创新转型发展制度供给。同时,围绕上海"十三五"及更长时期立法规划,审议《单用途预付消费卡管理规定》《消防条例》,在科创中心建设、自贸试验区建设、历史风貌及生态保护、职业教育、物业管理、社会救助、生活垃圾分类管理、宗教事务等重点领域,立改废释并举,配合改革需求,打包修改法规,对不同的法规中涉及的同类事项一并表决修改,提升工作效率,

保障规则的一致性,"以良法促进发展,保障善治"。

提升立法质量,要提升立法的针对性和可操作性。践行立法工作全过程公开,充分发挥人大代表的主体作用,运用协商民主机制,扩大公众有序参与,集全市人民的智慧,共同做好立法工作。要积极开展与国家法律相配套的实施性立法,着力推进体现上海特色的自主性立法,探索实践先行先试性立法,科学、合理地选择立法项目,增强法规选项的针对性、及时性和可行性。要将立法规划的落实过程作为向全社会宣传法治精神、形成思想共识的过程,为五年规划顺利实施奠定坚实的社会基础。

第二,市区人大联动,增强人大监督实效。上海市人大常委会将推动监督工作闭环运行机制,市人大与各区人大联动监督,强化法律实施监督、执法检查、专项监督、跟踪监督,实现对权力的充分制约,维护宪法法律权威。全面开展执法检查,追踪老年人权益、市民体育健身、水资源管理等民生环保领域执法实效,监督检查农村集体资产监督管理、境外非政府组织境内活动管理等法律法规;专项监督"十三五"规划中期评估、婴幼儿托育、城市安全、检察机关法律监督工作;跟踪监督《道路交通管理条例》及《食品安全条例》政府部门检查报告情况;加强规范性文件备案审查及预算监督。要认真做好执法检查选题、抓好组织实施、全面准确报告执法检查情况、认真进行审议、加强和改进实际工作、向常委会报告落实情况等六个环节的工作,形成完整工作体系。执法检查建议要紧扣关键性法律法规条款的贯彻落实情况,增强针对性和可操作性。探索执法检查审议意见交办、督办工作,有关委员会在整理形成《审议意见》时,要提出项目化的整改任务,经主任会议讨论后交市人民政府研究处理;市人民政府按规定时间提交研究处理情况报告后,有关委员会要对办理情况和整改事项提出评价意见。相关专门委员会和工作委员会在组织开展执法检查和专项监督过程中,要通过新闻媒体,积极为市民有序参与人大监督工作创造条件;常委会宣传工作部门要加强新闻宣传策划,找准宣传切入点,通过全程、深度的跟踪报道,形成良性互动,提高人大监督的深度和广度,增强人大监督工作实效。

第三，加强履职保障，发挥代表主体作用。人大代表履职水平的高低及履职保障机制是否健全，决定了人大代表职能发挥的程度。人大常委会将结合代表履职需要，完善人大代表学习及培训制度，搭建代表专题学习班，完善代表初任培训制度。此外，人大常委会致力于拓宽民意反映渠道，畅通代表与人民群众的联系，充分利用网络及自媒体平台，实现常委会成员与代表之间，代表与人民之间的无障碍交流。加强市人大常委会与区人大常委会的协同工作，更好地为代表履职提供服务。在开展执法检查和专项工作监督过程中，邀请更多相关专业领域人大代表参加调研。及时向市人大代表通报市人大常委会和"一府两院"重要工作，为人大代表依法履职创造条件。要贯彻落实中央关于加强人大预算决算审查监督改革的部署，建立市人大常委会预算审查前听取市人大代表和社会各界意见建议的工作机制，切实发挥好人大代表的主体作用。

第四，积极投身调研，推进自身职能建设。坚持问题导向，进一步提升人大常委会依法履职、反映民意、把握大局及推动落实的能力及水平。全面落实《中共中央转发〈中共全国人大常委会党组关于加强县乡人大工作和建设的若干意见〉的通知》和《中共上海市委关于推动人大工作与时俱进充分发挥人大作用的若干意见》文件精神，坚持党的领导、人民当家做主和依法治国的有机统一，认真贯彻党的基本理论和路线方针政策，牢牢把握人大工作正确的政治方向，始终把党的领导贯穿于人大工作的各方面、全过程。高质量开好人民代表大会会议、常委会会议、主任会议，积极投身调研，加强履职学习，提高民主议事、决策水平。密切联系人民群众及社会各界。加强学习型组织建设，不断提高人大工作服务大局的能力，深入开展"不忘初心，牢记使命"主题教育，做好改革创新的排头兵与先行者。自觉用科学的理论武装头脑，不断增强政治定力。充分发扬民主，着力提高议事决策水平。努力形成科学高效有序的工作机制，提高决策的科学性和民主性。坚持紧紧围绕本市改革发展稳定中的重点、难点问题，紧紧围绕关系人民群众切身利益的热点问题，突出监督重点，加大监督力度。充分发挥人大联系群众的优势，畅通民意表达渠道，搭建集中民意平台，及时反映群众意愿，切实维护群众利益。

（二）回应社会需求，深入推进法治政府建设

2018年上海市将继续注重经济发展，努力建成国际经济、金融、贸易、航运中心和现代化的国际大都市，建设具有全球影响力的科技创新中心，同时把握我国社会主要矛盾的转化，回应人民对美好生活的新期盼。法治将继续发挥其规范、引导作用，深入贯彻落实《法治政府建设实施纲要（2015~2020年）》和《上海市法治政府建设"十三五"规划》，围绕中央的决策部署、上海市整体规划与政府自身规范，保障改革创新；促进政府职能转变，加强城市管理和社会治理，改善民生和公共服务，加强生态文明建设，增强环境保护和先进文化建设，为上海的发展保驾护航。

第一，继续加强法治政府配套制度建设。在2017年已成立法治政府建设领导小组的基础上，2018年上海市将继续发挥领导小组的作用，让领导小组更多地参与协调各部门的法治工作，深入参与到决策与执行中，以此探索领导小组指导、协调基层工作的新方法，通过探索菜单式培训等新机制，更好地服务基层、指导基层，着力打造上海市法治共同体。与此同时，上海市将继续推进政府法律顾问与公职律师制度，从形式上的全面铺开转入实质发挥作用的轨道。在信息化建设方面，上海市也将不断提高信息化建设和服务基层的水平，按照"统筹规划、问题导向、开放创新、整合共享、深化应用"的原则，将互联网、大数据的思维和技术运用到政府法治工作之中。

第二，继续推进行政立法、执法与监督制度改革。力求在立法工作深入展开、重大行政决策程序规则落地、行政复议、行政应诉制度改革和依法行政制度体系完善等方面取得实质性进展。2017年，上海市积极探索立法项目论证制度与立法后评估制度，2018年，上海市将继续深入落实改进该两项制度，将制度运用到具体立法中，同时以实际需求为导向，以《法治政府建设实施纲要（2015~2020年）》为主线，坚持"立改废"并举，继续推进重点领域的立法工作，加强立法工作的科学性与民主性；同时，将继续

推进重大决策事项的改革试点工作，落实相关规定的程序，对现有试点进行评估改进。在行政执法领域，上海市将继续落实"三项制度"改革，为实现城市精细化的管理，进一步扩大城市综合执法的范围，健全综合执法与行业管理的有效衔接机制，加强社会化协同管理，完善城市化管理体系，聚集更多社会力量广泛参与；统筹使用各类编制资源，充实基层一线的执法力量；加强"证照分离"试点工作的推进；继续加强对文化市场的监管力度；增强行政复议的透明度；强化与保障行政负责人出庭应诉制度等。在行政监督方面，除法律规定的传统监督外，重视司法、舆论与社会监督，同时强化审计监督，实现审计全覆盖的目标；对行政权力进行标准化管理，把试点范围扩大至行政处罚和行政强制领域；继续推进行政信息的公开与透明。

第三，积极回应社会对法治的新需求。首先，2018年上海市继续注重经济建设，深入推进以自由贸易试验区建设为重点的改革开放，全面推进科创中心建设，深化供给侧结构性改革，法治建设也将与之相适应，实现市场准入事项"单窗通办"全覆盖；探索企业投资项目审批多评合一、多图联审、区域评估、联合验收；清理废除阻碍统一市场和公平竞争的规定和做法；深化商事制度改革；深入实施社会信用条例等。其次，人民对民生制度、文化建设与生活环境愈加关注，上海市法治建设回应人民需求，将继续加强养老服务和社会保障，健全多层次社会保障体系；继续建立多主体供给、多渠道保障、租购并举的住房制度；健全城市管理标准体系，深化道路交通违法行为的综合整治；建立更加开放透明的文化市场准入模式；以主体功能区战略制度保护和改善生态环境为重点。

第四，积极强化自身队伍建设。打铁必须自身硬，建设牢固稳健的法治政府需要高素质的人才。2018年，上海市将继续践行十九大精神，践行"三严三实"，加强队伍作风建设，保持反腐败的高压态势，围绕权力运行的关键环节，探索业务工作与廉政建设相融合的机制，严厉整治业务过程中，特别是行政执法过程中的腐败问题；对公务员进行分类管理改革，普遍增强公务员，特别是领导干部的法治思维与法治能力，特别增强法治工作者的问题意识、创新思维与专业能力；加强法治宣传工作，通过开展业务培训、模拟法庭、庭审旁听等活动提升队伍的法治意识。

（三）深化司法体制改革，建设法治上海

上海作为司法改革的首批试点城市之一，2018年需要继续发挥其"先行者"的作用。总结过去的经验和不足，继续完善各项体制机制，为法治上海的建设提供强有力的司法保障。

第一，打造更好的司法环境。上海法院需要全力加强审判执行工作，充分发挥司法职能作用，积极开展调研，推动平安上海、法治上海建设，为上海的经济发展打造更加良好的司法环境。首先，依托于新技术，大力推进现代科技与审判工作的深度融合，进一步提高审判能力与审判水平。其次，全面落实司法体制改革的综合配套措施，协调改革任务与改革效果之间不平衡的问题，提高司法改革的整体效能。再次，完善审判人才长效培养机制，缓解当前法官办案任务繁重，工作压力过大的现状。在提高业务能力的同时，还需时刻谨记队伍建设，始终坚持从严治院，加快法院队伍的职业化、专业化、正规化建设，以保障司法的廉洁高效。最后，坚持司法为民，深化"阳光司法、透明法院"，让人民群众在每一个案件中感受到法律的公正，从而树立法律的权威，建设法治上海。

第二，提升司法公信力。上海市检察机关立足于检察职能，强化法律监督机关的地位，不断健全监督机制，尤其是加强对民事行政检察方面的监督，深入推进公益诉讼工作，提升司法公信力。更新理念和技术，以深化司法体制综合配套改革，推动大数据、人工智能在检务工作中的应用，提高司法效率和办案水平，打造更高水平的"智慧检察院"。始终坚持服务于打造上海成为国际金融中心的战略目标，进一步推动综合性法律服务机制创新，为上海的经济发展提供坚实的司法保障。致力于提升人民群众的获得感、安全感，深化金融检察、生态检察等机制创新，

加大对危及公共安全、侵害群众生命安全等严重暴力犯罪的打击力度。与此同时，强化能力作风建设，特别是在培养青年人才过程中，既要重视办案能力的提升，还需重视理想信念教育。只有解决检察人员的规范问题，才能打造一支过硬的检察队伍，为司法公正提供强有力的保障，从而推动法治上海的建设。

（四）深入推进依法治市，营造良好法治环境

2018年挑战与机遇并存，上海已经作好准备应对未来的种种挑战，不畏艰险在依法治市的道路上迎难而上，不断探索最适合上海的发展和管理模式。紧握机遇借力发展，为实现中华民族伟大复兴的中国梦而不懈奋斗。

第一，提高立法精细化、精准化。立法是法治的基础，必须做到：一是精准定位，挑选本市重点领域急需立法事项；二是精心立法，对立法内容精雕细琢，保障立法可行性，切实解决突出问题；三是精细程序，健全立法运行机制，保障立法更科学、更民主。上海始终坚持民主立法、科学立法，推进本市立法精准化、精细化。未来的一年上海将会紧紧围绕生态环境、教育与就业、科创中心建设、自贸区建设、垃圾分类管理等开展立法和修法工作，保障立法的前瞻性、针对性和可操作性，在法治的轨道上畅通无阻。

第二，持续增进民生福祉。建立健全社会保障体系，为养老提供全方位保障免去后顾之忧；创新住房制度，深入推进租购并举制度，为奋斗努力的人们提供温暖的港湾；深化本市教育改革，大力推行素质教育，坚持立德树人为教育根本，强化师风师德建设，提升教师队伍素质和专业；切实解决就业难的困境，实施创业带动就业计划，鼓励青年创新发展，遇见更好的自己。用心办好事、办实事，走近群众生活倾听改革夙愿，了解民生急难愁问题，让更多人感受政府尽心尽力为群众谋福祉的真心，感受到城市的温暖。

第三，重拳出击打好防治污染攻坚战。严格执行最严环境保护制度，为

建设水清、天蓝、地绿的美丽上海不断努力。一是用心打造本市绿色生态空间，加快郊野公园建设，使其成为最美市区后花园，加强本地生物多样性保护，加大政策支持和保护力度。二是继续推进河长制，确保制度贯彻落实、责任到人，坚持水岸联动、干支流联治，进一步推进本市河道污染治理工作。三是有序开展环境保护监督检查任务，对违规违法行为严厉查处。建立健全生态文明考评体系，制定生态环境发展指标体系。

评 估 篇

Evaluation Reports

B.2
上海市地方性法规行政罚款设定分析报告[*]

彭 辉　王松林　陈 颖[**]

> **摘　要：** 本次统计将各具体指标分为样本基本属性参数、罚款设定方式参数、罚款设定比较参数三大类，以实证研究方法，通过比较上海市地方性法规罚款设定的状况，描述罚款设定演进的轨迹，以对上海市地方性法规罚款设定的合理性、科学性和协调性进行全面审视，深入系统梳理罚款设定种类及其组合方式，从而得出完善本市地方性法规行政罚款设定的对策建议。

---

[*] 本报告在写作过程中得到上海市政府法制办刘平副主任、王天品、史莉莉、陈书笋等的悉心指导，在此深表感谢！

[**] 彭辉，上海社会科学院法学研究所副研究员；王松林，上海市行政法制研究所研究一室主任；陈颖，上海社会科学院研究生院硕士研究生。

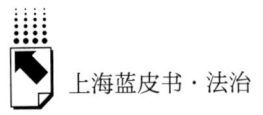

关键词： 地方性法规　行政罚款设定　分析报告

一　引言

近年来，行政处罚作为行政机关履行其监督管理职能的一种手段，对健全市场制度，建设民主法治社会起着重要推进作用。其中，行政罚款作为行政处罚的主要形式之一，在行政机关履行职责的过程中得到了最广泛使用，形成了"处罚之王"的地位。所谓行政罚款，是指行政主体强制违法相对方承担金钱给付义务的处罚形式。这一形式，既有经济性内容，又有强制性手段，通过使违法相对人损失一定数额金钱的方式，达到惩罚、教育的目的。相对于没收违法所得、责令停产停业、行政拘留等处罚方式，大多数行政罚款的强度都较轻，现实中也更为可行。在具体操作中，更是能将违法行为人的基本情况（是否成年，精神是否正常，身体是否健全或伤残等）、违法事实和违法行为的各种情节（如目的、动机、手段、危害、后果）、实施违法行为后的认错态度与表现，以及违法行为人的收入和家庭状况等纳入考虑范围，以实现过罚相当，达到制止、预防违法的目的，从而更好地发挥行政机关的监督、管理职能。

虽然行政罚款条款的立法目的是好的，行政执法实践中的效果也不错，但是行政罚款作为各类行政处罚中使用最广泛的一种处罚形式，存在的问题也最多。因此，无论在立法上还是在执法中都应予以完善，这样才能更好地发挥行政罚款的有效作用。行政罚款立法和执法缺陷主要表现为以下几个方面：一是行政罚款设定权的普遍化。根据《中华人民共和国行政处罚法》（以下简称《行政处罚法》）第九条至第十四条的规定，法律、行政法规、地方性法规、部门规章、省级政府规章、省会城市政府规章和较大市政府规章都可以设定行政罚款，行政罚款相较于其他行政处罚手段，设定主体宽泛且层级较低，限制较少。二是行政罚款立法过于随意。在行政执法实践中，行政罚款由于易操作而被广泛使用，甚至被有关执法机关当成行政执法的"万能钥匙"。而正因其在实践中的广泛应用,也导致了上述拥有行政罚款设定权的主体对执法机关运用行政罚款持认可甚至鼓励态度,并为创设更多行政罚款项目而不断修改立法,类似的行为体现出了明显的滞后性和随意性。更有甚者,将行政罚款作为执法部门谋取私利的方式,这些做法不仅侵犯了行政相对人的权利,而且损害了法律的尊严与权威,为改善这些现象需要从法律层面与行政执法层面进行规制。三是未能真正发挥制止和预防违法行为、教育违法行为人的作用。虽然在立法中设定了名目众多的行政罚款项目,赋予了执法主体很大的罚款权,执法主体也因此每年罚没了大量的罚款,但是各种违法现象仍然层出不穷,行政罚款并未能有效遏制违法行为。从这个角度而言,如何规范行政罚款,已成为全社会面临的一道难题。行政罚款有无自我证成的逻辑基础?如果有,那么这个逻辑基础又是什么?不能回答以上问题,而只是将眼光局限于设定更多的罚款名目、提升罚款的额度,必然是治标不治本,不仅不能提升执法绩效,还有可能带来一系列更多的问题。另外,从立法技术上看,究竟应该采用何种方式规定罚款数额也有待讨论。比如,为何一类行政罚款对"数距式"偏爱有加,而另一类却对"倍数式"情有独钟?两种的优势和不足何在?如何体现罚过相当准则?对此应该展开细致分析研究。另外,在对应受行政罚款的违法者给予罚款惩罚的同时,也应予以鞭策教育,二者不可偏废,才能达到制止、预防违法行为的目的。[1]然而目前的实践中,往往存在着重惩罚轻教育的倾向,无法体现处罚与教育相结合的理念。即便如此,目前罚款的威慑作用也根本达不到立法的预期效果。作为法律规范的威慑作用,必须与法律要件、不当行为、证据、情形等基本概念相联系,从而使行为与结果之间的联系具有可预见性,这才能产生制度的威慑性,而这些内容在罚款的现行规定上很难看到。[2]

---

[1] 罗豪才、湛中乐:《行政法学》,北京大学出版社,2006,第224页。
[2] 郭翔:《论民事诉讼中的罚款——立法预期与实践效果的背离及修正》,《当代法学》2014年第1期。

二 样本基本属性参数

此类参数主要考察具体行政罚款条文所在法律法规的基本情况。

（一）罚款依据

在一般情况下，一件（部）法律由章、节、条、款、项、目组成，个别重要的法典还分编。编、章、节是对法条的归类，所以，在适用法律时只需引用到条、款、项、目即可，无须指出该条所在的编、章、节。

1. 条

法律规范的"条"，即"法条"，是组成法律规范的基本单位，也是最不可或缺的单位，若干法条组成一件（部）法律。它既可以完全独立于卷、编、章、节、款、项、目而存在，也可以在章下设置，还可以在节下设置。一般情况下，条是以"第 X 条"的形式出现。经统计，上海市地方性法规中直接使用"条"来对应行政罚款的数量有 225 条，占 35.5%。

2. 款

"款"是"条"的组成部分，隶属于"条"，不能脱离于"条"独立存在。经统计，上海市地方性法规中直接使用"款"来对应行政罚款的数量有 182 款，占 28.7%。

3. 项

一般来讲，"项"是以列举的形式对前段文字的说明，既可以在"款"下设"项"，也可以在"条"下设"项"。经统计，上海市地方性法规中直接使用"项"来对应行政罚款的数量有 194 款，占 30.6%。

4. 目

"目"的应用格式以阿拉伯数字"1、2、3"分段表述。"目"的特性与作用与"项"相似，不同的是，"项"是对"条"或"款"的列举式说明，而"目"是对项的列举式说明。经统计，上海市地方性法规中直接使用"目"来对应行政罚款的数量有 33 款，占 5.2%。

（二）立法时间

1. 制定时间

考察行政罚款设定的方式、幅度在不同时期呈现的特点，归纳现阶段设定行政罚款应遵循的规律。通过对上述数据的检索分析，我们可以从中发现两个较为显著的特点：①立法的连续性较强，从1992年至2016年，只有2008年没有行政罚款的地方性立法，其余各个年份都有相对应的立法，表明涉及行政罚款的立法在上海市地方性立法中具有较为明显的连续性；②立法呈现"先扬后抑"的态势，在早期（1992~2006年）立法的高歌猛进之后，近十年来（2007年以后）上海市地方性法规行政罚款设定立法呈现较为平稳的运行态势（见图1）。

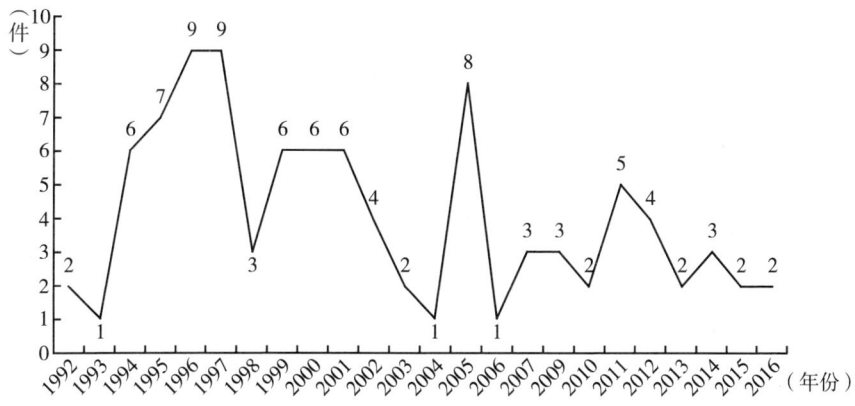

图1　历年行政罚款设定立法情况一览

2. 最后修订时间

通过对上述数据的检索分析，我们可以从中发现两个较为显著的特点：一是修法的连续性较强，自从1993年开始，只有1998年和2008年两年没有修订案，其余各个年份都有相对应的行政罚款地方性法规修订，修法高峰出现在2010年，达到创纪录的18件。二是修法态势呈现"先扬后抑"，早期（1993~2009年）修法节奏保持低水平态势，但转折年份出现在 2010 年，之后数年（2011~2016 年）修法呈现了波澜起伏的波动变化（见图 2）。

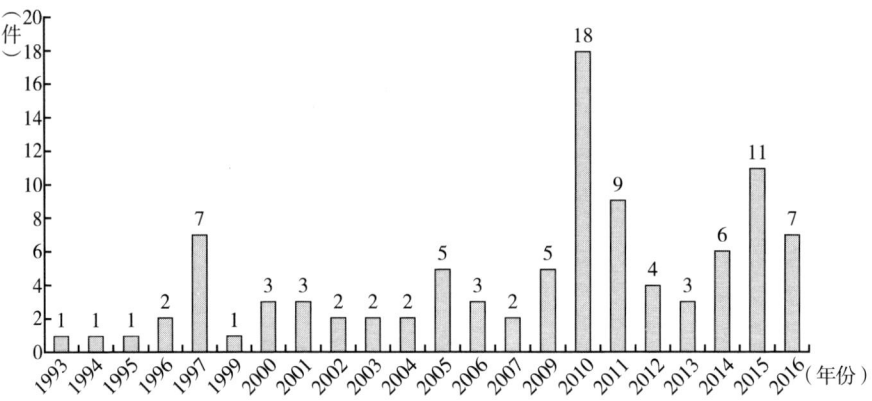

图 2　历年行政罚款设定修法情况一览

（三）部门法分类

随着社会经济的不断发展，社会生活的不断进步，上海市也采取相关法律手段在地方性法规中设定了一系列行政罚款，以实现对社会关系的调整、规范。不同部门法涉及的不同调整领域是运用国家权力对社会关系所作的划分，也是根据一定的标准和原则，按照法律规范自身的不同性质、调整社会关系的不同方法等划分的同类法律规范的总和。这一指标设置的目的在于考察罚款在不同部门法中的分布情况。经统计，行政罚款设定部门法分类为：行政法 54 部，占比 55.7%；经济法 17 部，占比 17.5%；社会法 26 部，占比 26.8%（见图 3）。

（四）管理领域

设置本指标的目的在于考察各管理领域行政罚款的设定特点。这里的管理领域是指法律法规涉及的内容的所属类别。经统计，上海市地方性法规行政罚款依据共计 634 项，所占比重依次为：城市建设类有 351 项（占比

上海市地方性法规行政罚款设定分析报告

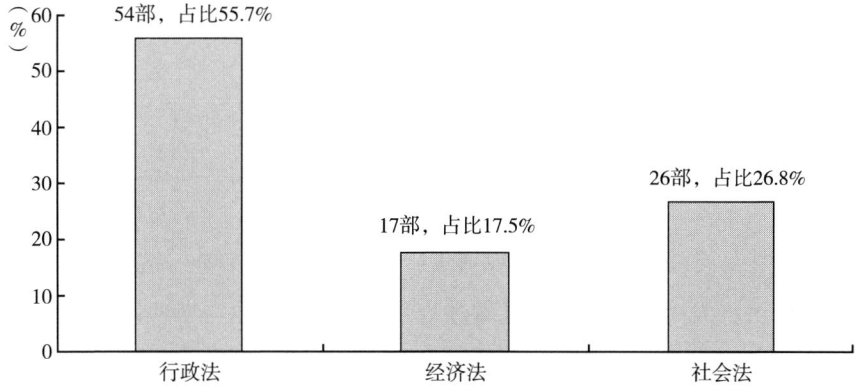

图 3　行政罚款设定部门法分类

55.4%），社会秩序类有 107 项（占比 16.9%），市场监督类有 65 项（占比 10.3%），经济管理类有 63 项（占比 9.9%），资源环境类有 20 项（占比 3.2%），公共服务类有 11 项（占比 1.7%），侨民宗教类有 7 项（占比 1.0%），科教文类有 5 项（占比 0.8%），民生保障类有 5 项（占比 0.8%）（见图 4）。

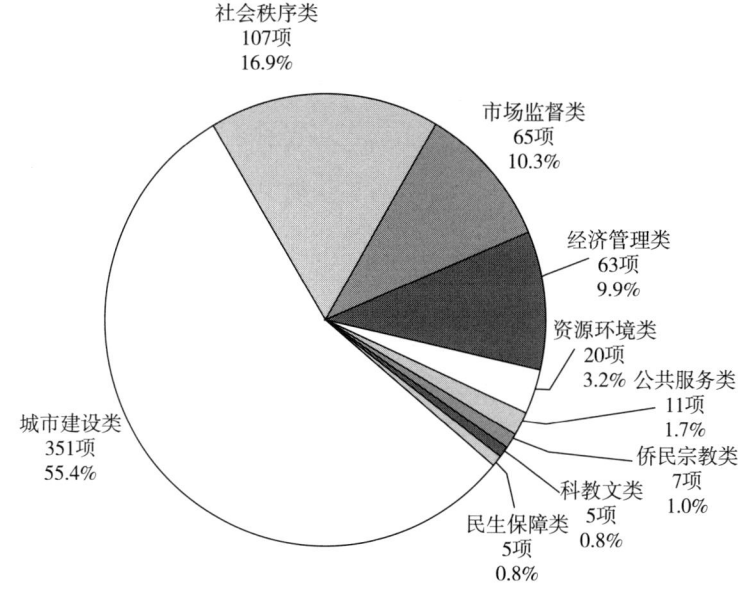

图 4　行政罚款的管理领域分布

063

三 罚款设定方式参数

（一）罚款条文设定

本指标的目的在于考察法律法规以一个罚款条文对应一个或者两个及两个以上违法行为的设定罚款，具体分为两种方式：一是一个罚款条文对应一个违法行为；二是一个罚款条文对应两个及两个以上违法行为。经统计，一个罚款条文对应一个违法行为的罚款条文设定有459项，占总数72.4%；一个罚款条文对应两个及两个以上违法行为的罚款条文设定有175项，占总数27.6%。

（二）罚款数额设定种类

1. 总体情况

本指标的目的在于考察行政罚款数额设定方式的技术分类，包括6项：数值式（14项，占2.1%）、数距式（495项，占72.8%）、封顶式（61项，占8.9%）、计算方法式（23项，占3.4%）、倍数式（78项，占11.5%）、概括式（9项，占1.3%），合计680项。设定种类的具体分布如图5所示。由前文统计分析不难看出，上海市地方性法规中的罚款数额设定方式以数距式设定方式居多。数距式设定方式因其简洁性、易操作性而受到偏爱，而这种偏爱也展现出立法主体能力上的欠缺，对复杂的罚款数额设定方式的把握尚不成熟，因而在选择上呈现出依赖简单的数距式的倾向，对归罚要件的思考缺乏深度，因而对罚款数额设定的种类选择缺乏多样性，倾向于简单化、单一化。

2. 具体种类方式

（1）数值式

该式表示罚款设定为某一固定数额。示例：《上海市人民警察巡察条例》规定，"在禁止临时停车的地方停车的，对机动车驾驶员处五元罚

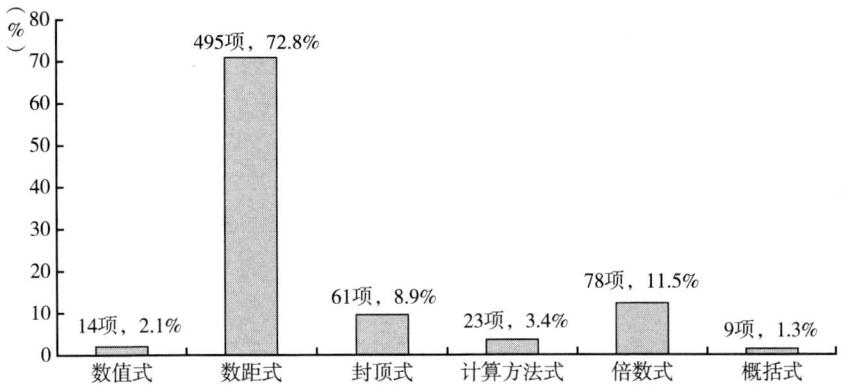

图 5　罚款数额设定种类分布

款"。这种罚款设定的优势在于客观性制约了执法者的权力,但缺陷也很明显,由于违法者的具体情形千差万别,采用单一的罚款方式扼杀了执法者的自由裁量权,十分僵化。因而,采用这种方式的情形不太多,仅为14 项,占比2.1%(见表1)。数值式的不足在于:①罚款数额固定,可能导致违法行为人萌生"违法越严重越划算"的心理,起不到预防违法行为发生的作用。另外,由于低额罚款警示作用有限,违法行为人常采取放任态度,这不利于修复被损害的社会关系和行政执法机关维护正常的行政管理秩序。①②随着社会的不断发展、经济的不断进步、行为的不断多样化,数值式的立法逐渐暴露出落后性、滞后性。即便该数额在当时设立时是符合社会经济状况的,但放在今天显然已经不再合适,如果跟随经济发展而频繁修改立法则会伤害法律的权威。③未能充分体现违法成本与环境损害后果之间的正相关性。

(2)数距式

该式表示罚款设定了某数值区间,设置了上限和下限。示例:《上海市征兵工作条例》规定,"伪造兵役证的,由区、县人民政府征兵办公室处以

---

① 李媛辉、孙长雨:《罚款行政处罚存在的问题及法律完善建议》,《法学杂志》2014 年第6 期。

五千元以上五万元以下罚款"。经统计,上海市地方性法规行政罚款条文采用该方式的行政罚款条文较多,共计495项,占比72.8%。

表1 行政罚款条文数值式统计

序号	内容	频率	序号	内容	频率
1	20元(每人)	1	6	500元	5
2	200元	3	7	5000元	1
3	200元(每吨)	1	8	500(每辆)	1
4	30000元	1	合计		14
5	50元(每只)	1			

数距式方式与数值式方式相比,赋予了执法者更大的自由裁量权,更好体现了违法程度和罚款数额的正相关性,但是在执法实践中也同样问题重重。例如,根据课题组统计,在上海市地方性法规中罚款数额设定种类中以"违法所得"为计算罚款基准的共计36项,占比5.3%。但是,究竟何为"违法所得",我们在相关立法中并未找到明确的根据,除了违法行为的直接利益、既得利益、物质利益外,间接利益、可预期利益、其他形式利益是否包括在内,立法者并未给出其具体的涵盖范围。如作狭义理解,则只包括直接利益,即现有利益的不当积极增加,如作广义理解,则应涵盖包括守法成本在内的间接利益,即现有利益的不当保持。由于这类计算基准的概念的定义在法律法规中的缺失,执法者在实践中计算罚款往往没有想象得那样简单。有关法律条文规定的模糊甚至空白,直接造成了法律适用缺乏统一标准,实践上容易产生同事不同罚的后果,法条表述的模糊、立法上的盲区更使得罚款权力容易被滥用,难以得到规制。

(3)封顶式

该式表示罚款设定为某个固定数值以下。示例:《上海市保护和发展邮电通信规定》规定,"单位或者个人擅自在公用通信网上安装电话机、传真机以及其他通信终端设备的,由市邮电管理局责令改正,并处一千元以下罚款"。

封顶式设定方式的优势主要体现为以下几个方面：①与数值式、数距式设定方式相比更为灵活，赋予了执法者更大的自由裁量权；②在赋予执法者自由裁量权的基础上，又将罚款设定了最高固定值，从而一定程度上限制、制约了罚款权的滥用；③充分考虑到了罚款的执行问题，将罚款额度限制在违法行为人的经济承受能力以内，防止法律成为一纸空文，无法落实；④避免了巨额罚款无法执行的可能性，保护了法律的权威；⑤避免了巨额罚款可能造成的限制行为人自由、阻碍社会经济发展的不良后果。

其不足在于：①封顶式与数距式相比，最大的特点在于不设下限，罚款数额最高与最低的差异可能很大，赋予了执法主体很大的自由裁量权，可能导致执法主体权力的滥用，同样的违法行为的处理方式可能大相径庭，实践中也大量存在同一违法事实罚款数额相差巨大的情况，损害司法公信力。②设定了罚款上限，会使得违法行为人产生违法行为越严重越划算的心理，在某些领域，如环保和食品领域，违法成本甚至会小于守法成本，无法杜绝违法行为，因而在这类环保和食品领域，无罚款最高限额的倍数式可能在惩戒违法行为的功能上更为有效。面对行政执法中"罚不止禁"的问题，重拳打击违法行为，让不法分子付出付不起的代价的观点也越来越得到社会的支持，赞成"将违法者罚得倾家荡产"的观点也不在少数。再者，随着社会经济的发展、人们生活水平的提高，原有的低额罚款无法达到惩教目的，提高罚款额度上限甚至不设上限势在必行。①

根据检索，采用封顶式的行政罚款样本共计61项，占比8.9%，其中50元1项，100元有1项，200元3项，500元4项，1000元7项，1000元（单位）/50元（个人）2项，2000元2项，3000元4项，5000元11项，1万元4项，2万元7项，3万元4项，5万元6项，10万元4项，100万元1项。

---

① 陈新：《行政罚款制度之优化设计——以比较法为视角》，《广西政法管理干部学院学报》2008年第5期。

（4）计算方法式

该式给出一种计算的标准，执法人员需要通过计算才能对不同的个案得出最终的罚款数额。该式表示以某一可度量的数值为基准，通过某种计算方法确定罚款数额。示例：《上海市建筑市场管理条例》第54条规定，"对违反规定的勘察、设计、监理单位分别处合同约定的勘察费、设计费、监理费两倍以上四倍以下的罚款；对违反规定的工程总承包、施工单位处工程合同价款百分之五以上百分之十以下的罚款"。根据检索，采用计算方法式的行政罚款样本共计23项，占比3.4%，其中计算方法式倍差在10%以下的有4种（10%，5%，4%，0.5%），倍差在10%～20%的有2种（15%，18%），倍差在20%～50%的有4种（27%，30%，40%，50%），倍差在50%～100%的有2种（80%，95%）。计算方法式的优点在于，操作简单，设计科学，执法者只要根据简单的公式计算就能确定罚款数额，也是最为客观的一种方法，杜绝了裁量的主观随意性。但是其缺陷在于计算公式过于僵化，无法对违法行为进行基础而全面的考量，在实际操作中问题不少，无法将情节的轻重、违法主体的差异等相关因素纳入考量。单纯按照公式计算可能导致个案难以实现公平，与追求公平正义、实现惩罚教育作用的立法初衷相违背。另外，法律法规的规定往往比较粗疏，只有一条计算公式，在现实的操作中也需要更加细化，否则执法人员将很难把握。例如，罚款额度是否应有上限、下限，而不是仅仅简单按照计算公式计算得出罚款金额。如有上限、下限，到达上限后又该如何操作？实践中，基层的执法人员往往并没有受过专业系统的培训，这些问题如不在立法上解决，执法人员在实践中十分难把握，势必造成负面的影响。

（5）倍数式

该式表示设定了两种或两种以上罚款方式。示例：《上海市城市道路桥梁管理条例》规定，"造成城市道路、桥梁损坏的，处以五千元以上二万元以下或者修复费三至五倍的罚款"。倍数式的优点在于，可以结合多种罚款方式的优点，使得其互相补充、互相制约，实现适当赋予自由裁量权和对罚款权力拘束的平衡。任何一种罚款设定方式都有其明显的优缺点，也有其各自适用的特定领域,这就需要倍数式的方法来解决如何在恰当的领域选择恰当的罚款设定模式。基于各种罚款设定方式之间的互补性,在具体的立法中比较常见的如数值、数距、封顶式并用;倍数、数距式并用;倍数、数距、封顶式并用;倍数、数距、数值式并用。这样的组合运用方式既客观清晰又能赋予执法者适当的自由裁量权。

根据检索,采用倍数式的行政罚款样本共计 78 项,占比 11.5%。其一,单一主体倍数式倍差样本共计 66 项,其中 1 倍倍差共计 8 项,2 倍倍差共计 27 项,2.5 倍倍差共计 1 项,3 倍倍差共计 4 项,4 倍倍差共计 10 项,5 倍倍差共计 13 项,8 倍倍差共计 3 项。其二,情节加重倍数式倍差样本共计 12 项,其中 1 倍倍差共计 8 项,2 倍倍差共计 3 项,5 倍倍差共计 1 项。

(6) 概括式

该式表示没有规定具体的罚款标准,只规定处以罚款。示例:《上海市城乡集市贸易管理规定》规定"利用计量器具作弊,非法牟利的,追回其非法所得,并处罚款"。根据检索,采用概括式的行政罚款样本共计 9 项,占比 1.3%。

概括式设定方式现在已经十分少见,但曾经在 20 世纪 80 年代十分流行,大量出现在法律法规中。在美国,行政法之父戴维斯教授认为,"控制行政裁量的根本的、有效的途径必须从行政机关内部去找寻"[1]。即法律没有明确规定时,行政机关自愿对自己的裁量行为进行限制。然而,立法上的粗疏不仅使相关法律规范应有的适用效力大打折扣,还衍生出"实施细则"之类众多的补充解释,人为造成了法律体系不必要的庞杂、重复和矛盾,更重要的是导致了行政自由裁量权的无度扩张,背离了法制公开化的原则。我们认为,在今后的处罚立法及相关法律修订过程中,应彻底摒弃过去"宜粗不宜细"的立法指导思想,杜绝概括式罚款数额设定方式。[2]

---

[1] Kenneth Culp Davis, *Discretionary Justice: A Preliminary Inquiry*, Louisiana State University Press, 1969, p.1.
[2] 程雨燕:《环境罚款数额设定的立法研究》,《法商研究》2008 年第 1 期。

四　罚款设定比较参数

（一）相对人主体差异

1. 总体态势

本指标的目的在于考察法律法规对某种违法行为设定罚款是否因受处罚相对人不同而有所差异。根据统计，行政罚款设定的相对人主体差异主要表现如图6所示。

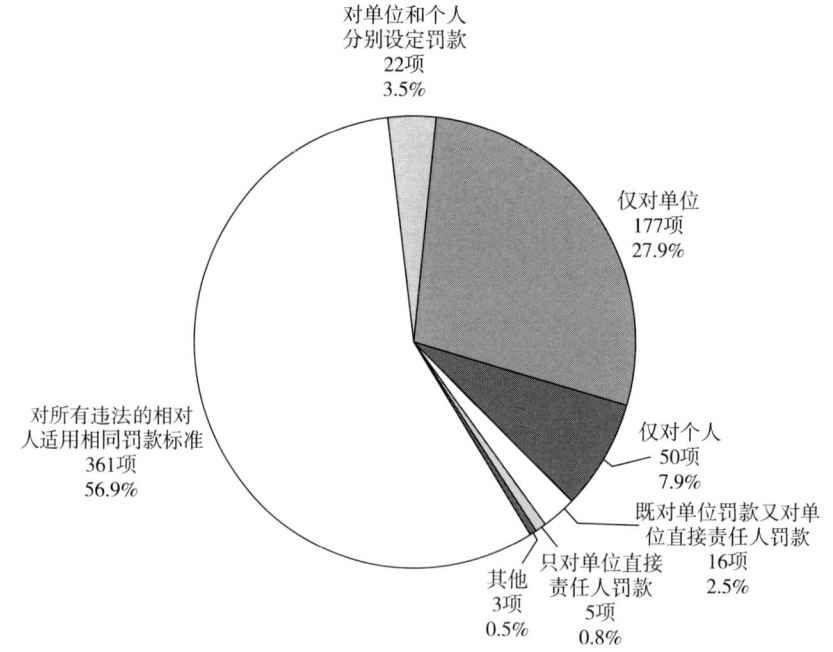

图6　行政罚款相对人主体差异分布

注：因统计口径差异和数据有效性问题，合计数值与下文存在差异。下同。

（1）对所有违法的相对人适用相同罚款标准（不区分单位和个人）。示例：《上海市城乡集市贸易管理规定》规定，"抢购或套购按照国家规定的零售价格供应的商品加价出售的"，"处以罚款"。根据检索，采用该方式进行行政罚款的样本共计 361 项，占比 56.9%。

（2）对单位和个人分别设定罚款。示例：《上海市人民警察巡察条例》规定"违反规定燃放烟花爆竹的"，"对个人处二百元以下罚款或者警告；对单位、个体工商户处五千元以下罚款"。根据检索，采用该方式进行行政罚款的样本共计 22 项，占比 3.5%。

（3）仅对单位。根据检索，采用该方式进行行政罚款的样本共计 177 项，占比 27.9%。

（4）仅对个人。根据检索，采用该方式进行行政罚款的样本共计 50 项，占比 7.9%。

（5）既对单位罚款又对单位直接责任人罚款。根据检索，采用该方式进行行政罚款的样本共计 16 项，占比 2.5%。

（6）只对单位直接责任人罚款。根据检索，采用该方式进行行政罚款的样本共计 5 项，占比 0.8%。

（7）其他。根据检索，采用该方式进行行政罚款的样本共计 3 项，占比 0.5%。

（二）情节差异

本指标的目的在于考察法律条文对某种行为是否区分了不同情节设定罚款，主要考察违法行为情节差异对行政罚款数额设定的影响。根据统计，行政罚款中情节差异主要表现如图 7 所示。

（1）未区分不同情节设定相同罚款，或者仅原则性地规定"根据不同情节予以罚款"。经统计，行政罚款未区分不同情节设定相同罚款共计 528 项，占比 84.5%。

（2）区分普通情节与严重情节设定了不同罚款。经统计，行政罚款区分普通情节与严重情节两种情形共计 94 项，占比 15%。

（3）区分普通情节、严重情节与特别严重情节等设定了不同罚款。经统计，行政罚款区分普通、严重、特别严重等三种及以上情节共计 3 项，占比 0.5%。

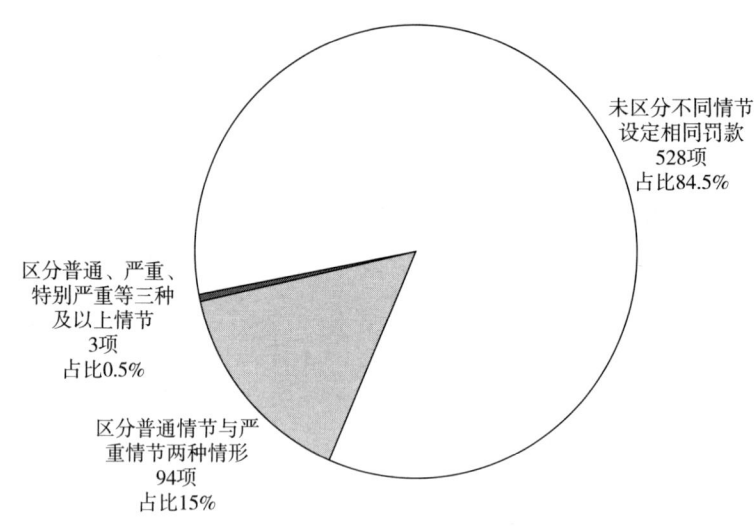

图7　行政罚款情节差异分布

总之，划分阶次作为一种立法技术，综合考虑了违法行为的违法事实、轻重、主观过错、违法后果、危害程度等因素，以违法行为情节的轻重作为划分标准，以此来选择、确定处罚种类、处罚幅度。划分阶次的设定方式，考虑到了不同的情节，将不同的社会危害程度与法律责任对应起来，既不会轻过重罚，也不可能重过轻罚，也避免了对于同样的过错罚款数额差距过大的行为，保护了司法公信力，也避免出现畸轻畸重的不合理、不公正的情况，维护了法律法规的权威。但是在执法实践中，执法主体对划分阶次的方式如果把握得不好，可能导致划分的阶次过于死板，会适得其反，产生对自由裁量权的不适当拘束。而且，实践中情境之中还有情境，情境的细化似乎成为情境技术的永恒话题。当然，无论裁量基准如何穷尽所有的情境考虑、无论规制技术如何精湛，都无法精确地解释所有的情境并对应量化的标准，裁量僵化的问题也无法完全杜绝。[1]

---

[1] 郑雅方：《行政裁量基准创制模式研究》，《当代法学》2014年第2期。

（三）违法后果差异

本指标的目的在于考察法律条文对某种行为设定罚款是否以造成一定后果为前提。根据统计，行政罚款中违法后果差异主要表现如图8所示。

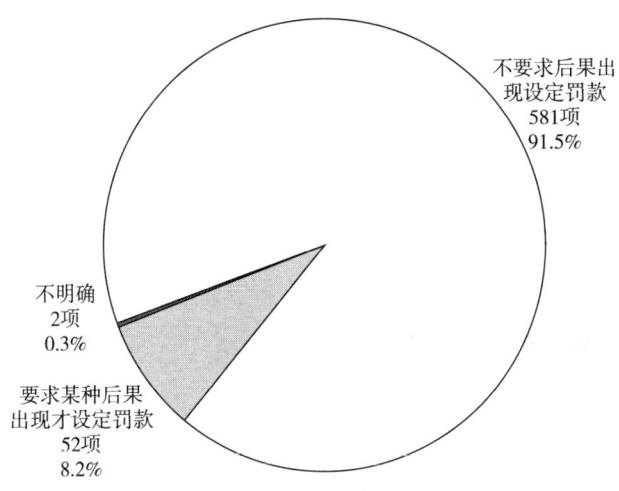

图8 行政罚款违法后果差异分布

（1）不要求后果出现设定罚款。示例：《上海市城乡集市贸易管理规定》规定"偷逃集市管理费的，可处以罚款"。经统计，行政罚款对于违法后果不要求后果出现设定罚款的共计581项，占比91.5%。

（2）要求某种后果出现才设定罚款。示例：《上海市环境资源条例》规定"对违反本条例规定，造成环境污染事故的……并处以五千元以上五万元以下的罚款"。经统计，行政罚款对于违法后果要求某种后果出现才设定罚款的共计52项，占比8.2%。

（3）不明确。经统计，行政罚款对于违法后果不明确的有2项，占比0.3%。

（四）强制性差异

本指标的目的在于考察法律中对某种违法行为设定的罚款，是任意性规范还是强制性规范。根据统计，行政罚款中强制性差异主要表现如图9所示。

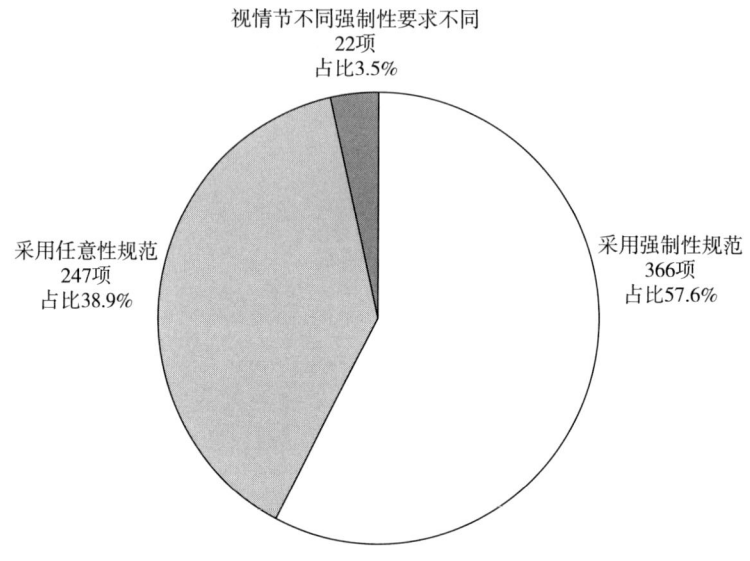

图9 行政罚款强制性差异分布

（1）采用强制性规范（包括"应当处以罚款"或者未写"应当"而直接表述为"处罚款"的情形）。示例：《上海市人民警察巡察条例》规定，"在禁止临时停车的地方停车的，对机动车驾驶员处五元罚款"。经统计，行政罚款中相对人主观状况采用强制性规范共计366项，占比57.6%。

（2）采用任意性规范（表述为"可""可以"）。示例：《上海市出租汽车管理条例》规定，"用户违反第三十七条的，可并处一千元以上三千元以下罚款"。经统计，行政罚款中相对人主观状况采用任意性规范共计247项，占比为38.9%。

（3）视情节不同强制性要求不同。经统计，行政罚款中相对人主观状况视情节不同强制性要求不同共计22项，占比3.5%。

（五）罚种衔接状况差异

我国《行政处罚法》中规定的行政处罚种类有七种，即警告；罚款；

没收违法所得、没收非法财物；责令停产停业；暂扣或者吊销许可证、暂扣或者吊销执照；行政拘留；法律、行政法规规定的其他行政处罚。在实践中使用最为频繁的非罚款莫属。立法者与执法者对罚款的偏爱显而易见。但是，伴随着行政处罚的高频运用，诸如罚无定数、罚不止禁等问题日益突出，处罚正当性备受考问。行政罚款这把"万能钥匙"当真能解决所有问题吗？既然不能，又是否存在更科学合理的制度能取而代之呢？我们认为，并不存在一个完美的制度能解决社会的所有问题，而是需要一套完整的互相制约的成系统的制度。为此，课题组将围绕罚种衔接状况问题展开讨论。

本指标的目的在于考察法律中对某种行为设定的罚款与其他行政处罚种类的相互衔接。根据统计，行政罚款中罚种衔接状况差异主要表现如图10所示。

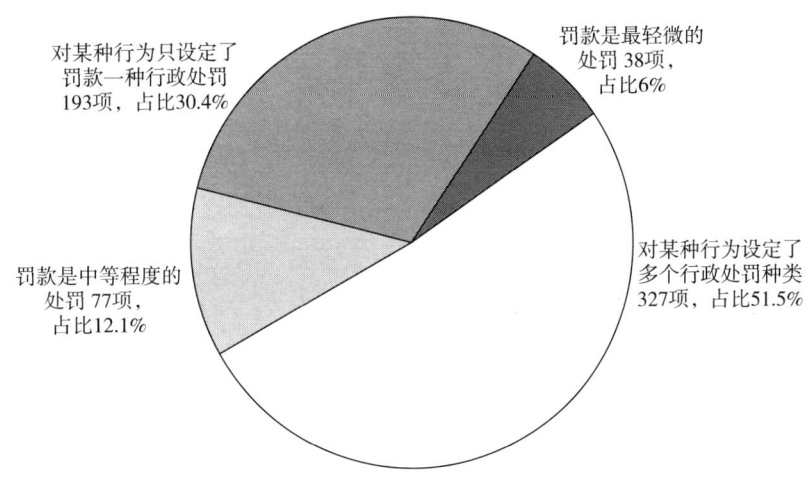

图10 行政罚款罚种衔接状况差异分布

（1）对某种违法行为只规定了罚款作为行政处罚。示例：《上海市外商投资企业劳动人事管理条例》规定，"故意拖延不订立劳动合同的，按每人五百元至一千元处以罚款"。经统计，罚种衔接状况差异中对某种行为只设定了罚款一种行政处罚共计193项，占比30.4%。

（2）对某种违法行为规定了两种或两种以上行政处罚种类，其中罚款是最重的处罚。示例：《上海市人民警察巡察条例》规定，"在高空向下抛扔杂物的，对行为人可处二百元以下罚款或者警告"。经统计，罚种衔接状况差异中对某种行为设定了多个行政处罚种类共计327项，占比51.5%。

（3）对某种违法行为规定了两种或两种以上行政处罚种类，其中罚款是中等程度的处罚。示例：《上海市烟花爆竹安全管理条例》规定，"违反本条例规定的个人或者单位的直接责任人，由公安机关按照有关法律、法规的规定处以警告、罚款或者拘留"。经统计，罚种衔接状况差异中罚款是中等程度的处罚共计77项，占比12.1%。

（4）对某种违法行为规定了两种或两种以上行政处罚种类，其中罚款是最轻微程度的处罚。轻重程度以《行政处罚法》规定的罚款种类排列顺序为判断依据。示例：《上海市人民警察巡察条例》规定，"以两轮摩托车非法从事营业性载客的，处五百元以下罚款，可以并处吊扣一个月以内驾驶证或者车辆牌证"。经统计，罚种衔接状况差异中罚款是最轻微的处罚共计38项，占比6%。

可见，实践中"罚款"并不能解决所有问题，有时不仅无法实现惩罚、制止违法行为的效果，反而可能被执法机关作为增加财政收入的一种手段，无法实现立法目的。即使法律法规中规定了包括罚款在内的两种或两种以上的行政处罚方式，但是执法主体往往出于对地方经济、财政收入、可执行性等多种因素的考虑，总是更偏爱行政罚款。对于这类情况，立法中可以用其他行政处罚或管理手段作为代替或补充。

五 政策与建议

（一）坚持公平正义原则，兼顾便捷高效

实施行政罚款时，不仅要做到形式合法，在自由裁量的法定幅度范围内实行罚款，也应当在内容上合法，符合立法目的。行政罚款的设定必须充分尊重行政处罚的立法本意，即惩罚违法行为、维护社会秩序、实现公平正

义。一味追求罚款数额甚至将其作为执法主体的财政收入来源,放纵行政罚款权力的滥用显然不符合公平正义的原则,然而为了追求执行的便捷高效、客观公正而束缚执法主体的自由裁量权,仅仅僵化、简化处理行政罚款,也难以实现个案的公平正义。因此,在立法上,必须尊重"社会正义、罚以当过、足以制裁、便捷可行、灵活运用以及适度裁量之间平衡"的客观规律,减少主观因素。但是,法律规定不可能对生活中的问题规定的非常详细,只能是提供行为的准则,所以行政法的相关法律中只能是对行政罚款问题进行原则性的规定,具体的实施细则需要行政机关在执法过程中发挥主观能动性,在法律范围内合理执法,即罚款的变动幅度、罚款数额确定的影响因素等,这些都需要行政机关在具体的问题中具体分析,法律是无法作出具体的规定的。①

(二)运用科学的罚款设定方式

在立法中应当有机整合行政机关、法学专家和公众的声音,在三者之间建立多元化的交流互动机制,这有助于确保行政罚款的设定之科学性与民主性,提升行政罚款的可接受性与实效性。

具体的罚款数额的设定方式,可以参考以下因素。

(1) 法律利益的特殊性。行政相对人的行为之所以被认定为违法,必然是侵害了某种法律利益。如果相对人所侵害的法律利益比较常见,则罚款设定的距差可以小一些;但相对人所侵害的法律利益属于新生事物,则罚款设定的距差应当相对更大一些,使执法者能够根据社会的认知变化进行科学的自由裁量。

(2) 违法相对人的主观情况。按照过罚相当的原则,应当根据违法行为的情节轻重对罚款数额进行合理设置。违法相对人的主观情况也属于违法的具体情节之一,具体包括行为人是否具有过错、是否为初犯、后悔态度、补救措施等。设定罚款时,如果违法相对人的主观情况越复杂,则罚款设定

---

① 陈蕊:《行政罚款适用的问题研究》,《黑龙江省政法管理干部学院学报》2016年第6期。

的距差应越大,反之亦然。

（3）违法相对人的经济承受能力。根据上文所述,实施行政罚款的主要作用在于制止和预防违法行为。要想达到制止和预防违法行为的目的,就必须使违法相对人遭受一定的不利,付出一定的代价,我们称之为违法成本。但凡事都具有两面性,如果罚款数额过高,超出了违法相对人的承受范围,则会因为无法实施而失去意义。为此,应当充分考虑个人与单位之间的差异,分别设置不同的罚款额度。当然,对于一些关乎社会公共利益的重点领域,如食品卫生、药品安全等,应当适当提高罚款额度,维护群众切身利益。

（4）损害后果的具体形态。罚款设定与损害后果密切关联,若损害后果已经确定发生且能够被量化计算,可以采用距差相对较小的设定方式;反之,如果损害结果难以被有效量化计算,具有较大的不确定性,则需要通过加大距差,从而赋予执法者相对更大的自由裁量权。

（5）区域之间的相互差异。上海各区域虽然都属于经济较发达地区,相互之间的关系呈现出互动性较大而差异性较小的特征,但不同区域之间势必仍然存在一些各自的特色做法,影响行政罚款的实施。从"行政生态学"的角度看,制定行政裁量基准一定会面临着一个地域差的问题。也就是说,不同地域之间因为地域经济发展水平与风土人情的不同,针对同一问题制定的裁量基准存有差别。[①] 当同一违法行为在不同地域所产生的危害后果差异较大时,则罚款设定的距差也可以大一些,反之亦然。

（三）坚持合理适度原则

在科学的罚款设定方式的基础上,还必须始终坚持合理适度的原则,对适用罚款的具体违法类型、执法者的自由裁量权等进行规定,做到具体问题具体分析。否则,不仅立法目的无法实现,还会侵害相对人乃至整个社会的利益。其一,应当防止自由裁量权的滥用。在赋予执法者一定自由裁量权的

---

① Fred Riggs, *The Ecology of Public Administration*, Asia Publishing House, 1962, p. 52.

前提下,适当控制自由裁量权的形式,以防止自由裁量权被滥用。对此,应当在设定行政罚款的立法过程中充分考虑行政自由裁量权的范围和程度,适当限制和管控自由裁量权的行使空间。其二,应当坚持比例原则,防止利益失衡现象的产生。在行政处罚中,政府作为受损公益之代理人受领罚没款物。而根据公共选择理论,政府也是"经济人",同样存在利益最大化的驱动。如果罚没款物必须在价值上超出受损之公益,那么政府职能部门势必放纵违法,导致公益与私益产生更为激烈的冲突。[①] 因此,在设定行政罚款时,必须充分权衡公共利益目标实现和个人或组织合法权益的保障,应当保持二者之间的适度比例。其三,要注重树立法律规范的权威性。一味地追求以重罚来实现行政管理目的,不考虑社会公众的接受度和罚款规则本身的合理性,反而可能适得其反,损害法律规范在社会大众心目中的权威性。因此,必须充分考虑不同领域,如交通管理、市场监管、医疗、教育等行业的具体情况,分别设置宽严适度的行政罚款规定。

---

① 陈太清、徐泽萍:《行政处罚功能定位之检讨》,《中南大学学报》2015年第21期。

B.3
上海市黄浦区民营经济法治环境满意度评估

孟祥沛*

摘　要： 法治环境满意度的评估指标体系由立法环境、司法环境、行政执法环境、守法环境、法律服务环境五部分构成。黄浦区民营经济法治环境总体评价为优秀。针对存在问题，建议在法治环境的整体建设中应注意各项指标的均衡发展；立法上着重加强立法的可操作性；司法上推进司法便民，狠抓执行难，注重对民营经济的平等保护；行政执法上推行高效便民，加强行政执法的规范性，坚持文明执法，加强对协管人员的管理和约束，积极发挥市场在配置资源中的基础性作用。

关键词： 民营经济　法治环境　法治评估

民营经济是我国社会主义市场经济的重要组成部分，大力发展民营经济是加快我国经济发展的必然选择，是促进我国实现建成全面小康社会的重要保障。

习近平总书记在党的十九大报告中，就民营经济发展作出许多新的重大论述，特别强调"要支持民营企业发展，激发各类市场主体活力，要努力实现更高质量、更有效率、更加公平、更可持续的发展"。

---

* 孟祥沛，上海社会科学院法学研究所副研究员。

然而，要使民营经济持续、稳定、健康发展，必须为其营造一个良好的法治环境。因此，加强对民营经济发展的法治环境研究，及时解决法治环境中困扰和影响民营经济发展的突出问题，具有十分重要的现实意义。

黄浦区工商业联合会委托上海社会科学院法学研究所成立课题组，一方面对民营经济相关人员发放并回收调查问卷，另一方面组织召开座谈会，通过多种形式对黄浦区民营经济的法治环境情况展开考察和研究。

一 调查问卷的设计

党的十八大报告中提出"科学立法、严格执法、公正司法、全民守法"的16字方针，确立了我国依法治国新阶段的四大目标。因此，法治环境的考察也必然应当以立法环境、司法环境、行政执法环境和守法环境为主要内容。同时，考虑到律师事务所、公证处、人民调解委员会、法律援助机构等法律服务组织提供的法律服务也是法治环境是否完善的判断标准之一，课题组将法律服务环境也作为法治环境基本内容的组成部分。由此，黄浦区民营经济法治环境满意度的评估指标体系，便是由立法环境、司法环境、行政执法环境、守法环境、法律服务环境五部分构成。

虽然地方立法不涉及国家层面的法律和国务院发布的行政法规，但法律和行政法规不仅在地方当然具有法律效力，而且构成当地司法机关和行政机关在司法裁判和行政执法活动中所适用的法律规范主体，因此，此处"立法环境"中的"立法"绝不仅是指地方立法，它是一个广义的概念，既包括法律、行政法规，也包括地方性法规、地方政府规章以及地方有关部门发布的规范性文件。在对立法的诸多要求中，健全性和可操作性既是立法工作应当坚持和贯彻的重要原则，也是我国当前立法存在较多问题的薄弱环节。一方面，立法的内容应当健全完备，要切实消除和减少法律的盲区和空白，实现"有法可依"，为社会稳定和经济发展提供充分的立法保障；另一方面，立法的条文应当具体、明确，针对性强，具有可操作性，确保制度执行的效果。立法的健全性主要反映了立法的数量问题，立法的可操作性主要反映了立法的质量问题,二者只有相辅相成,才能适应新时代立法工作的需要。因此,与立法的健全性和可操作性相对应,课题组在设计调查问卷时,将立法环境这一指标分解并体现为"法律、法规、规章以及规范性文件的规定是否健全"和"法律规范条文的可操作性如何"两项问题。

司法环境则聚焦于司法机关尤其是审判机关的司法实践,包括刑事、民事、行政案件的审理以及相关案件的执行。第一,公正与效率是司法的永恒主题,调查问卷将"司法是否公正"和"司法案件的处理是否高效"作为司法环境指标调查的前两项问题。第二,阳光是最好的防腐剂,司法公开对促进司法公正、提升司法公信力具有重要作用,调查问卷将"司法是否公开透明"作为司法环境指标调查的问题。第三,"司法为民"是社会主义制度对司法工作的要求,是"执政为民"思想在司法审判工作中的体现。要实现"司法为民",首先就要做到"司法便民",调查问卷将"司法是否便民"作为司法环境调查的一项问题。第四,"徒法不足以自行",司法工作完成得好坏,建设一支高素质的司法队伍是关键,针对当前群众反映强烈并深恶痛绝的司法腐败现象,调查问卷将"司法是否廉洁"亦作为司法环境调查的问题。

行政执法环境聚焦于国家授权的行政机关及其工作人员依照法定的职权和程序对民营经济实施管理和提供服务的环境。与司法环境指标的五项问题相对应,结合行政执法的特点和要求,调查问卷将"行政执法环境"指标分解和体现为"行政执法是否规范""行政执法是否高效""行政执法是否公开透明""行政执法是否便民""行政执法是否廉洁"五项具体问题。

全民守法是建设法治国家的基础,守法环境是法治环境不可或缺的组成部分,调查问卷设计"经营中遇到的个人和企业是否守法"这一问题来对守法环境指标进行调查。

法律服务环境主要体现为律师、公证员、人民调解员、法律援助人员等法律服务工作者为民营经济发展所提供的法律服务的环境。调查问卷设计"律师、公证等法律服务环境如何"这一问题来对守法环境指标进行调查。

二 调查结果分析

课题组借助黄浦区工商业联合会的帮助,对民营经济相关人员发放调查问卷120份,共回收到有效问卷119份。

(一)黄浦区民营经济法治环境的总体评价

调查结果显示,如果以5分为满分,黄浦区民营经济法治环境得分为4.05分,总体评价为优秀。在调查问卷中,对于黄浦区民营经济的法治环境,认为"很好"和"比较好"的正面评价占比高达82.02%,认为"一般"的中性评价占比16.42%,认为"比较差"和"很差"的负面评价占比仅有1.65%(见表1)。

表1 黄浦区民营经济法治环境调查统计

司法环境	5分		4分		3分		2分		1分		平均样本	得分
	项	占比(%)	项	占比(%)	项	占比(%)	项	占比(%)	项	占比(%)		
1. 立法环境	26	24.19	63.5	59.07	16.5	15.35	1.5	1.40	0	0	107.5	4.06
2. 司法环境	28.4	25.72	57.6	52.17	22.4	20.29	1	0.91	1	0.91	110.4	4.01
3. 行政执法环境	27.4	24.84	57.6	52.22	21.2	19.22	4	3.63	0.6	0.54	110.3	3.99
4. 守法环境	25	21.19	77	65.25	16	13.56	0	0	0	0	118	4.08
5. 法律服务环境	33	28.21	67	57.26	16	13.68	1	0.85	0	0	117	4.13
合计	24.83		57.19		16.42		1.36		0.29			4.05
	82.02				16.42		1.65				100	

在法治环境的五个组成部分中,除行政执法环境指标得分不足4分外,其余四项指标得分均高于4分。五项指标的得分由高到低分别是:法律服务环境4.13分,守法环境4.08分,立法环境4.06分,司法环境4.01分,行政执法环境3.99分(见图1)。

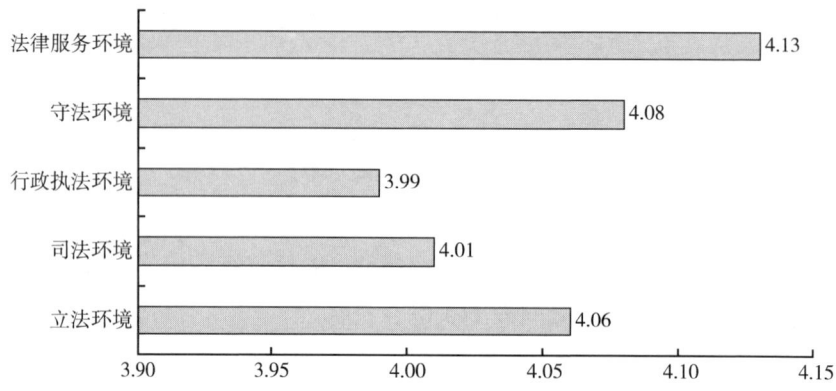

图1 黄浦区民营经济法治环境五项指标得分

(二)黄浦区民营经济的立法环境

黄浦区民营经济的立法环境总体评价很好,正面评价占比高达83.36%,中性评价占比15.26%,负面评价占比仅有1.38%(见表2)。在立法环境指标下的两个维度中,立法健全性的满意度明显高于立法可操作性的满意度,说明在今后的立法中,立法的可操作性仍然是必须引起重视的问题之一。

表2 黄浦区民营经济立法环境调查统计

项目		正面评价	中性评价	负面评价	样本
1. 法律、法规、规章以及规范性文件的规定是否健全?	数目	90	13	1	104
	占比(%)	86.54	12.50	0.96	
2. 法律规范条文的可操作性如何?	数目	89	20	2	111
	占比(%)	80.18	18.02	1.80	
平均(%)		83.36	15.26	1.38	

(三)黄浦区民营经济的司法环境

黄浦区民营经济的司法环境总体评价较好,正面评价占比77.92%,中性评价占比较高,达20.27%,负面评价同样较少,占比1.80%(见表3)。

表3 黄浦区民营经济司法环境调查统计

项目		正面评价	中性评价	负面评价	样本
1. 司法是否公正?	数目	97	14	2	113
	占比(%)	85.84	12.39	1.77	
2. 司法案件的处理是否高效?	数目	76	29	3	108
	占比(%)	70.37	26.85	2.78	
3. 司法是否公开透明?	数目	85	25	2	112
	占比(%)	75.89	22.32	1.79	
4. 司法是否便民?	数目	81	29	3	113
	占比(%)	71.68	25.66	2.66	
5. 司法是否廉洁?	数目	91	15	0	106
	占比(%)	85.85	14.15	0	
平均(%)		77.92	20.27	1.80	

在司法环境指标下的司法公正、司法高效、司法公开、司法便民、司法廉洁五个维度中，正面评价占比最高的是司法廉洁和司法公正，其次是司法公开，最后是司法便民和司法高效。与之相一致，负面评价占比最低的是司法廉洁，其次是司法公正和司法公开，占比最高的是司法便民和司法高效（见图2）。这说明，黄浦区司法机关在司法廉洁方面所获满意度最高，司法公正和司法公开所获满意度较高，司法便民工作所获满意度一般，司法高效所获满意度相对较低。

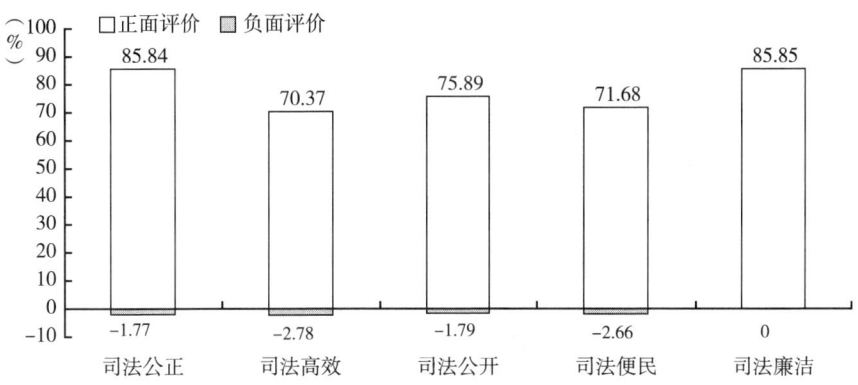

图2 黄浦区民营经济司法环境评价统计

（四）黄浦区民营经济的行政执法环境

黄浦区民营经济的行政执法环境总体评价较好，正面评价占比76.72%，中性评价占比19.17%，负面评价占比4.10%（见表4）。与法治环境的其他四项指标相比，行政执法环境的正面评价占比最低，而负面评价占比最高，说明行政执法环境可能是黄浦区民营经济法治环境中最亟待提升的环节。

表4　黄浦区民营经济行政执法环境调查统计

项目		正面评价	中性评价	负面评价	样本
1. 行政执法是否规范？	数目	88	20	5	113
	占比(%)	77.88	17.70	4.42	
2. 行政执法是否高效？	数目	73	24	4	101
	占比(%)	72.28	23.76	3.96	
3. 行政执法是否公开透明？	数目	92	18	4	114
	占比(%)	80.70	15.79	3.51	
4. 行政执法是否便民？	数目	83	27	8	118
	占比(%)	70.34	22.88	6.78	
5. 行政执法是否廉洁？	数目	89	17	2	108
	占比(%)	82.41	15.74	1.85	
平均(%)		76.72	19.17	4.10	

在行政执法环境指标下的执法规范、执法高效、执法公开、执法便民、执法廉洁五个维度中，正面评价占比最高的是执法廉洁，其次是执法公开，再次是执法规范，最后是执法高效和执法便民，与之相对应，负面评价占比最低的是执法廉洁，其次是执法公开和执法高效，再次是执法规范，占比最高的是执法便民（见图3）。这说明，黄浦区行政机关在执法廉洁方面所获满意度最高，执法公开所获满意度较高，执法规范和执法高效所获满意度一般，执法便民所获满意度最低。

上海市黄浦区民营经济法治环境满意度评估

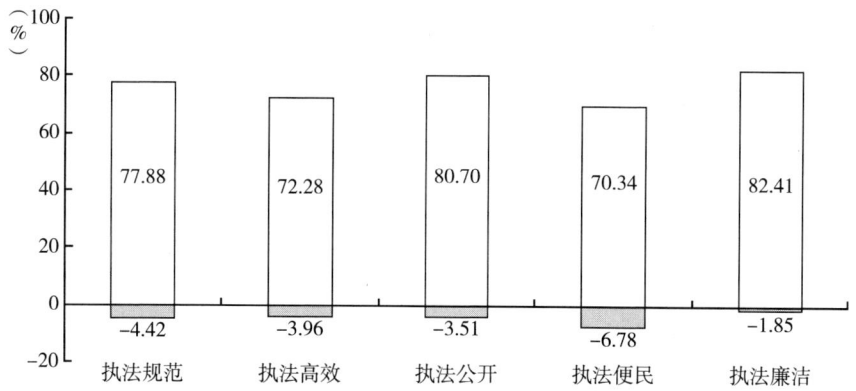

图3 黄浦区民营经济行政执法环境评价统计

（五）黄浦区民营经济的守法环境和法律服务环境

在黄浦区民营经济法治环境的五项指标中，被调查人对守法环境和法律服务环境这两项指标的满意度普遍比较高，正面评价占比均在85%以上，显示出黄浦区守法环境和法律服务环境的建设卓有成效（见表5）。

表5 黄浦区民营经济守法环境和法律服务环境调查统计

项目		正面评价	中性评价	负面评价	样本
经营中遇到的个人和企业是否守法？	数目	102	16	0	118
	占比(%)	86.44	13.56	0	
律师、公证等法律服务环境如何？	数目	100	16	1	117
	占比(%)	85.47	13.68	0.85	

三 存在的主要问题

课题组在调查问卷中还设计了主观问题，以全面征询被调查人对黄浦区民营经济法治环境的意见和建议。

（一）立法环境方面的问题

黄浦区立法环境方面的问题主要体现在：一是立法时对民营企业的意见和建议征询不充分，采纳不足，导致立法中难以反映民营企业的立法需求；二是存在多头立法的情况，不同机构出台的规定之间存在不相一致甚至相互矛盾的现象；三是不少法律规范规定不明确，缺乏可操作性；四是立法中"暂行办法"较多，变更过于随意，且不少规定事前缺乏充分的调研论证，事后缺乏充分的宣传和强有力的贯彻实施；五是对于新兴行业的立法不完善，致使个别领域无法可依，存在法律盲区。当然，这些问题虽然体现在黄浦区的立法环境中，但反映的则是全区、全市乃至全国在立法层面上的问题。

（二）司法环境方面的问题

黄浦区司法环境方面的问题主要体现在：一是执行难问题仍然存在，涉诉民营企业即使胜诉，如果执行不到位，实体权益也得不到有效保障；二是司法机关在涉及处理国有企业与民营企业的纠纷案件时对不同诉讼主体尚未做到完全一视同仁，在一定程度上存在重视国有企业而轻视民营企业的做法；三是司法审判或多或少存在难以排除地方干扰的情况；四是立案难问题尚未得到彻底解决；五是司法便民亟须加强。

（三）行政执法环境方面的问题

黄浦区行政执法环境方面的问题主要体现在：一是行政机关与民营企业缺乏通畅的沟通机制与平台；二是存在运动式执法、差别式执法和选择性执法现象，一些行政机关平时管理松懈，集中整治时突击执法，运动过后又放松管理，个别管理部门执法不规范，因人而异，因时而异，因地而异；三是一些行政管理人员存在执法不文明现象，执法行为不够人性化；四是城市的发展需要大量的协管人员，如交通协管员、治安协管员、城管协管员等，虽然他们不在正式编制，属于临时聘用人员，但他们也参与一定的行政执法管理行为，而他们中个别人的野蛮执法行为极其严重地损害了行政执法队伍的形象，因此迫切需要加强对协管人员的培训、约束和管理；五是政府在有些方面管得过多过死，忽视了市场在资源配置中的作用。

（四）守法环境方面的问题

黄浦区守法环境方面的问题主要体现在：一些领域的违法行为未能得到有效根治，违法成本太低，使得守法企业在市场竞争中处于劣势，其结果是劣币驱逐良币，守法企业生存环境艰难。此外，一些民营企业各项制度不健全，自身资源和经济能力有限，法律人才缺乏，法律监督缺位，经营管理者既不懂法也不信法，容易走上违法道路。

（五）法律服务环境方面的问题

黄浦区法律服务环境方面的问题主要体现在：法律服务的宣传力度不够，法律服务向基层的延伸不到位，律师队伍中通晓国际法律规则、善于处理涉外法律事务的高端法律人才缺乏，基层法律工作者老龄化严重，人民调解员队伍专业素质不高，整体上的法律服务质量亟待提升。

四 完善法治环境的建议

民营经济法治环境的建设是一项综合工程，需要立法机关、司法机关、行政机关、法律服务机构以及民营企业共同努力。今后在法治环境的整体建设中应注意各项指标的均衡发展问题，尤其是评价较低的司法环境和行政执法环境需要通过有关部门的努力而获得更大提升。

在立法环境方面，要着重加强立法的可操作性。立法的内容很广，但对于黄浦区来说，这里的"立法"主要集中于行政规范性文件。一方面，要确保规范的可操作性。在出台规范性文件时，要坚持以问题为导向，把重点放在核心制度、关键条款的设计上，尽可能实现精细化，切实保证规范质量，有几条立几条，成熟几条规定几条，管用几条制定几条，增强相关规定的针对性,确保每一项规定可执行、易操作,做到务实、管用。另一方面,在确保可操作性的同时,要依法推进行政规范性文件的立、改、废,做到制定主体合法、制定程序合规、制定文件主动公开、及时报送备案审查和进行清理。

在司法环境方面,一要大力推进司法便民,积极回应人民群众对司法工作的新要求和新期待,通过一项项具体扎实的司法便民利民举措,更好地维护人民群众的根本利益。二要狠抓执行难问题,加大执行力度,遏制被执行人规避执行、抗拒执行等不良现象,消除人民法院消极执行、拖延执行、选择性执行、乱执行和外界干预执行的现象,提高执行到位率,维护法律尊严,提高司法公信力。值得一提的是,导致执行不到位的原因很多,其中不乏执行不能的问题,因此,诉讼当事人也要加强对执行工作的理解。三要加强对民营经济的司法保护,在司法诉讼中,对于国有企业和民营企业一视同仁、平等保护。四要法官坚持独立办案,自觉抵制来自各方面的不正当的干扰,全面落实司法责任制。

在行政执法环境方面,一要大力推行高效便民,建立服务型政府,最大限度地为自然人、法人和其他组织提供方便。二要加强行政执法的规范性,避免运动式执法、差别式执法和选择性执法,确保行政行为的连贯性、稳定性和一致性。三要坚持文明执法,在行政执法中充分尊重行政执法相对人的权益,坚持教育与处罚相结合,管理与服务相结合,维护社会的和谐和稳定。在当前时期,尤其是要加强人性化执法,对执法相对人加强理解、尊重、关爱和帮助,在行政执法中体现人文关怀。四要加强对协管人员的管理和约束,规范执法行为,维护队伍形象。五要积极发挥市场在配置资源中的基础性作用,为民营企业的发展提供公平的市场环境。

在守法环境方面,要严惩违法行为,使违法者付出足够的代价,以此警示和教育其他市场主体,促进合法经营。同时,要加强法治宣传教育,把民营企业列入重点普法对象,有针对性地进行普法,提高民营经济所有者和经营者的法律意识,促使他们学法、懂法、信法、守法,懂得以法律武器保护自己的合法权益。

在法律服务环境方面，律师事务所、公证处、人民调解委员会、法律援助机构等提供法律服务的单位既要大力提升业务能力、专业水平和服务质量，又要注重延伸服务功能、服务范围和服务领域，以满足民营企业日益增长的多层次的法律服务需求。在区级层面上，要促进法律服务业升级发展，优化政策和服务，营造法律人才高地，健全律师、公证员等管理体制，加强基层法律服务工作者和人民调解员队伍建设。

专题篇

Special Reports

B.4 "人工智能"让司法更加公正高效权威

——"人工智能"在司法领域应用的理论分析与实践探索

崔亚东*

摘　要： 人工智能在我国司法应用中的作用体现在：辅助司法办案，提升司法质效；促进司法公正，提升司法公信；服务群众诉讼，提升服务质量；助力司法公开，让正义以看得见的方式实现；构建大数据分析平台，提升决策水平。上海高院承担研发"推进以审判为中心的诉讼制度改革软件"的任务并初见成效。今后要深化推动人工智能在法院的应用，准确把握人工智能在司法领域应用的功能定位，推动人工智能在社会治理、公共安全领域的应用，制定和完善相关法律法规来防

---

* 崔亚东，上海市高级人民法院原党组书记、原院长。

范人工智能可能带来的安全风险和挑战。

关键词： 人工智能　司法办案　诉讼制度改革　大数据

2017 年最热门的科技名词之一非"人工智能"莫属，这个已经存在了 60 年的技术领域因为谷歌的 AlphaGo 人机大战而声名鹊起。从过去的高不可及到今天的人人皆知，人工智能已经无处不在。苹果公司的 Siri、阿里小蜜、蚂蚁金服的刷脸支付、谷歌的无人驾驶车等都有人工智能技术的影子。可以说，人工智能时代已经来临，人工智能的未来可能像工业革命、互联网一样再次给人类社会带来颠覆性的改变。① 在司法领域，"人工智能 +"已成为趋势。目前，上海法院在审判执行、司法改革、司法公开、司法服务、司法决策、司法管理等工作中，深刻广泛地运用人工智能技术，推动大数据、"互联网 +"到"人工智能 +"的新跨越，在积极推进高科技应用与司法实践深度融合，促进上海法院审判体系和审判能力现代化实践的同时，形成了人工智能应用于司法领域理论与实践的认识与思考。

一　对人工智能的认识

（一）人工智能的发展阶段

人工智能②是 20 世纪中期产生的新兴边缘学科，其发展可以概括为三个阶段。第一阶段：20 世纪 50～60 年代，伴随着通用电子计算机的

---

① 麦肯锡全球研究院给出更加激进的预测，人工智能正在促进社会发生转变，这种转变比工业革命"发生的速度快 10 倍，规模大 300 倍，影响几乎大 3000 倍"。
② 维基百科的人工智能词条采用的是斯图亚特·罗素与彼得·诺维格在《人工智能：一种现代的方法》一书中的定义，他们认为：人工智能是有关"智能主体的研究与设计"的学问，而"智能主体是指一个可以观察周遭环境并做出行动以达至目标的系统"。

诞生，人工智能悄然在大学实验室里崭露头角。以艾伦·图灵提出图灵测试为标志，数学证明系统、知识推理系统、专家系统等里程碑式的技术和应用在研究者中掀起了第一波人工智能热潮。第二阶段：20世纪80~90年代，基于统计模型的技术悄然兴起，并在语音识别、机器翻译等领域取得了不俗的进展，人工神经网络也在模式识别等应用领域开始有所建树，再加上1997年深蓝计算机战胜国际象棋棋王卡斯帕罗夫，人工智能迎来发展的黄金时代。第三阶段：从2006年开始，随着深度学习技术的成熟，加上计算机运算速度的大幅提升，还有互联网时代积累起来的海量数据财富，人工智能开始了一段与以往大为不同的复兴之路。2016年3月，AlphaGo打败围棋顶级选手，标志着人工智能发展进入新阶段。

在我国，2015年11月23日，2015世界机器人大会在北京开幕。习近平总书记在贺信中表示：中国将机器人和智能制造纳入国家科技创新的优先重点领域。2015年7月5日，国务院印发《关于积极推进"互联网+"行动的指导意见》。2015年8月31日，国务院印发《促进大数据发展行动纲要》。2016年5月19日，中共中央、国务院印发《国家创新驱动发展战略纲要》。2016年7月27日，中共中央办公厅、国务院办公厅印发《国家信息化发展战略纲要》，成为规范和指导未来十年国家信息化发展的纲领性文件。2016年12月16~17日，2016中国人工智能产业大会在深圳举行。2017年7月8日，国务院通过《新一代人工智能发展规划》，人工智能已经上升为我国的国家战略。

（二）人工智能在司法领域的应用发展

20世纪70年代，受到专家软件系统成功研制的启发，[①] 人工智能技术开始了应用于司法领域的探索。美国D.沃特曼和M.皮特森1981年开发的

[①] 1971年费根鲍姆教授等人研制出"化学家系统"之后，"计算机数学家""计算机医生"等系统相继诞生。在其他领域专家系统研究取得突出成就的鼓舞下，一些人提出了研制法律专家系统的可能性。

法律判决辅助系统,被视为人工智能在司法中的第一次实际应用。该系统的研制目的不是帮助或辅助法律专家进行法律推理,而是以知识工程技术为新方法,试图研制能够进行法律推理的机器,对美国民法制度的某个方面进行检测,并论证了如何模拟法律专家意见的方法论问题。①

我国人工智能应用于司法的研究于20世纪80年代中期起步。1986年国家社科"七五"研究课题"量刑综合平衡与电脑辅助量刑专家系统研究"取得了盗窃罪量刑数据模型等成果,②1993年武汉大学法学院开发的《实用刑法专家系统》,由咨询检索系统、辅助定性系统和辅助量刑系统组成,具有检索刑法知识和对刑法个案进行推理判断的功能③。

人工智能之所以能应用于司法领域,除了人类知识储备的有限性、人类自身生理特征决定的大脑思维局限性需要依赖外部辅助等原因外,更重要的原因是司法自身的特殊性,为人工智能的应用提供了条件和可能。尽管法律推理十分复杂,但它具有相对稳定的对象(案件)、相对明确的前提(法律规则、法律事实)及严格的程序规则,且须得出确定的判决结论,这为人工智能模拟提供了极为有利的条件。

二 人工智能引入司法领域的理论认识与分析

计算机先驱思想家莱布尼茨曾这样不无浪漫地谈到推理与计算的关系:"我们要造成这样一个结果,使所有推理的错误都只成为计算的错误,这样,当争论发生的时候,两个哲学家同两个计算家一样,用不着辩论,只要把笔拿在手里,并且在算盘面前坐下,两个人面对面地说:让我们来计算一下吧!"④ 如果连抽象的哲学推理都能转变为计算问题来解决,那么司法推

---

① 张保生:《人工智能法律系统的法理学思考》,《法学评论》(双月刊)2001年第5期,第12页。
② 苏惠渔、张国权、史建三:《量刑与电脑》,百花出版社,1989。
③ 赵廷光等:《实用刑法专家系统用户手册》,北京新概念软件研究所,1993。
④ 肖尔兹:《简明逻辑史》,张家龙译,商务印书馆,1977,第54页。

理的定量化①也必然能实现。人工智能是对人的意识、思维的信息过程的模拟,包括学习、思维、语言、分析、判断等能力在内的综合心理机能的模拟,人工智能在司法领域的应用正是实现司法推理定量化、过程精细化、行为规范化,使司法活动更加科学、公正、规范、高效的有效路径。

(一)法律形式主义为人工智能司法应用提供了理论基础

法律形式主义肇始于古罗马,其特点就是将法律制度看作一个封闭的逻辑自足的概念体系,遵循三段论的推理逻辑模式,即以法律规范为大前提,以具体的案件事实为小前提,进而推导出裁判结果,其最基本的两个要素为机械的演绎推理和封闭的规则体系。② 根据这一理论,机器只要遵守法律推理的逻辑,就可以得出公正的裁判结果。尽管这一理论受到诸如"自动售货机"现象③的批判,但从人工智能就是为思维提供机械论解释的意义上来说,法律形式主义对法律推理所作的机械论解释,恰恰为人工智能的司法应用提供了可能的理论前提。从人工智能司法应用的发展起步阶段看,人工智能专家正是选择三段论演绎推理进行模拟,由美国人沃尔特和伯恩哈德在20世纪70年代初开发的法律推理系统,④ 计算机以"如果A和B,那么C"的方式对三段论加以描述,使机器法律推理第一次从理论变为现实。

(二)法律现实主义为推动人工智能模拟法官思维提供了理论支撑

法律现实主义从反面对传统法律方法提出质疑,倡导法律方法必须把社

---

① 司法定量化是指使用大数据、人工智能等技术对法律问题进行计算和建模,将抽象的司法推理转变为计算问题来解决。
② 正如英国法学家 J. 奥斯汀所主张的"所谓'法治'就是要求结论必须是大前提与小前提逻辑的必然结果"。如果法官违反三段论推理的逻辑,就会破坏"法治"。见朱景文主编《对西方法律传统的挑战》,中国检察出版社,1996,第292页。
③ 法律的"自动售货机"批判是指整个法律运作就如同一台"加工机床",只要提供一定的材料,就一定会产生确定的产品。例如,德国法学家萨维尼就曾针对这种现象说,"罗马法学家的方法论具有一种除数学之外其他地方再不会有的确定性;可以毫不夸张地说,他们是用他们的概念来进行计算的"。
④ 张保生:《人工智能法律系统的法理学思考》,《法学评论》(双月刊)2001年第5期,第15页。

会利益的衡量引入到规范的法律论证当中。可以说，法律形式主义忽视了推理主体的社会性。法官是生活在现实社会中的人，其所从事的法律活动不可能不受到其社会体验和思维结构的影响。法官在实际的审判实践中，并不是机械地遵循规则，特别是在遇到复杂案件时，往往需要作出某种价值选择。而一旦面对价值问题，法律形式主义的推理逻辑便显出其僵化性的致命弱点。霍姆斯法官有一句著名的格言，"法律的生命并不在于逻辑而在于经验"。① 法律现实主义对法官主观能动性和法律推理灵活性的强调，促使人工智能研究从模拟法律推理的外在逻辑形式进一步转向总结裁判经验中的规律性和普适性问题，探求法官的内在思维结构。大规模知识库系统（KBS）② 的开发就注意了思维结构的整合作用，许多具有内在联系的小规模子系统，在分别模拟法律推理要素功能（法律查询、法律解释、法律适用、法律评价、理由阐述）的基础上，又通过联想程序被有机联系起来，构成具有法律推理整体功能的系统。

（三）"开放结构"理论为人工智能在司法领域的深度应用提供了理论创新

法律形式主义过于机械，而法律现实主义又过于自由，会殃及法治要求实现规则治理的根本原则，并动摇人工智能在司法领域存在的基础。因此，折中的"开放结构"理论，③ 既承认逻辑的局限性又强调其重要性；既否认法官完全按自己的直觉经验来随意判案的见解，又承认心证的存在。在这一理论的指导下，人工智能在司法领域可以进行更具深度和广度的应用，一方面是将简易问题从疑难问题中筛选出来，运用基于规则的技术来解决；另一

---

① 博登海默：《法理学——法哲学及其方法》，邓正来、姬敬武译，华夏出版社，1987，第478页。
② 知识库系统，也称作基于知识的系统。它通常需要人们的智力与经验来扩展知识面，并建立相关的函数关系。相关的术语"专家系统（ES）"，通常使用于相关的更高特定领域的知识库系统，用来提供建议并用于特定的目的。
③ 张保生：《人工智能法律系统的法理学思考》，《法学评论》（双月刊）2001年第5期，第16页。

方面是将疑难问题先用非案例知识,如规则、控辩双方的陈述、社会常识来获得初步答案,再运用案例来比对,检查案件审判结果的正确性。"开放结构"理论既肯定了法律的形式理性,又维护了司法实践不断发展的旺盛生命力,使人工智能对优化法官裁判科学性、准确性成为可能。上海高院承担研发"推进以审判为中心的诉讼制度改革软件"的任务正是对这一理论最好的实践和诠释。

三 人工智能在我国司法应用的现状与实践价值

人工智能新时代,不仅站在"巨人"的肩膀上,而且站在人类的"智慧之巅"。人工智能通过深度挖掘、深度学习,可以不断突破人类的体力、智力局限,将司法人员从大量的重复性劳动中解放出来,集中精力提升司法核心业务能力;可以为审判执行、审判管理、司法公开、司法决策、诉讼服务等提供智能辅助,让司法插上"科技的翅膀",大力提升司法人员的数据分析处理能力、知识发现能力和司法决策能力,增强司法人员运用新知识、新技术破解司法难题、突破工作瓶颈的能力和水平。可以说,人工智能在司法领域的深度应用,提升了司法质量、司法效率、司法公信力,助力司法体制改革,助力法治中国建设,其价值与意义十分重大。上海法院的实践充分体现了这种价值与意义。

(一)辅助司法办案,提升司法质效

不论是在判例法国家,还是成文法国家,浩如烟海的判例案卷以及各种法律法规、规章制度和司法解释,都需要耗费司法人员大量的时间和精力去检索整理、分析筛选,而人的大脑认知和记忆能力是有局限性的。现阶段,人工智能可以以其强大的存储、检索和分析功能,弥补人类智能和精力的有限性,帮助司法人员从事相对简单的重复工作,处理大量数据的储存记录、检索排查和统计分析等,从而极大地解放司法人员的重复脑力劳动,使其能够集中更多的精力、时间从事更加复杂的法律推理、侦查判断、自由裁量

等，大大提升司法质量和效率。如上海法院建立了由智能辅助办案系统、智能终端办案 App、智能庭审系统、智能管理系统等 35 个子系统组成的"上海法院大数据审判辅助体系"，为法官办案提供了多元化、全覆盖、便捷式的智能化服务，日均最大访问量达 1.8 万余人次，已成为法官办案离不开的助手。其中，上海法院研发的裁判文书智能辅助系统，具有文书制作导引、自动附录法律条文、自动分析纠错、自动排版打印、电子签章、一键上网 6 个功能。目前，其已累计辅助法官制作、分析了近 15.8 万篇次裁判文书，大大提高了审判质效。

（二）促进司法公正，提升司法公信

由于司法人员是具有主观能动性的个体，在执法统一标准时难免存在差异，进而产生执法不统一、同案不同判等现象。而利用人工智能，可以为司法审判提供相对统一的推理和评价标准，使法官能得到类似案件的全部案例以及法律、法规、司法解释等裁判规则，严格遵循证据规则、程序规则，有利于促进法律适用统一，有效防范冤假错案，减少司法的任意性，促进司法公正。同时，由于人工智能免于外界的干扰和侵蚀，所以能最大限度地减少徇私舞弊和司法不公正，提升司法公信力。如上海刑事案件智能辅助办案系统具有类案推送、证据标准、证据规则指引、量刑参考、法条推送、知识索引等功能，根据在办案件的特征，通过大数据分析、智能搜索引擎等技术，为办案人员自动推送同类案例，自动匹配程序性和实体性法律规范，对确保案件办案质量产生了很大作用，推进了法律适用统一，促进了司法公正。

（三）服务群众诉讼，提升服务质量

司法为民是人民法院的根本宗旨。为人民群众提供优质、便捷、高效的诉讼服务，是人民法院的职责所在，也是中国法院的特色。而高科技是践行这一根本宗旨的重要手段。高科技与司法服务的深度融合，促进了司法理念的提升，即从"把困难留给自己，把方便留给群众"到"让数据多跑路，让群众少跑路"；促进了工作方法的转变，即将人工智能与诉讼服务紧密结

合,建立网络化、阳光化、智能化的司法服务体系,让当事人体验到更为周到、便捷、高效的服务。如上海法院在"互联网+"的基础上,将"人工智能+"植入12368诉讼服务平台,运用语音识别、自然语言理解、语音合成等人工智能技术,与诉讼服务深度融合,为人民群众提供了"全方位、全天候、零距离、无障碍"的诉讼服务,有效解决了人民群众反映强烈的案件查询难、诉讼咨询难、联系法官难等诉讼难题。又如上海法院运用"互联网+""人工智能+",建立了"上海法院律师服务平台",使律师足不出户即可完成诉讼事务,极大地方便了律师执业,保障了律师权益。2017年8月2日,上海法院律师服务平台向全国律师开放。浙江、江苏、安徽、北京、天津、重庆、山东、广西、福建、江西、广东、内蒙古共12个省区市的16万人,加上上海本地的2.1万名律师,共计18万人以上的律师使用上海法院律师服务平台,实现了跨域诉讼服务。

(四)助力司法公开,让正义以看得见的方式实现

科技让公正在便捷中实现。上海高院坚持"公开是原则、不公开是例外"的原则,充分运用自然语言理解、机器学习、图文识别等人工智能新技术,打造了审判流程公开平台、裁判文书公开平台、执行信息公开平台、庭审网络直播平台、网络司法拍卖平台、司法监督平台等具有上海法院特色的十二大司法公开服务平台,建立了全方位、多层次、互动式、智能化的司法公开体系,构建开放、动态、透明、便民的阳光司法机制,以保障人民群众的知情权、参与权、表达权和监督权,让正义看得见、摸得着、可评价。

(五)构建大数据分析平台,提升决策水平

大数据和"人工智能+"是科学决策的驱动力。上海高院建立了全国首个省级法院"新型司法智库",依托司法大数据库,运用"人工智能+"技术,建立案件审判态势、民事审判、金融审判、商事审判、刑事审判、执行工作等多种审判大数据专项分析的智能分析平台,从海量的审判数据中分析发现审判规律,大大提升数据分析处理能力、知识发现能力和辅助决策能

力，促进法院科学决策，提升管理水平，助力社会治理，以及平安上海、法治上海建设。同时，开通了"上海司法智库网站"，充分发挥司法智库的"思想库"和"智囊团"作用，为实现法院现代化提供智力支撑。

四 人工智能在推进以审判为中心的诉讼制度改革中的应用与实效

（一）上海高院敢为人先，积极探索，承担研发"推进以审判为中心的诉讼制度改革软件"的任务

推进以审判为中心的诉讼制度改革是党的十八届四中全会确定的重大改革任务。开发"推进以审判为中心的诉讼制度改革软件"是中央政法委交给上海高院的一项重要任务。这项任务是推进以审判为中心的诉讼制度改革的重要内容，对于防范冤假错案的发生，确保无罪的人不受刑事追究，有罪的人受到公正惩罚，推进以审判为中心的诉讼制度改革落地见效具有重大意义。同时，这又是一项把司法改革和现代科技融为一体，把大数据、人工智能融入刑事办案的全新科技创新，在国内乃至全世界均没有案例可循，难度巨大。中央政法委将这项重大任务交给上海高院承担，是对上海高院的高度信任和重托，上海高院深感责任重大、任务艰巨、使命光荣。上海高院与上海公安、检察院密切配合，与科大讯飞公司合作，夜以继日、攻坚克难，圆满完成了研发任务。经过数月的努力（5月3日上线试运行），2017年7月进行的汇报演示得到了与会者的充分肯定和高度赞扬。

（二）"上海刑事案件智能辅助办案系统"的技术原理

1. 海量司法大数据为"上海刑事案件智能辅助办案系统"奠定数据源基础

随着互联网的飞速发展，在线数据变得异常丰富，多来源、实时、大量、多类型的数据可以从不同的角度对现实进行更为逼近真实的描述，为

人工智能的落地应用奠定数据源基础，并通过大量数据构建人工智能的算法模型。① 在推进"206工程"过程中，通过建立刑事案件大数据资源库，包括证据标准库、电子卷宗库、案例库（包括最高院公报案例、指导性案例）、裁判文书库、法律法规司法解释库、办案业务文件库等子数据库，以及公检法三机关办理刑事案件的信息资源（办案）共享网络平台，为人工智能应用提供强大的信息数据资源支撑和保障。

2.深度学习算法是"上海刑事案件智能辅助办案系统"的核心引擎

机器学习尤其是深度学习，强化学习的完善和迭代促成了人工智能与各个领域的结合。在推进"206工程"过程中，关键要建立起完善的刑事案件证据统一适用标准。通过人工智能深度学习算法，使软件具有逻辑思维和经验判断功能。运用图文识别（OCR）、自然语言理解（NLP）、智能语音识别、司法实体识别、实体关系分析、司法要素自动抽取等人工智能技术，通过对公、检、法已积累的刑事典型案例、司法信息资源、办案经验的深度挖掘、剖析提炼、机器学习，以确定的证据标准、证据规则和证据模型为基本遵循，实现对各种证据（包括印刷体文字、部分手写体文字、签名、手印、签章、表格、图片等）的智能识别和信息提取，将音视频转换为文字并通过文字对音视频中的相关内容准确定位，快速查找各个证据中的作案时间、地点、人物、工具、手段、后果等证明事项信息并深度挖掘证明事项之间的印证、关联、矛盾等逻辑关系，以及时发现、及时提示进入系统的刑事案件中的证据标准不统一、办案程序不统一、证据中存在的瑕疵以及证据之间的矛盾等问题，实现防止冤假错案、减少司法任意性的目标。

3.强大的计算能力使"上海刑事案件智能辅助办案系统"应用更加多元

伴随云计算技术和芯片处理能力的迅速发展，目前已可以利用成千上万台机器进行并行计算，尤其是图形处理器（GPU）、可编程专用集成电路（FPGA）以及人工智能专用芯片（比如谷歌的TPU）的发展为人工智能落

---

① 正如阿里巴巴集团技术委员会主席王坚博士的观点，人工智能的进步来源于互联网基础设施的不断进步，离开互联网孤立地看待人工智能是没有意义的。

地奠定了基础计算能力，使得使用类似于人类的深层神经网络算法模型的人工智能应用成为现实。在推进"206工程"过程中，通过云计算、人工智能等技术，系统可以具备证据标准指引、单一证据审查、逮捕条件审查、社会危险性评估、证据链和全案证据审查判断、办案程序合法性审查监督、庭审示证、类案推送、量刑参考、文书生成、电子卷宗移送、全程录音录像、知识索引等多种功能，普遍提高办案人员水平。

（三）"上海刑事案件智能辅助办案系统"取得的初步成效

首先是建立了大数据资源库。截至2017年6月底，上海刑事案件大数据资源库已汇集1695万条数据。其中，案例库中的案例9012个，裁判文书库中的文书1600万篇，法律法规司法解释库中的条文948384条，办案业务文件库各类规范性文件（公检法）638件（见图1）。证据标准库、电子卷宗库将随证据标准的制定及开发的案由同步更新。这些都为机器深度学习提供了丰富的数据资源。其次是制定了证据标准、证据规则指引。上海高院根据中央政法委的要求，结合上海司法实践，聚焦常见多发、重大、新类型等案件，选择了7类18个具体罪名开展证据标准指引制定工作。目前已完成故意杀人罪、故意伤害罪（故意伤害致死）、抢劫罪（抢劫杀人）等犯罪的证据标准制定，累计48个环节1039个证据校验标准，为办案人员提供了统一适用、简便易行、数据化、清单式的办案指引。最后是搭建了办案统一网络平台。"上海刑事案件智能辅助办案系统"试运行已见成效。

2017年5月3日，"上海刑事案件智能辅助办案系统"正式上线试运行（法院6家、检察院6家、公安机关13家，共计25家试点单位上线）。试点单位于5月1日起立案的故意杀人罪、盗窃罪、非法吸收公众存款罪、诈骗罪（电信网络诈骗）4个罪名案件，均进入该系统试运行。截至2017年10月底，系统共录入案件65件，录入证据20192份，提供证据指引3361次，发现证据瑕疵点48个，提供知识索引查询406次，总点击量达6.3万余次。

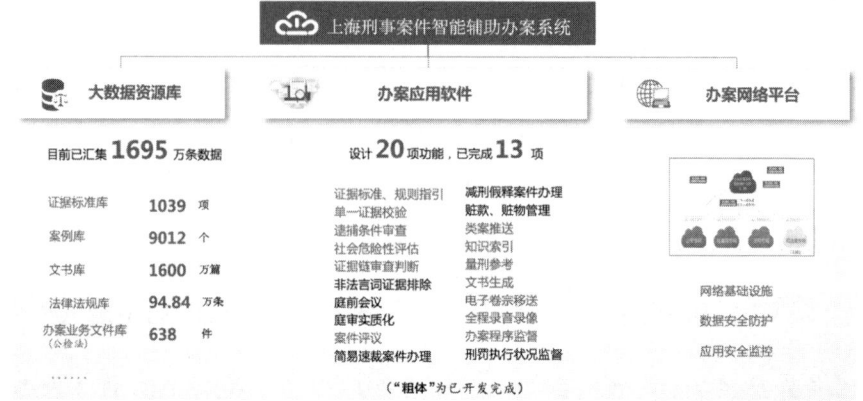

图1　"上海刑事案件智能辅助办案系统"架构

（四）"上海刑事案件智能辅助办案系统"开发应用的价值体现

第一，软件的开发与应用，是推进以审判为中心的诉讼制度改革的重要内容和切入点。通过建立统一的证据标准、规则指引，发挥软件系统的校验、提示、把关、监督作用，可以更好地落实公检法三机关的办案职责，更好地体现我国"分工负责、互相配合、互相制约"的刑事诉讼原则。

第二，软件的开发与应用，是现代科技在司法领域深度应用的重大突破。将大数据、人工智能等现代科技融入刑事诉讼活动中，把统一适用的证据标准嵌入数据化的办案程序，是一项全新的科技创新任务，开启了人工智能在司法领域深度应用的先河，是0到1的突破。

第三，软件的开发与应用发挥了证据标准、证据规则指引、证据校验、审查判断等作用，确保提请逮捕、移送审查起诉的案件符合法律规定的标准，增强了办案人员的证据意识、程序意识、责任意识、人权意识，倒逼办案人员从案件一接手，就按照法律规定的证据标准和证据规则收集、固定证据，促进办案质效的提升。

第四，软件的开发与应用克服了办案人员个人判断的差异性、局限性、主观性，提高了证据审查判断的科学性、精准性、全面性，防止了"起点错、跟着错、错到底",防止了司法的任意性,对于防范冤假错案的发生,确保无罪的人不受刑事追究、有罪的人受到公正惩罚,具有重大意义。

(五)"上海刑事案件智能辅助办案系统"二期研发与应用拓展

第一,确定二期工程的目标任务。为使"上海刑事案件智能辅助办案系统"能全面应用,上海高院制定了二期工程研发方案,确定的目标任务是:

①证据标准指引完整,制定上海常涉71个罪名的证据标准指引;

②系统功能齐全,结合办案实际需要,不断完善升级拓展系统功能,为规范刑事办案流程,促进刑事证据标准适用统一提供智能辅助;

③应用全面覆盖,着力打造涵盖刑事案件办案各个环节、不同阶段,覆盖公检法司等机关的全流程办案统一网络平台;

④制度健全、机制完善,建立一套符合司法规律,适用公检法司等机关,体现各机关"分工负责、互相配合、互相制约"宪法法律原则的制度机制,为系统充分发挥作用奠定坚实基础;

⑤简便易行、安全可靠,充分运用大数据、人工智能等现代科技,做到系统设计复杂、操作简单、方便实用,同时加强网络安全保障,确保系统有效、顺畅、稳定运行。

第二,研发民商事、行政案件智能辅助办案系统。将人工智能辅助办案拓展至民商、行政案件办理中。发挥系统辅助法官在办理民商事、行政案件中认定事实、适用法律、采信证据、公正裁判各环节的作用,规范法官的自由裁量权行使,促进法律适用统一,减少司法任意性,提升办案质量、司法效率和司法公信力。

五 关于人工智能在司法领域中深度应用的思考

首先,要深化推动人工智能在法院的应用。上海着力打造国家的人工智能发展高地,为上海高院推进人工智能深度应用提供了重大机遇。为此,上海高院出台了《关于加强现代科技深度应用推进"数据法院""智慧法院"建设的实施意见》，进一步明确实施大数据、"互联网+"、"人工智能+"的发展战略，加快人工智能等现代科技在司法领域中的深度应用，驱动智慧升级，渗透法院各项工作，全面提升司法质量、司法效率和司法公信力，实现审判体系和审判能力现代化。其次，要准确把握人工智能在司法领域应用的功能定位——智能辅助办案。司法活动的亲历性，决定了办案人员的办案主体地位，人工智能的应用只能是辅助办案。人工智能在司法领域的深度应用，应是人机协同、增强智能的应用。例如"206工程"，上海高院将其定位为"智能辅助办案"，始终坚持把握软件系统对证据的提示、把关、监督等作用，可以为办案人员的判断决定提供重要的智能参考，可以克服办案人员个人判断的差异性、局限性和主观性，有效地修正办案人员在办案中自由裁量的偏离度，发挥的是"智能侦查员助理、智能检察官助理、智能法官助理"作用，不能代替庭审或削弱庭审作用，更不能理解为"机器办案""机器定罪量刑"。案件事实证据的查明与认定，以及如何定罪量刑等必须通过庭审来完成，案件最终的判断决定权还是在法官。再次，要推动人工智能在社会治理、公共安全领域的应用。最后，要制定和完善相关法律法规，防范人工智能可能带来的安全风险和挑战，确保人工智能安全、可靠、可控发展。

B.5
坚持问题导向　强化创新引领

——上海检察改革2.0版的探索与实践

上海市检察机关深化司法改革领导小组办公室

摘　要： 上海市检察机关在司法体制改革四项重点任务基本完成的基础上，提出打造检察改革2.0版的目标，着力构建全市统一遴选平台，推动检察官员额管理优化升级；健全检察权运行机制，推动司法责任制落地生根；强化检察权运行监督制约，推动办案质效提升；建设智慧检察院，推动检察工作发展提速升级。下一步，上海市检察机关要以司法体制综合配套改革为契机和抓手，加大力度破解司法责任制落实中的难点问题，研究解决改革中的新问题，打造上海检察特色品牌，深化现代科技杠杆作用。

关键词： 司法改革　检察改革　司法责任制　司法体制综合配套改革

党的十八届四中全会以来，以司法责任制改革为核心的司法体制改革全面推进。上海市检察机关作为全国首批司法体制改革试点单位之一，积极推进，狠抓落实，落实落地司法责任制，有序开展人员分类管理，建立检察职业基本保障制度，人财物省级统管稳步推进，中央部署的四项重点改革任务基本完成，上海检察改革1.0版业已形成。2016年7月，全国司法体制改革推进会召开后，按照中央关于推动司法责任制改革取得突破性进展的要求，上海市检察机关坚持目标导向、问题导向、效果导向，在改革路径的深化、改革措施的细化、改革力度的强化上做文章，考虑用3年左右时间打造检察改革升级版，力争在2019年结束改革过渡期，上海检察改革2.0版基本形成。

一 上海检察改革1.0版的升级需求

在上海检察改革1.0版阶段，上海市检察机关对标中央要求，紧紧围绕四项重点改革任务，大胆探索，积极实践，充分发挥基层积极性和创造性，不断调整充实改革措施，一批可复制可推广经验成果业已形成。由于改革的深度广度均超过以往，原有观念和体制机制需要经历深层次调整，也带来一系列深化改革的新需求。

（一）检察官员额制管理有待进一步深化

建立统一开放的全市检察官遴选平台，至2016年按照严格的入额遴选标准和程序，共遴选出1478名入额检察官，比例控制在队伍编制总数的26.4%。但由于改革初期，入额检察官都在本院内，单位之间、部门之间检察官员额分布不均衡、人均办案量失衡等问题逐渐显现。如有的院案件量大但是员额不够，有的院员额多但是案件量不大，不同院之间检察官人均办案量差异较大，特别是郊区院的办案量和人均办案量一般均高于城区院。又如在各院内部，还存在二三线业务部门检察官偏多、一线部门检察官不够的情况，对员额的统一调控和动态管理还需加强。

（二）检察官办案责任制有待进一步压实

2015年市检察院制定了落实司法责任制实施细则100条，实行检察官权力清单制度，探索两种办案组织形式，即独任检察官和检察官办案组，改变过去三级审批办案模式，即"案件承办人、部门负责人、检察长"模式，赋予检察官在职权范围内独立对案件作出决定的权力，相应司法责任予以明确，确保"放权不放任、有权不任性"。但其间也遇到了检察官担心错案追责而"有权不行权",或者过分求稳"打折行权"等问题。有的入额领导干部直接办案偏少,引领示范作用发挥不够;检察机关内部办案扁平化管理体制机制还不够健全,影响办案责任制的落实。

(三)检察权运行监督制约机制有待进一步健全

上海市检察机关在对检察官办案加大授权的同时,不断强化检察权运行监督制约,完善监督手段和机制。如加强案件管理部门集中统一管理司法办案活动,运用信息化手段开展流程监控、案后评查、业绩考核、数据分析。加强上级检察院对下级检察院的业务指导和监督考核等。但仍然存在绩效考核制度不够健全、办案管理机制不够完善、对错案责任的认定和追究落实不到位等问题。

(四)现代科技对改革的支撑作用有待进一步强化

2014年起,上海市检察机关根据高检院统一部署,推行统一业务应用系统。目前,已实现各类案件一个标准、一个平台、一个程序,通过网络平台,录入办案信息、管理办案流程、监督办案活动、生成办案数据。近年来,"流程监控智能预警系统""检察官司法档案管理系统"等科技手段广泛运用,大大提升了检察办案和队伍管理的智能化水平。但随着员额制深化,对入额检察官的办案效能提出更高要求,需要更多智能化辅助办案手段予以支撑。同时由于检察官决定权增大,也亟须更加现代化的监督制约机制代替传统的"层层审核"监督模式,以确保案件质量标准统一,效率不降。

二 上海检察改革2.0版的积极探索

上海检察改革2.0版的总体目标是:在人员岗位方面实现"人岗适配、各尽其能";在员额配置方面实现"人随案流、动态平衡";在检察官办案方面实现"充分行权、权责明晰";在内设机构与办案组织方面实现"无缝衔接、高效运转";在人工智能与检察工作方面实现"深度融合、智能辅助",以明显提升司法办案质量、效率和公信力。简言之,要在前四项重点改革任务基础上实现新的突破和发展。

(一)健全统一遴选平台,推动员额管理优化升级

按照中央关于加强检察官正规化、专业化、职业化建设的要求,不断深化检察官员额制,实行以案定额和以职能定额相结合的员额动态管理机制,以构建完善检察官统一遴选平台为抓手,加强员额统一调控,实施更加规范精细科学的员额管理措施。

一是推动规范化科学化的检察官岗位设置,实现院内"人岗匹配"。全市三级院以办案量重新测算核定检察官岗位,针对检察官岗位设置制定清单和岗位说明书,实行"一岗一表",列明办案数量和岗位职责等条件。既确定了检察官岗位标准,也为绩效考核提供了直接依据,激励检察工作人员愿意办案、迎难而上。对新入额的检察官,改变以往的做法,实行先确定岗位再遴选入额,杜绝"因人设岗""人岗错位"的弊端,形成良好的入额导向。2017年全市检察员入额岗位有66%配置在一线办案部门,助理检察员入额岗位有94%配置在一线部门。探索建立员额再优化机制,引导二三线业务部门向一线业务部门有序流动,形成与办案量更加适应的员额配置状态。如宝山区院通过业务部门负责人与检察官、检察官与检察官助理之间双向选择的方式,侦监、公诉办案岗位检察官从23名增加至32名。目前,全市近80%检察官配置在基层院办案一线,公诉、侦监等主要业务部门检察官比例上升了13%,基本实现了优秀办案人才向办案一线汇聚的目标。

二是推动检察官员额管理精细化,实现院际"动态平衡"。在详细测算全市基层院人均办案量等情况的基础上,探索改变以队伍编制数确定员额的做法,根据各院办案量等实际情况实行员额管理一院一政策,由市院对全市检察官员额进行宏观把控、统一调配,向人案矛盾突出的院倾斜。如在2017年遴选入额中,对于明显高于全市平均办案量的基层院,在用足本院34%的员额后,遴选额度适度增加。建立新的"跨院遴选"机制。坚持"全市统筹、竞争择优",进一步统一全市遴选程序和标准,打通院际障碍,

横向上引导检察官向案件多的院流动,纵向上引导检察官向基层院一线流动。自2016年开始,入额遴选分市分院和基层院两个层面进行,符合条件的检察官助理可根据所在院层级,自由选择报名单位,并由市院进行总体调剂。2016年有6名检察官实现跨院遴选入额,2017年跨院范围扩大至5家基层院,跨院遴选入额达到15人。

三是检察官遴选通道得以拓宽,实现检察官"良性流动"。自2015年开始,首次从律师和法学专家中公开选拔高级检察官,设置笔试、面试、政审、公示等严格的招录和用人程序,2017年开始增设调查评估程序,由上海市法学会和上海市律师协会分别负责对法学专家申请人和律师申请人进行调查评估。目前,已经从复旦大学、上海对外经贸大学先后遴选2名副教授到市分院任高级检察官。建立了检察官逐级遴选制度,2017年4名优秀检察官从基层院遴选到市分院任职,并且同时逐步实现市分院拟入额的检察官助理到基层院任职,进一步打通检察官的上下流动渠道。

(二)健全检察权运行机制,推动司法责任制落地生根

进一步优化办案权限配置,限定案件审核层级,创新检察机关组织结构体系,搭建扁平化和专业化相结合的业务管理体系,建立符合检察规律的办案组织形式,全面落实"入额就要办案","谁办案谁负责、谁决定谁负责"。

一是建立健全检察官权力清单。为了进一步明确司法办案权限,强化检察官办案时的权责意识,2017年版检察官权力清单在2015年版的基础上得到了较大升级,坚持"该放的权放到位、不该放的权不乱放"。目前,全市各级院检察官拥有141项可独立决定的职权,检察官或主任检察官需提请检察长审核的决定职权共66项。自2016年以来,全市各级院刑检部门检察官独立作出处理决定的案件占比82%,检委会讨论决定的案件同比下降11.5%,初步解决了授权不行权的问题。部分基层院结合工作实际进一步深化检察官权力清单,如奉贤区院将检察长行使的67项权力中的38项权力授权检察官行使,检察官主体地位更加突出。

二是落实入额领导干部办案要求。入额领导干部办案是落实司法责任制

的应有之义和必然要求，也是入额领导干部保持对司法实践新鲜感和灵敏度的重要途径。上海市检察机关从建立体制机制入手，确保入额领导干部办案制度化。市院研究制定《上海市检察机关关于明确检察办案和办案方式的指导意见》，规范入额领导干部办案具体形式、数量要求。依托统一业务应用系统随机分案机制，把正副检察长纳入分案范围，自动将简易程序、速裁程序案件予以剔除，主要分配普通程序案件，特别是优先分配重大、疑难、复杂案件给正副检察长，发挥入额领导干部办案示范、引领作用。设置必要的审核审批是检察一体化原则的需要，也是加强监督制约的内在要求和检察办案的重要形式。重要案件或事项由检察官决定，正副检察长履行审核审批责任和职权，必要时可调阅案件卷宗、复核证据、听取辩护人意见。

三是探索建立检察官办公室。把检察官办公室作为加强专业化新型办案组织建设的具体实践，将内设机构改革与创新办案组织结合起来，将精简机构和优化职能结合起来，统筹专业化建设和扁平化管理。相对固定的检察官办公室只设置在司法办案部门，重点根据办案（业务）量进行设置，也可以根据专业化办案需求灵活设置，促进各检察官办公室工作的总体平衡。综合业务部门一般以职能设置检察官办公室。检察官办公室可以作为检察官办案组承办案件，其中的检察官也可以作为独任检察官承办案件，各检察官按照权力清单独立行使办案职权。浦东新区院探索设立4个命名检察官办公室，着力打造涉自贸区犯罪、金融犯罪、未成年人犯罪等领域的专业化、精英化团队。命名检察官在一般主任检察官的基础上进一步增加授权力度，对案件的决定权大于普通检察官，主要承办新型、疑难、复杂、敏感案件。

四是优化内设机构设置。司法责任改革背景下，内设机构改革不是简单的机构数量增减，而是要构建新型办案组织，真正实现内设机构减下来，办案组织发达起来。改变旧有的司法办案、业务管理和行政管理混同的机构格局，使其各自回归办案、管理和保障本位。司法办案部门专司办案职责，管理职能减少；独立设置刑事诉讼监督部将分散在各刑事检察业务部门的碎片化监督职能集中起来，实行集中化、专门化办理；综合业务部门、司法行政部门专门负责业务管理和行政管理工作，推动业务管理和行政管理体系向扁平化发展，借助现代科技手段以点对点的形式直接对接每名检察人员，实现管理和保障工作"一键到底、一键到人"。同时，强化内设机构的党组织建设，把思想政治建设及教育等集中交由党支部负责。

（三）强化检察权运行监督制约，推动办案质效提升

落实司法责任制不是不要监管，而是要实现司法监督管理方式的转变，从逐案逐级审批，向全院、全员、全过程自动化、智能化的案件质量效率监管转变。上海检察改革2.0版从事中的流程监控，事后的质量评查、绩效考核多点着手，建立体系化的办案监督制约机制。

一是实现全覆盖流程监控，提升办案管理水平。运用现代科技手段加强办案流程管理和监控，确保案件质量。开发"流程监控智能预警系统"，实时预警得以实现，办案过程全面监控、全程留痕。监控规则不断完善，在全流程监控中重点监控强制措施、诉讼权利保障、涉案财物处理等环节，消除监督弱点、盲点。如奉贤区院自主研发的"检察官执法办案全程监控考核系统"，利用"大数据"梳理出程序性不规范风险点36项、检察权运行风险点56项和1案件质量风险点9项，以信息化手段实现了"事前预警、事中提醒、事后甄别"，获得中央政法委肯定。

二是多维度绩效考核的完善办案评价体系得以运用。探索建立以办案数量、质量、效果为重要依据，以工作实绩为重点内容，全面考核检察官工作态度、办案数量、办案质量的绩效考核机制。检察官司法档案管理系统在全市各级院上线运行，全面记录和动态反映检察官办案数量、质量、效果、研修成果等，科学评价检察官工作业绩和职业素养，并作为检察官等级晋升、奖惩的重要依据。针对检察官绩效考核难的问题，探索建立以核心数据为抓手的"两纵两横"考核系统，通过构建考核数据模型，提炼算法公式，将考核指标量化到岗、细化到人。以"区院排名"和"条线考核"为纵轴，确立考核目标，解决部门之间的工作差异问题。以"部门类别"和"个人考核"为横轴，突出工作实绩，解决部门内部的工作差异问题。

三是加强规范化质量评查，确保办案后质量效果。切实发挥案件质量评

查规范司法行为的作用,保障办案质效。从严控评查人资格和规范评查案件类型两个方面着手,着力提升案件质量评查的专业化水平。一方面,选任资深检察官担任专职评查员,特别是明确检委会专职委员的主要职责是案件评查,增强案件评查的独立性和权威性。另一方面,推行"15+10+专项"的案件评查模式,即对诉判不一、捕后不诉、导致国家赔偿等15类案件开展有案必评,随机评查检察官已办结的案件不低于10%的比例,专项评查涉及民生民利和群众关注的案件、重大疑难复杂案件、新类型犯罪案件等。2015年以来上海各基层院的年均评查案件数在8000件左右,平均评查率在13%左右,评查人年均评查案件数在330件左右。2017年首次试行重点案件跨院交叉评查,抽调各级院10名评查员通过随机分案方式分配评查案件,共交叉评查46件,形成有问题必究、有责任必追的良好评查氛围。

四是落实个案评鉴,清晰界定司法责任。明确划分办案中的工作责任和司法责任,明确检察官在办案过程中由于作风不严谨、责任心不强、程序不规范等造成案件质量瑕疵的,应承担工作责任,纳入办案绩效考核;故意违反法律法规或因重大过失造成错案或者其他严重后果的,则要严格追究司法责任。建立司法责任认定制度体系,明确评鉴机构和评鉴程序,确保评鉴的权威性、科学性和公开性。如二分院个案评鉴一起被判无罪案件,评鉴组由评鉴委员会随机选出的检察官与检委会专职委员组成,审阅案卷材料,听取不同阶段承办人意见,听取办案检察官陈述并质询,以无记名投票方式表决最终确定办案检察官不承担司法责任。厘清工作责任和司法责任,明确检察官在办理案件时的责任界定,尤其针对无罪案件,检察官办案的思想顾虑得以消除,检察官不敢充分行权的难题得到破解,促进检察官办好案、敢办案。

(四)建设智慧检察院,推动检察工作发展提速升级

运用信息化、人工智能、大数据等现代科技手段加强智慧检察院建设,推进检察机关智慧办案、智慧管理、智慧服务,将其作为深化改革的有效支撑,提升司法办案质效的有效手段,提升检察工作便民利民水平的有效途径。

一是加强智慧办案，推进信息化与司法办案的深度融合。联合法院、公安开发"上海刑事案件智能辅助办案系统"，把公检法统一适用的证据标准嵌入办案系统，提供规范性证据指引，大大减少司法的随意性。结合检察机关审查逮捕、审查起诉工作需求，研发社会危险性证据模块、证据校验规则和定罪要素审查功能，提高检察办案效率。推进覆盖全市三级院的检委会议事议案子系统建设，实现案件电子卷宗共享、议题材料网上批注等功能，为科学决策、强化监督提供有力支撑。创新法医文证审查网上协同机制，将故意伤害、寻衅滋事、聚众斗殴、妨害公务四大类公诉案件自动推送至技术部门，由专业团队同步对技术类证据、鉴定材料进行网上审查。一年来，审查鉴定意见1.4万余份，及时发现鉴定错误109个。

二是推进智慧管理，促进检察权依法规范运行。加强内部数据资源整合，对统一业务软件、案件管理系统等13个系统进行数据整合，提高数据集成度。依托涉罪人员信息系统进行公、检、法、司信息跨单位共享，目前案件信息和文书网上随案移送已达13.2万件，庭审资源视频12.8万件；通过"两法衔接"平台升级改造，实现与32家市级行政执法机关监管信息和案件线索移送的双向对接；引进数据可视化分析技术，对检察业务65个核心指标、172个辅助指标，在绩效、案件、时间、人员四个维度进行可视化分析，动态生成36项常态化业务分析报告；实现罪名分析可视化，对19类常见犯罪罪名审查逮捕进行可视化分析，基本覆盖社会治安动态情势，用大数据动态评估犯罪"高风险点"，提升治安防控的针对性。

三是创新智慧服务，不断拉近人民群众与检察工作距离。将12309从单一的举报电话发展成为智能化检察为民综合服务平台，创建了全市三级院联动，"一门式"受理，统一分流、办理和督办的全新工作模式。通过电话、网站、移动端等多种渠道，提供信访、律师预约登记、投诉、案件信息查询、法律咨询、行贿档案查询等九大类服务。目前，已受理各类服务申请22万余件，获评正义网"互联网+法治建设"十大典型案例。在上海检察微信公众号中引进智能法律机器人，智能分析当事人提出的法律问题与当事人进行交互问答，已有30余万人次获得专业法律解答。启动服务保障科创中心建设统一平台,及时发布检察动态信息、知识产权法律指引和典型案例。

三 上海检察改革2.0版的路径展望

党的十九大作出了"深化司法体制综合配套改革,全面落实司法责任制"的重大部署。2018年中央政法工作会议、全国检察长会议都明确要求上海发挥先行先试优势,加强探索实践,形成更多可复制、可推广经验成果。市院根据中央《关于上海市开展司法体制综合配套改革试点的框架意见》,对照市委分工方案要求,制定下发实施方案,逐项落实市委确定由检察机关承担的94项改革任务,并且自主确定32项改革任务,全面启动上海市检察机关司法体制综合配套改革试点。上海检察改革2.0版要以习近平新时代中国特色社会主义思想为引领,继续弘扬改革创新精神,紧紧围绕"创一流业务、建一流队伍、争当排头兵、先行者"的总目标,推动思想再解放、改革再深入、工作再抓实,努力在新的起点上实现新突破。

(一)破解落实司法责任制的难点问题

一是进一步织密司法监管的网络。建立形成主任检察官建议、检察官联席会议研讨、提交检察长决定、检委会审议等多层次立体化监管体系,推动监管方式从微观的个案审批、文书审签向宏观的全院、全员、全过程的案件质量效率监管转变。检委会工作重心要转移到整合办案重大分歧意见、统一法律适用、总结办案经验上来,检察官联席会议要发挥好专业咨询、业务交流等作用。二是进一步完善检察官绩效考核体系。以"检察官办案全程监督考核系统"为突破口,细化检察官考评项目及绩效考核量化标准,完善检察官岗位说明书,进一步明确岗位设置数量、职责,办案数量、质量、效率、效果等方面要求,优化部分奖金系数设置,建立绩效考核与员额退出有效衔接机制,对考核不合格、不能胜任办案要求的,坚决退出员额。三是健全司法责任认定和追究机制。既要严格责任追究,又要明确责任限度,细化免责事由,对"有权不行权"的检察官也要追究司法责任;对敢担当、敢啃硬骨头的检察官,容错免责、撑腰鼓劲,减少后顾之忧。

(二)聚焦司法体制改革中的新问题、新情况

一是健全检察机关提起公益诉讼制度体系。建立上下级检察院案件线索发现、移送与反馈机制,完善诉前程序,建立与相关行政部门、社会组织的外部协作机制,协同法院规范公益诉讼程序等。二是探索建立监察委员会调查与检察机关刑事诉讼衔接机制。细化和规范检察机关对职务犯罪移送起诉的案件采取强制措施、审查起诉、提起公诉、自行补充侦查、退回补充调查、不起诉、提前介入等具体司法程序,人民监督员制度同时及时转换监督重点,由职务犯罪向普通刑事案件、民事行政申诉案件延伸。三是适应以审判为中心的诉讼制度新格局。强化检察机关审前主导作用,完善非法证据排除的启动、调查和认定机制,建立重大案件讯问合法性复查机制和退回补充侦查引导与说理机制,提高证人、鉴定人、侦查人员、有专门知识的人的出庭率,探索建立对上述4类人员出庭辅导工作方法,提升控辩对抗质量和庭审实质化水平。

(三)打造上海检察特色品牌

一是探索金融检察体制机制改革。建立金融检察专门机构,集中管辖金融类案件,深化新型、重大金融案件专案办理一体化模式,完善与金融监管等部门的合作机制。深化自贸区检察工作机制建设,加强市院派驻自贸区检察室建设,参与自贸试验区管理制度完善和风险防控。二是加强特殊群体司法保护。围绕上海市民群众对生活品质的高标准、高需求,适应上海地区经济社会发展特点,健全未成年人检察工作社会服务支持体系,推动建立性侵未成年人的成年罪犯从业禁止制度,健全困境未成年人特殊保护机制,探索建立老年人司法保护机制等。三是深化跨行政区划检察院建设。继续推进破坏环境资源、危害食品药品安全等特殊案件由铁检基层院管辖,依托长三角一体化发展平台,推动涉及多地的大气和水域污染的

民事、行政公益诉讼案件由铁路检察院办理，形成审级上下衔接、相对完整的公益诉讼体系。

（四）深化智能化检察院建设的杠杆作用

一是扩大"上海刑事案件智能辅助办案系统"的适用范围。增加适用的罪名种类，并探索在审查逮捕、审查起诉以外的刑事执行检察、刑事诉讼监督等检察办案环节的应用。二是构建统一高效的信息化法律监督平台，强化对案件数据的深度开发和利用，形成覆盖刑事、民事、行政诉讼的一体化监督信息库。三是挖掘上海检察大数据中心功能。加强跨单位、跨条线、跨部门的数据资源整合，完善数据挖掘、分析、管理、发布等机制，推动数据的集中统一处理和有效利用。探索与高等院校、科研机构联合组建检察大数据融合创新实验室，借力外脑智库，大力推进大数据系统和应用的开发。

B.6
上海自贸区的案件特点和司法保障

上海市第一中级人民法院课题组 *

摘　要： 在上海一中院涉自贸区案件中，大批量的集团案件对收案数量影响较大，九成以上为民事案件，案由分布相对比较集中，金融纠纷案件、商事纠纷案件、执行类案件各有特点。上海一中院对《审判指引》予以修订，丰富了公司法人人格否认诉讼审理的相关规定，明确了在维护金融安全的前提下保障金融创新的审慎司法态度，增加了为融资租赁及互联网金融创新提供司法保障的具体规定，补充了关于涉自贸区仲裁协议效力审查的相关规范。同时，推进商事ADR①，深化自贸区司法保障。

关键词： 上海自贸区　审判指引　商事ADR

2017年3月30日，国务院发布《全面深化中国（上海）自由贸易试验区改革开放方案》。从司法视角看，伴随着上海自贸区建设的不断深入，涉自贸区案件也呈现出数量较大、增长较快、扩容片区占比较高等新特点，对人民法院的司法保障工作提出了更高要求。

作为中国（上海）自由贸易试验区（以下简称"自贸区"）所在地的中级人民法院，上海市第一中级人民法院（以下简称"上海一中院"）紧密结合自贸区建设要求和中院职能定位，积极主动地做好自贸区建设过程中的司法保障工作。

---

* 课题组组长：陈立斌，上海市第一中级人民法院原党组书记、原院长；课题组成员：刘言浩、陆文奕、丁莎莎、卢进。
① 即非诉讼解决机制（Alternative Dispute Resolution），一般译为"替代中生纠纷解决方式"等。

一 上海一中院涉自贸区案件的基本特点

2016年4月1日至2017年4月30日,上海一中院共受理涉自贸区案件1765件,其中涉外、涉港澳台案件78件,占4.42%。共审结涉自贸区案件1660件,其中一审案件1010件,判决47件,调解13件,并案883件,裁定撤诉、准予申请、驳回申请等67件;二审案件571件,维持原裁判405件,改判48件,发回重审7件,调解19件,撤诉78件,撤销原裁判14件;申诉案件3件,驳回2件,终结1件。以下从收案趋势、案件类型、案由分布、自贸片区分布、当事人、原审法院、诉讼标的额、类案情况等维度对上述期间内涉自贸区案件的情况予以简要分析。

(一)总体情况

从收案趋势看,大批量的集团案件对收案数量影响较大。如图1所示,2016年第三季度和第四季度,与2016年第二季度和2017年第一季度相比,收案数量扩大了两倍左右,2016年第二季度收案186件,2016年第三季度收案698件,2016年第四季度收案565件,2017年第一季度收案230件,2017年4月份收案86件;每季度平均收案420件,与往年度自贸区扩容后每季度188件的收案均值相比,上升了123.4%。

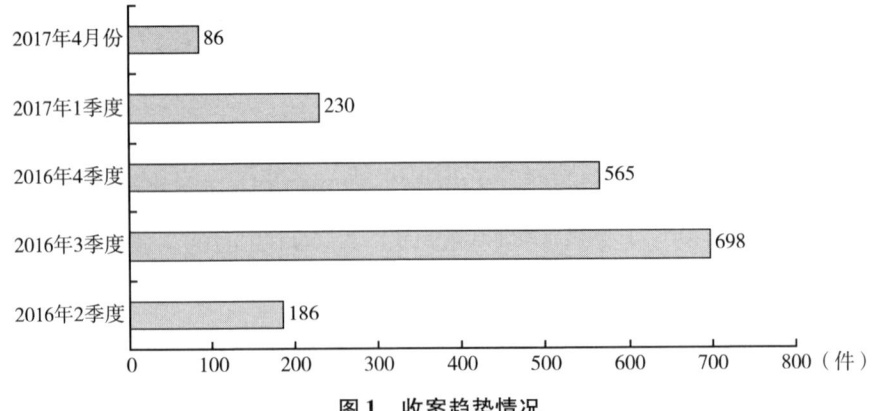

图1 收案趋势情况

从案件类型看，九成以上为民事案件。上海一中院受理的1765件涉自贸区案件中，民事案件1682件，占95.3%；刑事案件4件，占0.23%；行政案件7件，占0.4%；执行案件72件，占4.08%。从审判程序看，一审案件1127件，占63.85%，其中涉上海大智慧股份有限公司（以下简称"大智慧公司"）案件1012件；二审案件560件，占31.73%；执行案件72件，占4.08%；申诉案件3件，占0.17%；其他案件3件，占0.17%。与往年情况相同，民事案件作为涉自贸区案件的主体，占比都在九成以上；从审判程序来看，由于受到大批量集团一审案件的影响，一审案件占比数据大幅上升，从10.8%上升至63.85%，二审案件比例从82.6%下降至31.73%（见图2）。

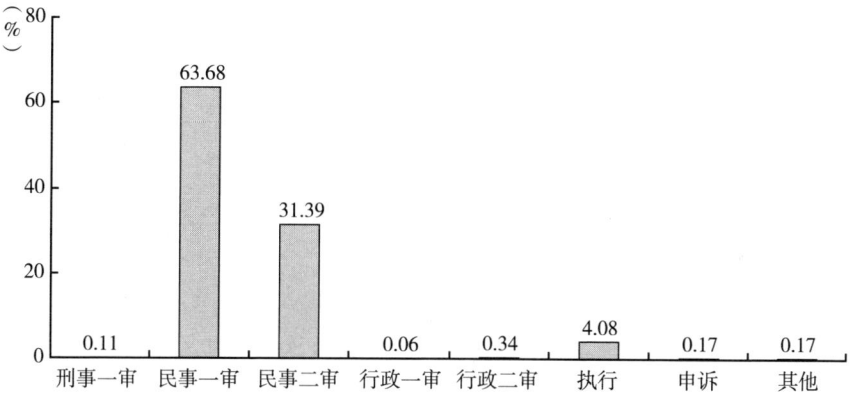

图2　案件类型分布

从案由分布看，共涉及案由97个，但分布相对比较集中。如表1所示，涉大智慧公司集团案件的案由均为证券虚假陈述责任纠纷，共计1012件，占57.34%。其余案件中，与合同有关的568件，占32.18%；其中近四成为买卖合同纠纷，共216件。其余案由占比相对较低，大部分案由的案件数量都是个位数。与往年情况相比，如果剔除涉大智慧公司的大批量集团证券虚假陈述责任纠纷案件，那么案由分布依旧是合同类案件占涉案案由的主体，其中又以买卖合同居多。

表1 收案数前7位案由

案由	收案数(件)	占比(%)
证券虚假陈述责任纠纷	1012	57.34
买卖合同纠纷	216	12.24
金融借款合同纠纷	64	3.63
融资租赁合同纠纷	57	3.23
服务合同纠纷	40	2.27
其他合同纠纷	33	1.87
申请撤销仲裁裁决	33	1.87

从自贸片区分布情况看，因涉大智慧公司集团案件数量较大，以致近六成案件涉及张江高科技园区。如图3所示，上述案件中，涉及自贸区原四个海关监管区的案件占21.3%（其中涉及外高桥保税区的案件占11.14%；涉及外高桥保税物流园区的案件占3.21%；涉及洋山保税港区的案件占3.89%；涉及上海浦东机场综合保税区的案件占3.06%）；涉及陆家嘴金融贸易区的案件占16.27%；涉及张江高科技园区的案件占56.79%；涉及金桥出口加工区的案件占5.44%。与往年情况相比，即使不考虑由集团诉讼原因导致张江高科技园区的案件量大幅上升，陆家嘴金融贸易区与金桥出口加工区的案件比例也从5.6%与0.8%上升至16.27%与5.44%，原四个海关监管区的案件比例从90.7%下降至21.3%。

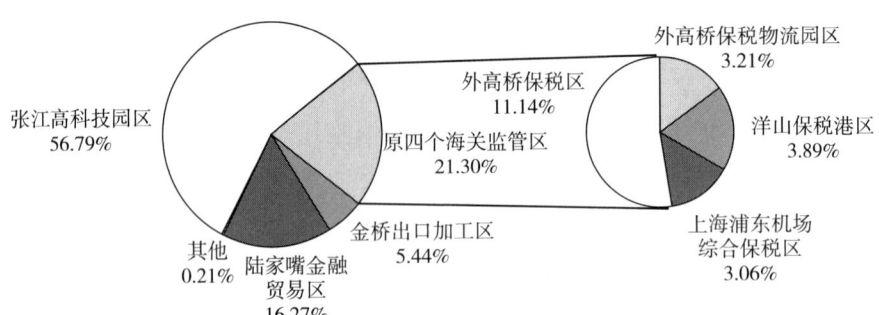

图3 自贸片区分布

从当事人情况看,如图4所示,一审案件中,原告/申请人住所地在自贸区内的占13.67%,被告/被申请人住所地在自贸区内的占86.15%,第三人住所地在自贸区内的占0.18%;二审案件中,原审原告住所地在自贸区内的占35.58%,原审被告住所地在自贸区内的占61.04%,原审第三人住所地在自贸区内的占3.38%。与往年情况相比,一审被告住所地在自贸区内

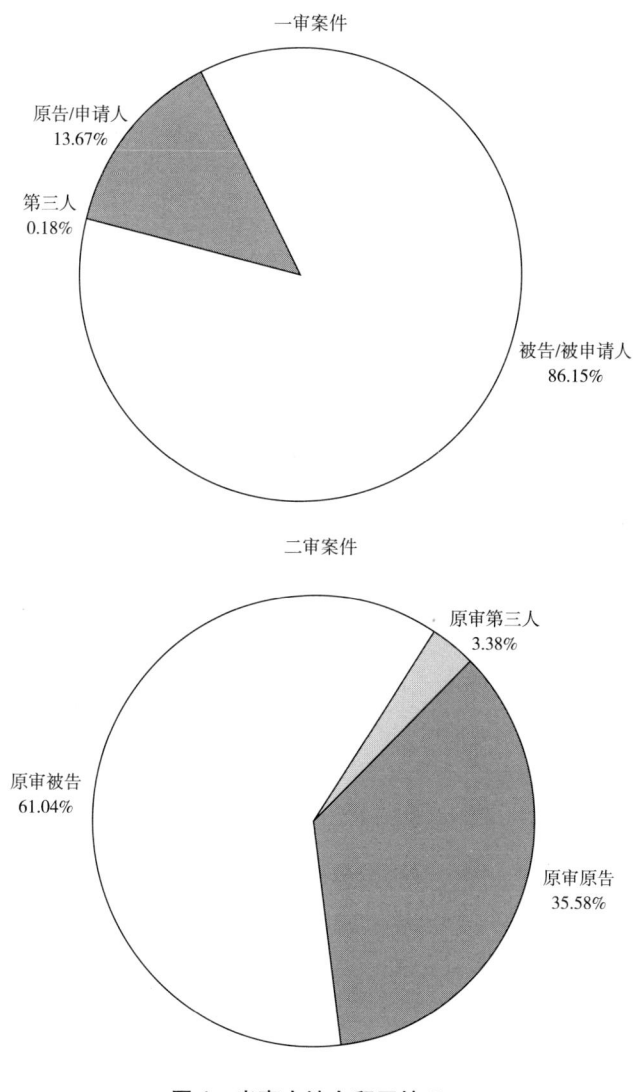

图4　当事人涉自贸区情况

的比例从46.3%上升至86.15%；二审原审被告住所地在自贸区内的比例从50.6%上升至61.04%；原审第三人住所地在自贸区内的比例从0.6%上升至3.38%。92.42%的案件当事人注册地与实际经营地一致均在自贸区内，较往年59.3%的占比大幅上升；5.33%的案件为当事人注册地在自贸区内，较往年39.1%的占比大幅下降。

从原审法院看，上海一中院受理的560件二审案件中，原审法院为浦东法院的案件数为496件，占88.57%；原审法院为徐汇法院的案件数为33件，占5.89%；原审法院为闵行法院的案件数为11件，占1.96%；原审法院为长宁法院的案件数为7件，占1.25%；原审法院为松江法院的案件数为6件，占1.07%；原审法院为金山法院的案件数为5件，占0.89%；原审法院为奉贤法院的案件数为2件，占0.36%（见图5）。与往年情况相比，浦东法院占比从92.9%下降至88.57%，长宁法院占比从1.7%下降至1.25%；其余法院占比均小幅上涨，其中徐汇法院涨幅最大，占比从3.5%上升为5.89%，如果剔除涉大智慧公司集团案件，这一涨幅将更加明显。

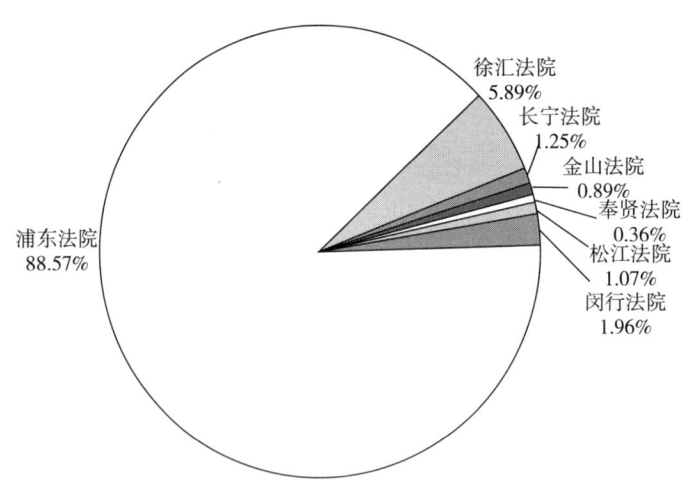

图5 原审法院分布

从诉讼标的额情况看，涉自贸区民事案件诉讼标的额占该院全部民事诉讼标的总额的二成左右。2016年4月1日至2017年4月30日，上海一中院审结的民事案件共20672件，诉讼标的额总计为415.4亿元，其中涉自贸区民事案件共1577件，诉讼标的额总计为85.05亿元，案件量及诉讼标的额分别占7.63%与20.47%，相比往年占比情况（1.8%与12.1%）均明显上升。

（二）类案情况

1. 涉金融纠纷案件特点

涉金融纠纷案件特点主要体现在：一是随着资本市场监管处罚力度的不断加大，证券类纠纷数量持续高位攀升；二是随着金融改革系列措施的推进，新类型金融纠纷案件持续涌现，且出现了与自贸区金融改革政策相关的案件；三是随着自贸区融资租赁业的发展，融资租赁纠纷案件呈上升趋势。

2. 涉商事纠纷案件特点

一是案件类型上以贸易纠纷为主，物流纠纷居次。其中，贸易合同纠纷以货物交易为主，服务贸易比重逐渐上升；货款给付与质量问题并存现象较常见，原审中多存在反诉。物流类纠纷案件则涉及货物代理、运输、仓储等多个物流环节，涉案主体多元。

二是随着自贸区扩容、服务业扩大开放及贸易方式转型，案件类型日益丰富。广告合同纠纷、加工合同纠纷、货物代理合同纠纷、网络服务合同纠纷、信用证融资纠纷、联营合同纠纷、合伙协议纠纷、清算责任纠纷等有所增加。从案件数量上看，与上年同期相比成倍增加，涉及多个产业领域。

三是案件涉外因素明显，争议内容体现出复杂性、专业性。涉诉主体中外商投资企业所占比例增加，大部分为境外企业在自贸区内设立的子公司；涉诉交易过程中涉外特征明显，如境外形成的合同文本、争议标的系进出口货物等。此外，案件法律关系交叉，贸易纠纷往往与运输、仓储、结算等多个环节相联系，交易形式复杂且专业性强，案件审理难度增大。

3. 执行类案件特点

上海一中院涉自贸区执行案件共计97件，其中执保字案件64件，执字案件33件。申请标的额总计为84.75余亿元，其中执字案件申请标的额为

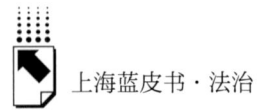

7.65亿元。涉执重点数据中，执限内结案率100%，实际执行率为54.55%，执行终结率为36.36%。

一是在诉讼程序中提起的保全案件占比较大，且集中于合同纠纷。涉自贸区案件执行中，诉讼保全案件占66%，申请标的额高达77亿余元，大部分属于合同纠纷。金融、房产投资、海外贸易等商事活动较为活跃，各市场主体法律意识普遍较强，能够在合同纠纷进入诉讼程序后立即采取诉讼保全方式申请财产保全，不仅能够最大化实现胜诉权益，也在一定程度上促成了诉讼和解。

二是自贸区主体发生纠纷后倾向于优先选择仲裁程序解决。《中国（上海）自由贸易试验区仲裁规则》于2014年5月1日起施行，仲裁员开放名册制、紧急仲裁庭的设置以及争议解决时间短、费用低等优势使得自贸区内各经济主体纷纷选择在合同签订时约定仲裁条款。在33件执行案件中，有25件为经过仲裁程序后的申请强制执行案件，占比高达76%。由于仲裁程序中保全较少，如果财产不能尽早及时保全，势必影响到执行到位率问题，对此，上海一中院已将会商仲裁机构、加强仲裁保全工作纳入今年的执行工作重点。

三是申请标的额巨大，当事人担保措施不到位。近一年内，自贸区经济贸易活动引发的执行案件申请标的额高达84.75余亿元，案均金额在8700万元以上，标的额巨大。但是当事人之间的担保措施往往不到位，导致在执行过程中，一些案件因被执行人无财产可供执行而以终结本次执行方式结案，权利人的胜诉权益难以全部实现。

二 完善《审判指引》，保障自贸区新发展

2014年4月29日，上海一中院制定并公开发布了《审判指引》，为涉自贸区案件的审理提供了指引性思路。实施三年多以来，其在法律解释、填补漏洞、上海自贸区内法律与政策的统一适用等方面均发挥了积极作用。2017年恰逢国家提出全面深化上海自贸区的改革开放，上海一中院决定以

此为契机对《审判指引》进行全面梳理和修订，充分发挥司法政策对自贸区审判的引领作用。

本次修订涉及三十余条，秉持以下三项原则：第一，梳理更新相关法律依据，体现与时俱进。针对引用的部分法律法规已失效或就相关内容已有最新规定的情形，进行了相应的剔除与补充。第二，调整加强规则可操作性，紧贴审判实践。之前《审判指引》部分条款的设计具有一定的探索性，现结合自贸区建设及司法保障工作的最新实践发展，对与现状不相一致的部分规定予以修订。第三，借鉴吸收最新司法经验，体现法官智慧。本次修订注重吸收最新司法经验，其中包括规范和吸收上海一中院近年来的相关判例所确立的裁判规则。《审判指引》修订主要有以下特点。

（一）借鉴最高法院指导性案例及公报案例，丰富了公司法人人格否认诉讼审理的相关规定

最高人民法院发布的第15号指导性案例确立了关联公司间人格混同的认定标准及承担连带责任的裁判规则。考虑到自贸区内外关联公司的迅猛发展趋势，利用关联公司间人格混同逃避债务的情形可能有所增加，故在原有的公司法人人格否认条文的基础上新增了相关规定。

此外，最高人民法院2016年第10期公报刊载了上海一中院审结的"应高峰诉嘉美德（上海）商贸有限公司、陈惠美其他合同纠纷案"。该案明确了一人有限责任公司法人人格否认之诉中的举证责任分配及股东个人财产与公司财产是否混同的审查要点等裁判规则。尽管此案并无涉自贸区因素，但其裁判规则具有普适性，对于涉自贸区此类案件的审理也具有一定的指导意义。

（二）针对上海自贸区金融改革现状，明确了在维护金融安全的前提下保障金融创新的审慎司法态度

上海自贸区建设之初，金融司法保障工作主要着力于大力推动金融改革进程、加快促进金融创新发展。但是随着金融开放创新的快速推进，相关法

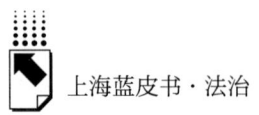

律纠纷呈爆发式增长。今后法院应以更加审慎的态度对待金融创新。故本次修订"金融案件的审理"部分时,坚持贯彻了依法支持金融创新理念,引导市场主体在维护金融市场秩序、保障金融市场安全的前提下积极开展金融创新。

(三)结合金融纠纷司法实践的最新情况,增加了为融资租赁及互联网金融创新提供司法保障的具体规定

融资租赁业、互联网金融是上海自贸区金融创新的重点领域,发展非常活跃。但是结合法院受理的相关案件情况来看,当前这两者已成为涉自贸区法律纠纷的高发地带,未来案件数量可能还将持续增长。对此,通过在《审判指引》中新增相关规定,明确法院对于此类创新的保护宗旨、纠纷裁判原则和价值导向,以期发挥一定的现实指导作用。

(四)吸收本院司法经验及最高法院相关意见,补充了关于涉自贸区仲裁协议效力审查的相关规范

2015年,上海一中院审结了全国首例涉自贸区外商独资企业间申请承认与执行外国仲裁裁决纠纷案——"西门子国际贸易(上海)有限公司诉上海黄金置地有限公司申请承认与执行外国仲裁裁决案"。该案确立了仲裁协议效力认定相关裁判规则,充分体现了上海一中院支持上海自贸区法治建设可先行先试的精神,并已被《最高人民法院关于为自由贸易试验区建设提供司法保障的意见》所采纳。本次修订时在仲裁审查条款中吸收了相关内容。

三 推进商事ADR,深化自贸区司法保障

为充分发挥司法保障功能,合理配置纠纷解决的社会资源,积极服务自贸区的改革探索与创新发展,上海一中院根据相关法律、司法解释与司法政策,结合《审判指引》中审判机制规定及本院工作实际,制定出台《上海

市第一中级人民法院商事多元化纠纷解决机制实施细则》（以下简称《实施细则》），进一步推进商事多元化纠纷解决机制的实施与规范，加强诉讼与非诉讼纠纷解决机制的衔接，满足自贸区内纠纷的多元化解需求。

《实施细则》分八章共三十条，分别为：总则、平台对接、案件管理、机制建设、调解司法审查、仲裁司法审查、工作保障和附则。其中，案件管理部分对委派调解和委托调解的流程分别予以规范明确；机制建设部分集中了《实施细则》主要的创新内容，包括单方承诺调解、示范判决、无争议事实的确认等。

（一）健全诉调对接制度，完善了调解程序安排及相关工作保障

《实施细则》规定了诉调对接机构和审判管理机构，明确了相关机构职责。依照《最高人民法院关于人民法院特邀调解的规定》等相关规定，对调解组织和调解员的选任及选择流程进行了规范；对委派调解和委托调解的全流程分别作了梳理明确。完善司法确认程序，加强调解、仲裁的司法审查，引导当事人诚信调解。细化案件管理制度与调解工作保障，对调解的期限、案件的登记管理作出了具体规定，对调解组织和调解员的培训、评估、投诉处理等均予细化规范。

（二）为有偿调解创造了空间，发挥诉讼费用杠杆作用，促进商事调解发展

国际上，商事调解组织提供有偿调解服务并不鲜见，《实施细则》对此予以认可，但以当事人自愿为前提。同时，按照最高人民法院《关于人民法院进一步深化多元化纠纷解决机制改革的意见》，通过减免诉讼费用推动调解，以经济杠杆引导案件分流。

（三）确立了诉前单方承诺调解机制、（支持诉讼）示范判决机制，推动商事纠纷案件的多元化解

根据最高人民法院、中国证券监督管理委员会《关于在全国部分地区

开展证券纠纷多元化解机制试点工作的通知》精神，对实践中调解组织与证券类商事主体事先签订协议，由商事主体承诺发生纠纷即接受该调解组织调解的做法予以肯定；对涉众证券案件出现裁判预期不明无法达成调解的情形确立（支持诉讼）示范判决机制，以选择代表性案件作出示范判决的方式促进争议双方理性评估诉求，有序引导群体性证券纠纷的多元化解。

（四）探索无争议事实确认机制、发展在线调解，创新调解机制

调解协议虽未达成，但经当事人确认，可以用书面方式记录无争议的事实，从而节约后续庭审时间，提高诉讼效率。创新在线纠纷解决方式，推广现代信息技术在多元化纠纷解决机制中的运用。根据"互联网+"战略要求，充分运用大数据、人工智能等技术，推动构建纠纷解决申请、调解员确定、调解过程、调解文书生成等为一体的在线调解平台，促进多元化纠纷解决机制的信息化发展。

《实施细则》以自贸区先行先试为契机、以制度创新为首要、以整合资源为抓手、以完善程序为保障，充分把握司法引领、推动和保障诉讼外纠纷解决机制功能的内涵，体系完整、内容全面、可操作性强，为当事人提供多元化的纠纷解决渠道，有利于打造自贸区国际化、法治化、市场化的营商环境。

B.7
上海检察机关办理食药品安全犯罪案件的调查报告

上海市人民检察院第三分院课题组[*]

摘　要： 食品药品犯罪认定的难点主要集中在主观明知、危害结果和停止形态的认定方面。危害结果认定方面，市检三分院结合实际情况，积极探索做法，并形成经验：通过剖析法律规定术语的外延以及限定刑事证据中的"合理怀疑"等方式，解决法律适用和证据采信难题。主观明知和停止形态认定方面，市检三分院结合刑法理论，针对实务中的争议问题，提出对策思考：食品药品犯罪中的主观明知可以通过推定方式进行认定，司法机关应以销售价格、生产、销售场地、涉案人员的职责、经营企业是否履行索证义务、仓储情况作为基础事实，判断涉案人员的主观明知；食品药品犯罪停止形态认定上，司法机关应当以涉案人员实际完成销售行为，作为认定犯罪既遂和未遂的标准。

关键词： 食品药品犯罪　主观明知　销售金额　停止形态

食品安全关系到最广大人民群众的切身利益，是中央全面建成小康社会战略布局中关注的重大民生和民心工程。为响应中央关于食品安全的"四

---

[*] 课题组组长：高孝义，上海市人民检察院第三分院（铁检分院）副检察长；课题组成员：吉永华、蒋德海、孙秀丽、陆锋、韩东成、金华捷。

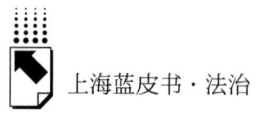

个最严"要求①，最高人民检察院先后布置开展了三次"食品药品犯罪专项立案活动"，上海市委、市政府也提出了"努力建成市民满意的食品安全城市，全力保障广大市民'舌尖上的安全'"的新目标。

在此背景下，上海检察机关在打击食品药品犯罪方面应当有所作为，积极为"舌尖上的安全"提供司法保障。根据中央政法委《设立跨行政区划人民法院、人民检察院试点方案》要求，上海市人民检察院出台《关于市检三分院职能管辖的暂行规定》，明确市检三分院管辖跨地区的重大食品药品安全刑事案件。在两年多的试点过程中，市检三分院办理了"11·25"日本神户牛肉、"9·10"生产、销售假冒婴幼儿乳品案和以工业氯化钠冒充药用氯化钠等一批在全国有影响的重大食品药品类犯罪案件，不仅沉重打击了相关犯罪，取得了较好的法律效果和社会效果，也发现在相关领域中的诸多法律适用问题。

为解决这类法律适用问题，统一司法适用标准，课题组结合案件办理中的实际情况，对认定犯罪中的经验做法及疑难问题的对策思考进行阐述。

一 食品药品犯罪案件的基本情况

本课题中的"食品药品犯罪"，是指生产、销售假药，劣药，不符合安全标准的食品，有毒、有害食品以及其他不符合产品质量标准的食品、药品或者未取得相关经营许可证，生产、销售上述食品、药品的犯罪行为。本部分将对上海市检三分院办理的食品药品刑事案件的基本情况及疑难问题进行梳理。

（一）食品药品犯罪的现状特点

从2015年8月至2017年9月底，上海市检三分院共办结食品药品刑事案件共计78件，其中一审16件、二审62件；2015年7件，2016年39件，

---

① "四个最严"要求：最严谨的标准、最严格的监管、最严厉的处罚、最严肃的问责。

2017年年初至9月底共计32件。根据前期案件移送情况，我们可以预测到2017年的办案数量将超过2016年。据此，近三年市检三分院办结的食品药品刑事案件的数量呈逐年上升趋势。

经统计，案件中实际触犯的罪名包括：生产、销售不符合安全标准的食品罪，生产销售有毒、有害食品罪，生产、销售假药罪，生产、销售伪劣产品罪，生产、销售假冒注册商标的商品罪。其中，触犯生产、销售有毒、有害食品罪的比例最高，约占42.3%；触犯生产、销售假药罪的比例居其次，约占40%。

涉案的食品种类包括饮用水、精食盐、牛肉、黄酒、白酒、啤酒、葡萄酒、婴幼儿奶粉、保健品、巧克力糖果等人民群众生产生活必需品。涉案的药品种类包括麻醉剂、美白针剂、肉毒素、性保健品、药酒等，其中涉性保健品案件比例达到了20.5%，涉案药品属于按假药论处的案件也达到了7.7%。

不同类案件中，涉案人员存在不同特点。小微案件中，涉案人员往往文化程度较低，多为熟人共同作案。经研究发现，涉案人员多为个体户、无照商贩、社会闲散人员等。单位涉案人员大多为高中以上学历，甚至研究生学历，且多为相关公司员工，涉案人员以公司形式进行生产、销售，其犯罪规模大、产量高，具有较高的社会危害性。

在犯罪的组织形式上，食品药品犯罪呈现出团队化、专业化的趋势。实务中查处的食品药品犯罪案件多为团伙作案，涉案人员之间分工明确、相互配合，涉及生产、仓储、运输、销售等环节，形成了严密的上下游产业链。例如，在一系列销售不符合安全标准的牛肉案件，生产、销售"贝因美""雅培"奶粉案中，疫区牛肉、涉案奶粉等涉案食品的采购、仓储、运输、销售等环节都有明确的分工。

（二）食品药品犯罪认定中存在的问题

在犯罪主观要件认定上，对象主观明知的认定是实务中的难点。食品药品犯罪触犯的罪名都是故意犯罪，司法机关须证明涉案人员明知涉案的物品

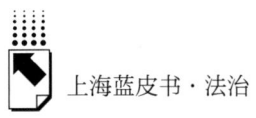

系《刑法》规定的特定犯罪对象。由于这类犯罪对象的外形特征在大多数情况下并不明显，有时与同类合格产品难以区分。在不少案件中，司法机关须依靠涉案人员的供述认定其主观明知。但是，涉案人员到案后通常都会对其主观明知作出辩解，这对司法机关认定涉案人员的主观明知造成困扰。

犯罪停止形态的认定是实务中犯罪情节认定环节的难点。由于食品药品犯罪的案发情形具有特殊性，这类案件的犯罪停止形态认定存在争议。实务中，大多数食品药品犯罪案件的涉案人员通常在销售场所、仓储场所或其住所被侦查机关抓获。涉案人员到案时，部分涉案物品已经实际销售，部分涉案物品尚处于待销售的状态。如果严格遵循犯罪停止形态理论，这类行为确实很难成立犯罪既遂。如果司法机关一概将这类情形认定为犯罪未遂，则很难体现从严打击食品药品犯罪的刑事政策。这种情形对司法机关认定犯罪的停止形态造成困扰。

实务中，食品药品犯罪危害结果的认定问题争议较大。分歧的焦点既有证据审查认定问题，也有部分法律适用问题。证据审查方面，一种意见从指控犯罪的角度出发，认为只要案件中的实物证据可以得到补强，证据一般就达到确实充分的程度。另一种意见则从有利于被告人的角度出发，认为尚未排除合理怀疑，无法认定犯罪事实。这也造成法检机关在认定危害结果环节时争议较大。

二 食品药品犯罪案件危害结果认定的做法

实务中，司法机关对于食品药品犯罪中销售金额及其他危害结果的认定争议较大。市检三分院在办理这类案件中，通过剖析法律规定术语的外延以及限定刑事证据中的"合理怀疑"等方式，在危害结果认定方面取得成效并形成经验。课题组结合两则典型案例，对这类做法进行阐述。

（一）立足术语外延，精确解释条文规定

某些药品犯罪案件中，涉案人员在销售假药、劣药的同时，存在赠送同种型号药品的情节。如果赠送情节查证属实，如何认定这类案件中的销售金

额，实务中存在不同意见。经梳理，争议的焦点主要有两个：一是如果涉案药品系涉案人员自行生产，赠送的药品是否要计入生产行为的涉案金额；二是在计算查扣的未销售涉案物品时，是否需考虑赠送情节。课题组以查某生产、销售假药案为例，对上述问题进行分析。

2014年起，查某在外采购各种中药材、白酒等原材料，在其租住地自行泡制药酒，并且定制酒瓶进行分装，对外以"药王酒"的名义进行销售，同时宣称该"药王酒"具有治疗颈椎肥大、痔疮、关节疼痛等效果。至案发，查某共计销售所得人民币近3万元。2017年4月，查某被抓获，公安机关查扣分装待售的"药王酒"406瓶。经认定，上述"药王酒"应依法认定为按假药论处的假药。在案证据中，司法机关查扣的记账本显示有大量赠送药王酒的情况存在，查某也在供述中反映其在销售药酒的过程中存在赠送的情况，证实"赠送情节"真实存在。

案件审理过程中，司法机关对于生产环节的销售金额的认定存在争议。检察机关认为，已经赠送的药王酒不应计入生产环节的销售金额；侦查机关认为，已经赠送的药王酒作为计算销售金额的基数，在计算涉案金额方面可以药王酒的成本价作为确定单价的依据。课题组认为第一种观点较为合理。虽然赠送的药王酒同样流入市场，并对市场秩序造成侵害，但是，我们对刑事法律规范的解释不能超出用语本身的字面含义。既然最高人民法院、最高人民检察院《关于办理危害药品安全刑事案件适用法律若干问题的解释》（以下简称《药品犯罪司法解释》）将药品犯罪的销售金额限定为已得和可得的违法所得，司法机关不应将赠送的药王酒作为计算销售金额的基数。法院采纳检察机关的意见，未将赠送的药王酒的成本价记入销售金额。

在查扣的涉案物品销售金额计算方面，辩护人指出，查扣的药王酒中也有部分会用于赠送，因而在计算涉案数额时，不应将查扣的406瓶药王酒均计入涉案数额。课题组认为，辩护人的主张于法无据。假药犯罪案件中的销售金额包括已得的销售金额与可得的销售金额。可得的销售金额通常是以查扣的未销售的涉案物品为基数予以计算的，无须涉案人员实际获取。案件中，司法机关查扣的406瓶药王酒显然属于未销售的涉案物品。因此，以查扣的406瓶药王酒为基数，计算可得的销售金额符合《药品犯罪司法解释》的相关精神。法院未采纳辩护人的意见，将全部查扣"药王酒"认定为"待销售"的涉案物品，一并计算销售金额。

课题组认为，在这类假药案件中，如果确有证据证实查扣的涉案物品中有部分涉案物品并非用于销售，司法机关应当将这部分涉案物品予以扣除。例如，涉案人员的供述及其他相关证据证实，用于赠送的涉案物品与销售的涉案物品分开存储，司法机关在查扣涉案物品时查证确属实情的；再如，涉案人员的供述及其他相关证据证实，用于赠送的涉案物品与销售的涉案物品分属不同型号，司法机关在查扣涉案物品时查证确属实情的。在这类情形下，司法机关不宜将所有查扣的涉案物品均作为计算可得销售金额的基数。

（二）排除合理怀疑，准确采信在案证据

林某销售不符合安全标准的食品案中，司法机关对于危害结果认定的分歧主要在两个方面：一是涉案的牛肉是否来自疫区；二是销售金额如何认定。这两个问题均涉及如何排除合理怀疑。

2015年至2016年3月间，林某为牟取非法利益，在上海租赁冷库，从广东等地购进大量无食品质量合格证明、检验检疫证明的来自英国、美国等疫区的牛肉冻品，并非法销售给他人。经检测，上述涉案牛肉冻品中，从林某处查扣的美国牛仔骨3支骨含有莱克多巴胺成分。

该案办理过程中，司法机关的争议焦点主要集中在两个方面：一是涉案的牛肉是否属于来自疫区的牛肉。这关系到该案中销售涉案牛肉的行为是否能以销售不符合食品安全标准的食品罪定性。二是林某的涉案数额认定。

在涉案牛肉来源的事实认定上，法检机关有两种不同意见。

检察机关认定涉案牛肉来自美国、英国等疫区的主要证据：①涉案牛肉的"刑事摄影照片"，该证据客观反映了涉案牛肉的外文包装、外文标签、生产国家等包装情况，证实涉案牛肉来自英国、美国、爱尔兰等国家的事实。②牛肉冻品中检出莱克多巴胺，此类物质在美国允许在饲养中添加，但为我国所禁止。

法院认为，涉案牛肉来自英国、爱尔兰、美国等疫区的事实存在合理怀疑。虽然涉案牛肉的外包装上有国家、工厂注册号、牛肉品种、重量等内容，但无法确定该外包装在流转过程中有无被更换。

课题组认为，除非有在案证据与涉案"刑事摄影照片"反映的事实相冲突或者有相关依据可以反映涉案的牛肉确实在中途被更换包装，司法机关原则上应当认定涉案牛肉来自美国、英国等疫区。同时，第二种意见对于"更换包装"的怀疑本身也不具有合理性。由于更换包装的经济成本较高，销售商除非有特殊需要，一般不会轻易更换包装。除此之外，涉案牛肉中被检测出莱克多巴胺成分。此类物质在美国允许添加，但为我国所禁止。该检测结果无疑可以加强内心确信。据此，认定涉案牛肉来自美国、英国等疫区已经可以排除合理怀疑。

在林某销售金额认定方面，法检机关对侦查机关从林某处查扣的涉案牛肉的销售金额认定存在不同意见。

检察机关认为，侦查机关于2016年3月从林某处查扣的含有莱克多巴胺的牛肉（美国牛仔骨3支骨）的销售金额认定，应以林某的2016年"现金日记账"中记载的最接近案发时间段的2016年1月的销售金额（每千克64元）来认定同种类牛肉的销售金额（同种型号牛仔骨历史最低价格为每千克61元）。

法院认为，根据"现金日记账"记载，被告人林某在2016年1月销售过相同品种的牛肉，但因未查扣到牛肉实物并送检，故无法认定2016年1月林某销售的是不符合食品安全标准的食品，亦无法以"现金日记账"上记载的价格认定查扣在案的涉案的牛肉价格。结合林某到案后稳定的供述，第二种意见以其供述的每千克52.3元的购入价认定被查扣的牛肉金额。

课题组认为，最接近案犯时间段的单价确实较能反映案发时期同种型号牛肉的市场价格。但是，林某除销售涉案的不符合食品安全标准的牛肉外，也销售来自巴西等地区的合格牛肉，因此，无法排除2016年1月林某销售合格牛肉的可能性。第二种意见没有认定64元每千克作为查扣牛仔骨3支骨的单价，确有合理性。然而，第二种意见以林某供述的每千克52.3元采购价认定为查扣牛肉的销售单价也有欠妥之处。首先，该价格不能客观反映查扣牛仔骨的销售价格。林某的供述属于言辞证据，且每千克52.3元的单价系采购价格。如果没有其他实物证据可以认定涉案牛肉的销售单价，司法机关以林某供述的采购单价作为认定销售单价的依据尚有合理之处。但是，在林某销售不符合食品安全标准的食品案中，司法机关完全可以根据"现金日记账"中的历史最低价确定查扣牛肉的涉案单价。事实上，以"现金日记账"中同种型号牛仔骨历史最低单价（每千克61元）作为查扣的牛仔骨销售单价，不仅在证明效力上高于林某的供述，而且每千克61元的单价已经体现了有利于被告人的精神，并能够排除该价格系合格产品的销售价格的可能性。

应该看到，上述两个问题均涉及了如何排除合理怀疑的问题。课题组认为，刑事诉讼中"合理怀疑"的成立不宜随意扩张。这是因为，我国刑事诉讼证明标准的客观性较强。在入罪环节，司法机关原则上是以证据之间形成印证关系，作为证据确实、充分的标准。那么，在出罪环节，司法机关不能仅仅根据涉案人员单方面的辩解或者存在其他可能性，就一概认定存在合理怀疑。如果涉案人员的辩解或者案件中存在的其他可能性本身就属于主观臆断，缺乏客观依据，这当然不属于合理怀疑的范畴。结合我国刑事诉讼的证明标准，只有在涉案人员的辩解、案件的客观情况确有合理性或者涉案人员提供合理依据的情形下，我们才能认为案件事实存在"合理怀疑"。

三 食品药品犯罪中相关疑难问题的对策思考

实务中，食品药品犯罪中主观明知的认定以及停止形态的认定是案件办理中的疑难问题。对于这类问题，实务界和理论界都有不同的主张。课题组结合市检三分院在办理这类案件过程中的实际情况及相关刑法论述，对上述两个问题提出对策思考。

（一）主观明知认定的思考

食品药品犯罪触犯的罪名中都有特定的犯罪对象。实务中，涉案人员到案后都会对其主观明知作出辩解。因此，如何根据在案证据及案件具体情况认定涉案人员的主观明知，无疑是司法机关办理食品药品犯罪案件所面临的问题。

行为人对犯罪对象的"明知"包括"确实知道"以及"应当知道"。"应当知道"是指行为人虽然对其主观明知的事实拒不供述，但是司法机关根据其他证据或是行为人的客观举动推定行为人对犯罪对象具有"明知"。事实上，"明知"认定的难题主要集中在司法机关如何认定"明知"中的"应当知道"。

课题组认为，司法机关可以通过推定的方式，对行为人是否对犯罪对象具有"明知"作出认定。所谓推定，是指根据两个事实之间的"常态联系"，当某一事实存在时就可以认定另外一个事实的存在，即从已知的事实推导出未知的事实的逻辑思维活动。①

实务中，在行为人符合基础事实的情况下，行为人通常会对基础事实作出解释。如果该解释确有合理性，司法机关能否推翻所推定的事实？对此问题，实务中看法不一。意见分歧源于相关司法解释的规定，有的司法解释在规定相关推定制度时为行为人预留了"作出合理解释"的空间，而有些司法解释则没有这一规定。②

课题组认为，在推定过程中，司法机关应当允许行为人作出合理解释。正如前述，推定中基础事实和待证事实的因果联系源于经验法则。而经验法则也可能存在例外情况。如果司法机关将例外情况作为推定成立的依据，显然违背了推定制度赖以成立的逻辑基础。基于此，在推定制度中，只要行为人对基础事实作出了合理解释，即便先前的推定行为符合经验法则和客观规律，待证事实也能被推翻。

---

① 李明：《诈骗罪中"非法占有目的"的推定规则》，《法学杂志》2013年第10期。
② 例如，2009年最高人民法院《关于审理洗钱等刑事案件具体应用法律若干问题的解释》第1条第2款规定，具有下列情形之一的，可以认定被告人明知系犯罪所得及其收益，但有证据证明确实不知道的除外。这则司法解释就为行为人作出合理解释留出了空间。2003年"两高"、公安部、国家烟草专卖局《关于办理假冒伪劣烟草制品等刑事案件适用法律问题座谈会纪要》第2条具有闭合性，没有为行为人的解释留出空间。

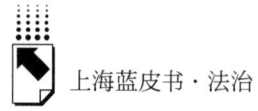

值得注意的是，行为人作出解释必须具有合理性，否则，行为人作出的解释就不能推翻先前推定的事实。课题组认为，行为人作出的解释须遵循经验法则或得到相关证据证实。在司法机关对推定中基础事实已经完成举证的情况下，行为人提出的辩解也应达到一定的证明标准。如果行为人能够提交相应的证据，与其辩解相互印证，辩解的事实就能得到证实，司法机关也应当采信其辩解。如果行为人的辩解本身遵循经验法则，辩解的证明力得到补强，即便行为人没有提交相关证据，司法机关也可以采信其辩解。

结合实务中具体情形，课题组对一些较为常见且可以作为基础事实的情形进行归纳和分析，以期为司法机关认定涉案人员的主观明知提供借鉴思路。

在药品犯罪中，如果案件中有以下几种情形，涉案人员无法作出合理辩解的，司法机关可以推定其具有主观明知。

（1）药品的包装上没有批号的。药品的生产、销售须经过相关部门的批准。获得批准的药品在包装上都会标注相应的批号。如果涉案的药品包装上没有批号，司法机关可以推定涉案人员具有主观明知。

（2）仓储场地明显不符合行业要求的。药品的仓储一般需要具备相应的卫生、温度、湿度、技术等条件和要求。如果案件中仓储药品的场地明显不符合上述条件的，司法机关可以推定涉案人员具有主观明知。

（3）涉案药品与其他合格药品分开仓储的，在正常药品经营活动中，为便于销售、提取、运输，同类药品一般都会集中仓储。如果涉案的药品与同类合格药品是分开存储的，司法机关可以推定涉案人员具有主观明知。

（4）涉案药品的销售价格明显低于合格药品的。正常的经营销售活动一般不会无故出现以明显低价出售商品的情形。如果案件中存在以明显低价出售涉案药品的异常情形，司法机关可以推定涉案人员具有主观明知。

（5）负责单位经营业务的主管人员。这类人员对于药品的生产、销售的环节，申请报批的程序以及质量、成分标准、来源因素通常具有决定和审批的职责。如果涉案人员具有上述职责或身份，司法机关可以推定其具有主观明知。

在食品犯罪中,如果案件中有以下几种情形,涉案人员无法作出合理辩解的,司法机关可以推定其具有主观明知。

(1) 涉案食品的外形与合格食品存在明显差异。严重变质的食品通常在质地、色泽、气味上会与合格产品存在明显差异。如果涉案食品存在上述异常特征,司法机关可以推定涉案人员具有主观明知。

(2) 涉案食品的销售价格明显低于同类合格食品的。正常的经营销售活动一般不会出现以明显低价出售商品的情形。如果案件中存在以明显低价出售涉案食品的异常情形,司法机关可以推定涉案人员具有主观明知。

(3) 涉案食品的包装不符合规范要求、没有标注保质期或者涉案食品已超过包装上注明的保质期。诸如食盐等部分食品的包装有固定的行业标准。如果涉案人员使用的包装明显不符合行业的规范要求,司法机关可以推定其具有主观明知。同时,食品包装一般都会标注保质期,食品行业的经管人员通常都会对食品的保质期进行核查。如果涉案食品包装上没有保质期或者已经明显超过保质期的,司法机关可以推定涉案人员具有主观明知。

(4) 仓储时间明显超过正常情形的。诸如海鲜、牛肉等食品的保质期较短,正常情况下无法长时间仓储。如果涉案食品属于这类时鲜食品且仓储时间明显超过正常情形的,司法机关可以推定涉案人员具有主观明知。

(5) 未对涉案食品作检验、检疫。通常情况下,流入市场的食品都要经过检验、检疫。如果涉案的食品未经检验、检疫即由涉案人员予以销售,涉案人员对于食品犯罪往往具有概括故意。司法机关可以据此推定其具有主观明知。

(6) 生产、仓储场地明显不符合行业要求的。食品的生产、仓储一般需要具备相应的卫生、温度、湿度、技术等条件和要求。如果案件中生产、仓储食品的场地明显不符合上述条件的,司法机关可以推定涉案人员具有主观明知。

(7) 涉案食品与同类合格食品分开仓储的。在正常食品经营活动中,为便于销售、提取、运输,同类食品一般都会集中仓储。如果涉案的食品与同类合格食品是分开存储的,司法机关可以推定涉案人员具有主观明知。

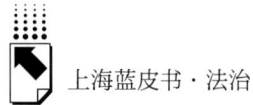

(8) 负责单位经营业务的主管人员。这类人员对于食品的生产、销售、检验检疫的环节以及质量、成分标准、来源因素通常具有决定和审批的职责。如果涉案人员具有上述职责或身份的,司法机关可以推定其具有主观明知。

(9) 食品生产、销售人员未履行索证索票义务的。《食品安全法》及相关行政法规均规定,食品经营者采购食品应当查验供货者的许可证和食品合格的证明文件。如果食品生产、销售人员未履行该法定义务的,可以反映其主观上对于食品犯罪中的危害结果具有放任态度,司法机关可以据此推定其具有主观明知。①

课题组归纳的上述基础事实无法囊括所有推定情形。实务中,司法机关还可以结合在案证据,从仓储管理人的证言、同案犯的指证等角度,认定涉案人员的主观明知。

(二)停止形态认定的思考

实务中,由于食品药品犯罪的行为方式及这类案件的案发情况具有一定的特殊性,这类犯罪的停止形态认定问题也存在不同意见。

案发过程中,侦查机关或行政执法机关一般会在涉案人员的销售或仓储场所查获大量存在质量问题或者缺少审批手续的食品药品。有些涉案人员已经销售了部分涉案物品;有些涉案人员尚未销售涉案物品即被有关部门查获。因而,在实际办案过程中,食品药品犯罪既未遂方面的疑难问题主要集中在销售环节。对于这类尚未销售或尚未全部完成销售涉案物品的情形应如何认定其犯罪停止形态,实务中不无争议。

对于这类问题,实务中主要有两种代表性意见。②

第一种观点(前置说)认为,涉案物品进入销售领域,就认定犯罪行为成立既遂,所有查扣的涉案物品均计入涉案数额。这种观点是主要从实务

---

① 《中华人民共和国食品安全法》第39条规定,食品经营者采购食品,应当查验供货者的许可证和食品合格的证明文件。
② 上述两种观点系课题组根据实务中的意见自行归纳。

中案件特点及相关司法解释规定的角度予以分析的。实务中，绝大多数食品药品案件的案发表现为现场查获大量涉案物品。如果严格根据传统既未遂认定的刑法理论以犯罪未遂处理，不利于体现严惩食品药品犯罪的刑事政策。同时，《药品犯罪司法解释》①扩大了"销售"的含义。因而，食品罪中的"销售"也可以参照该条规定予以认定。

第二种观点（折中说）认为，涉案物品进入销售领域系犯罪着手的标志，犯罪既遂的成立须以存在销售行为为前提。如果在案证据可以证实涉案人员实施了销售行为，即认定成立犯罪既遂，所有查扣的涉案物品均计入涉案数额；如果在案证据不能证实案件中存在销售行为，即认定成立犯罪未遂。这种观点结合了相关司法解释的规定、②犯罪既未遂的刑法理论以及实务中大量案件由侦查机关现场查获的实际现状。

应该看到，上述两种意见都是以犯罪既未遂刑法理论作为论述的基点，分歧主要在于如何在现行法律框架下并在有限的范围内对既未遂刑法理论作出适度突破。

结合犯罪既未遂的刑法理论以及认定机制的可操作性，课题组认为第二种观点的处理意见较为妥当，既有理论和法律依据，也兼顾了实务中食品药品犯罪的现状，能有效处理和解决"已销售"和"未销售"状态并存的问题。相比之下，第一种观点缺乏理论依据。

第一种观点有利于从严打击食品药品犯罪，但是，这种处理意见的弊端主要反映在缺少理论的支撑。《药品犯罪司法解释》中关于医疗机构、医疗机构工作人员的规定不具有普遍适用性。刑事法律规定存在注意规定与法律拟制之分。注意规定的主要内涵在于这种规定主要起提示性作用，并不改变

---

① 《药品犯罪司法解释》第六条第二款规定，医疗机构、医疗机构工作人员明知是假药、劣药而有偿提供给他人使用，或者为出售而购买、储存的行为，应当认定为《刑法》第一百四十一条、第一百四十二条规定的"销售"。

② 《药品犯罪司法解释》第十五条规定，本解释所称"生产、销售金额"，是指生产、销售假药、劣药所得的和可得的全部违法收入。其中"所得"针对的是已销售，"可得"针对的是未销售。

对犯罪行为进行定性的原有规定。① 法律拟制则与之相反，是指立法者将不同事物等同对待，赋予其相同法律效果的立法活动。② 由于法律拟制是对于不同的事物赋予相同法律效果，因而其适用范围具有局限性，只能适用于该规定所指向的特定范围。课题组认为，判定某些规定属于注意规定还是法律拟制的依据，在于判断规定中的内容是否突破了其原有的法律定性。《药品犯罪司法解释》中关于医疗机构、医疗机构工作人员的规定本质上是对"销售"行为的界定。销售在文义上应解释为"出售"；无论是从目的解释还是从体系解释角度分析，食品药品犯罪中的"销售"无须在文义解释的基础上作扩大或者限缩解释。《药品犯罪司法解释》第六条第二款对药品犯罪中的"销售"定义显然超出了药品犯罪中"销售"的含义。由此可见，《药品犯罪司法解释》第六条第二款规定具有法律拟制的性质，只能适用于医疗机构、医疗机构工作人员实施假药犯罪的场合。

在现行法律框架下，第二种观点较为合理且具有操作性。虽然这种处理意见也突破了犯罪既未遂的理论，但是，食品药品犯罪在行为方式及行为对象上具有特殊性，理论上的突破确有必要。

食品药品犯罪案件中，涉案物品的计量都有其固有的单位，具有可分割性。例如，涉案的药品通常是以支、盒等单位计量的；涉案的食品一般是以千克、包、盒、罐等单位计量的。涉案物品也是由若干单位的食品药品组成，且相互之间具有独立性。据此，涉案的物品从其内部组成角度分析，具有可分割性的特点。实务中一般不存在单次销售行为就能将库存的涉案物品售罄的情形，涉案物品的销售也有一个由少到多、逐步清空库存的过程。同时，实践中的食品药品犯罪通常表现为一种持续的经营行为。涉案人员着手实施犯罪后，其行为就持续处于销售状态中。而涉案人员具体实施的销售行为以及犯罪着手以后持续存在的销售状态是同时存在的。在犯罪认定中，这些已经实施完成的销售行为以及客观存在的销售状态需要整体评价。司法机

---

① 李振林：《刑法中法律拟制论》，法律出版社，2014，第204页。
② 李振林：《刑法中法律拟制论》，法律出版社，2014，第16页。

关既要对已经实施的具体销售行为进行认定,也要评价持续存在的销售状态。从行为对象角度分析,已经实施的具体销售行为所对应的对象即是"已销售"的涉案物品;持续存在的销售状态所对应的对象即是剩余的"未销售"的涉案物品。正因如此,食品药品犯罪案件才会出现这种特殊情形:在同一犯罪行为过程中,具体的销售行为与持续的销售状态同时存在,并分别与"已销售""未销售"的涉案物品相对应。

因此,食品药品犯罪的既未遂认定需要作出理论突破,否则很多食品药品犯罪案件在处理环节都会遇到障碍。

B.8 上海市走私犯罪检察工作实证研究（2015~2017年）

陆建强 王幼君 张 亮*

摘 要： 2015~2017年，针对上海市走私犯罪案件所具有的单位犯罪呈现高发、低报型走私犯罪手段多样化，非涉税型走私案件发案率上升，海外代购型走私案件涌现，跨境电子商务型走私出现，自贸区内走私犯罪风险增大等特点及趋势，上海市人民检察院第三分院切实展现跨行政区划检察院工作新作为，在打击走私犯罪领域取得显著成效。下一阶段，将从平台建构、队伍建设、发展促进、宣传创新、改革保障等多方面着力，围绕新目标，找准服务保障大局的切入点和着力点，加大对破坏市场经济秩序、影响自贸区建设、破坏环境资源等走私犯罪的打击、监督力度，不断完善刑事检察工作机制，提升检察工作质量和水平。

关键词： 走私犯罪 跨区划检察工作 自贸区建设

走私犯罪直接侵犯国家的外贸管理制度，严重影响国家关税征收，冲击国内市场，具有很大的社会危害性。长期以来，上海市执法部门一直对走私违法犯罪保持高压打击态势，很大程度遏制了走私违法犯罪的高发。随着当前我国经济全面转型发展，特别是在经济全球化大背景下，上海市的走私犯

---

* 陆建强，上海市人民检察院第三分院党组书记、检察长；王幼君，上海市人民检察院第三分院检察官；张亮，上海社会科学院法学研究所助理研究员。

罪手段也在不断发生变化，呈现出专业化、隐秘化、网络化等新趋势，对发现、查处、制裁走私犯罪也提出了新的要求。2014年12月28日，上海市人民检察院第三分院（以下简称"上海三分院"）作为全国第一家跨行政区划检察机关正式成立。根据《上海市人民检察院关于市检察三分院职能管辖的暂行规定》，上海三分院从2015年1月1日起正式办理海关所属公安机关侦查的走私刑事案件。2015~2017年，上海三分院立足检察职能，与上海市第三中级人民法院、上海海关缉私局等相关职能机关分工负责，互相配合，互相制约，建立完善了一系列沟通协调工作机制，合力打击、预防各类走私违法犯罪行为，成效显著。本报告以三年来上海三分院所办理走私犯罪案件为实证材料，对上海市走私犯罪的发案概况、特点、趋势，相关检察工作的重点、难点，以及新时代加强预防和惩治走私犯罪的对策建议进行分析。

一　上海市走私犯罪概况

（一）办案基本情况

自2015年1月1日起正式办理海关所属公安机关侦查的走私刑事案件以来，截至2017年12月31日，上海三分院共受理海关走私犯罪批准逮捕案件160件/269人。其中，2015年受理45件/74人，2016年受理59件/100人，2017年受理56件/95人（见图1）。经审查，对115件/190人作出批准逮捕决定。同时，对无逮捕必要的42人作出相对不捕决定。

受理海关走私犯罪审查起诉案件301件/739人。其中，2015年受理77件/188人，2016年受理118件/308人，2017年受理106件/243人（见图2）。经审查，对242件/602人提起公诉，对15件/26人作出相对不起诉决定（见图3）。

（二）走私犯罪要点分析

1. 犯罪主体分析

从犯罪主体看，利用公司、企业等组织形式进行的单位涉税走私案件属

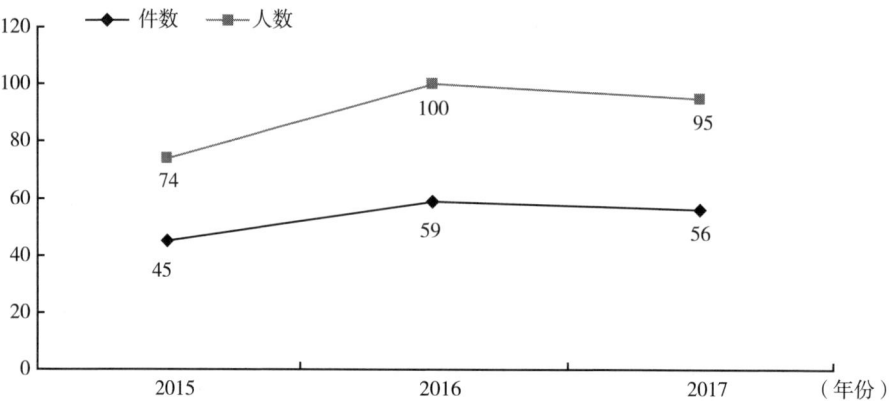

图1　2015～2017年审查批准逮捕案件

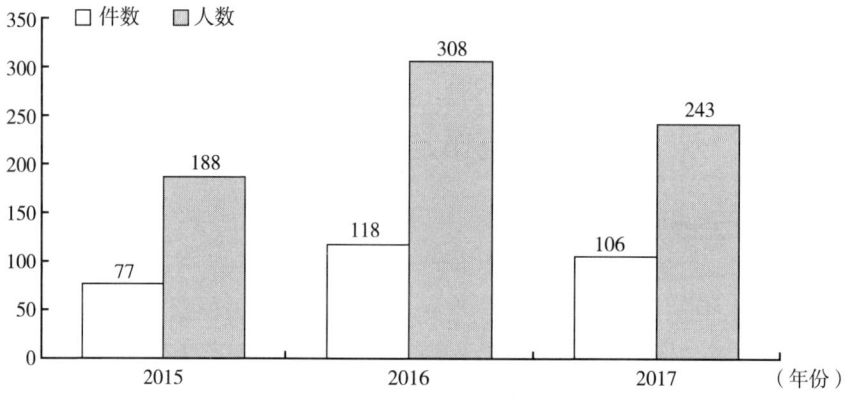

图2　2015～2017年受理审查起诉案件

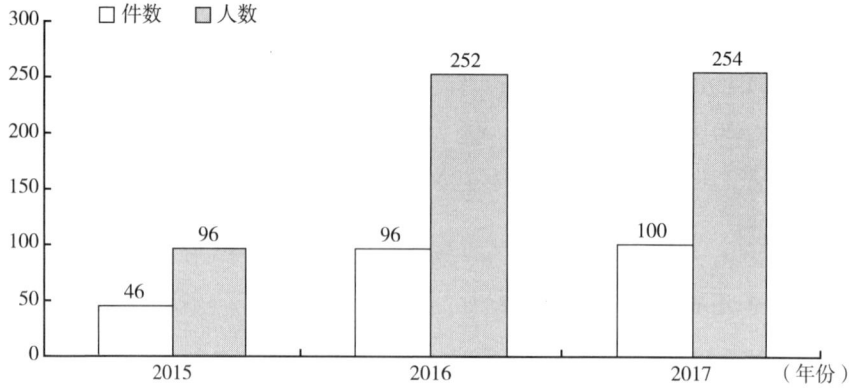

图3　2015～2017年提起公诉案件

于常态。近三年来,本院受理审查起诉的301件走私案件中,涉案单位犯罪案件191件,犯罪嫌疑单位达208个,单位犯罪率约为63.46%,且涉嫌罪名主要集中于走私普通货物罪。

从犯罪嫌疑人文化程度看,受理审查起诉的301件案件中,绝大部分犯罪嫌疑人文化程度较高,其中具有大专以上文化程度的有290人,约占54.61%;具有研究生及以上学历的人员32人。此外,外籍犯罪嫌疑人39人,港台地区犯罪嫌疑人24人,分别约占7.34%、4.52%,罪名主要涉及走私毒品罪、走私普通货物罪及走私珍贵动物制品罪。

2. 犯罪对象分析

近年来,走私犯罪案件涉及的对象种类越来越多,囊括了走私普通货物、物品,走私毒品,走私珍贵动物、珍贵动物制品,走私国家禁止进出口的货物,走私废物等。截至2017年,上海三分院受理审查批捕案件及审查起诉案件中,走私普通货物、物品案件占比分别达65.63%、75.75%,占比处于绝对高位。同时,走私象牙、穿山甲鳞片、欧洲鳗鲡鱼苗、日本拟水龟等珍贵动物及其制品类案件近年来持续高发,案件呈上升趋势,在受理审查批捕案件及受理审查起诉案件中,占比分别达9.38%及10.30%(见图4、图5)。

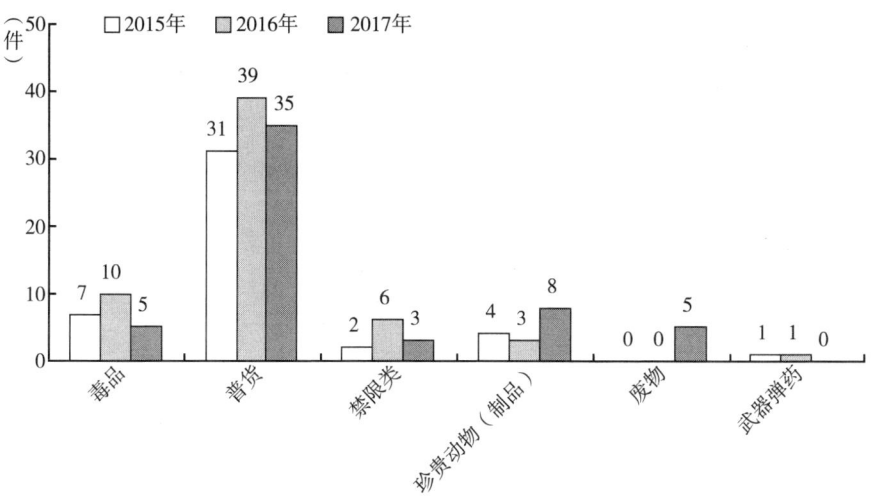

图4 审查批准逮捕案件罪名分布

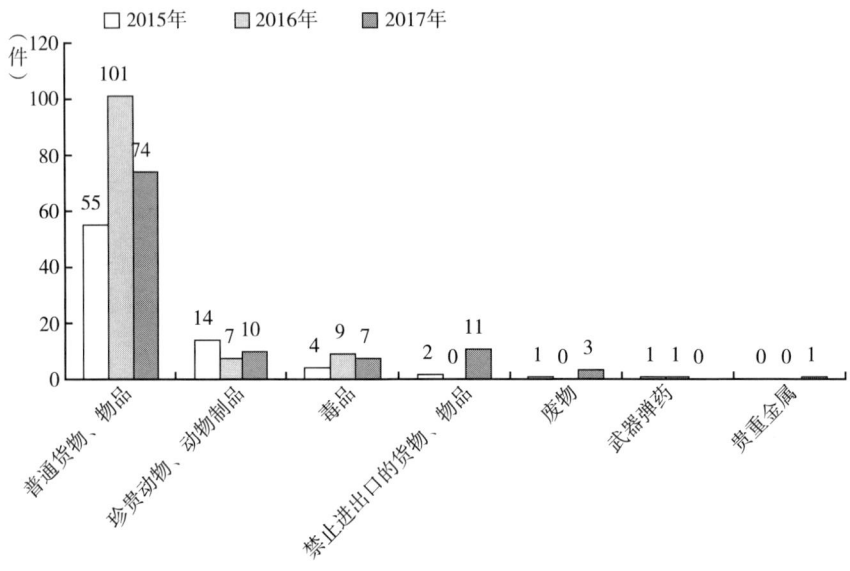

图 5　审查起诉案件罪名分布

3. 犯罪手段分析

从犯罪手段表现形式而言，具体有以下几种：一是携带型走私，即携带货物、物品在机场入境时选走无申报通道，以未向海关申报的方式进行走私。罪名主要涉及走私普通货物、物品罪及走私珍贵动物制品罪。二是低报型走私，即犯罪嫌疑人（单位）为降低经营成本、牟取非法利益，采取低报价格的方式向海关申报进口货物，偷逃关税进行走私。低报型走私案件占受理案件数比重较高，涉及罪名为走私普通货物罪。三是邮寄型走私，即犯罪嫌疑人以国际快递的方式从境外寄来违禁品进行走私。近年来，上海海关缉私局查获了多起通过国际邮递的方式走私枪支、毒品等，邮寄走私成为一种新型走私活动。四是接驳型走私，即犯罪嫌疑人驾驶船舶从外箱船舶上以过驳柴油的方式进行走私。

4. 刑罚分析

从法院判决的情况来看，虽然不乏在人赃俱获或者被海关查获线索后方如实交代犯罪事实的犯罪嫌疑人，以及到案后拒不供述的犯罪嫌疑人，但绝大多数犯罪嫌疑人能在接受海关调查询问的过程中主动如实交代走私犯罪事实并提供真实单证材料，故自首适用率较高。其中，2015 年的 67 件案件中，被法院认定具有自首情节的有 74 人 38 单位，认定具有坦白情节的有 33 人 1 单位；2016 年宣判的 97 件案件中，被法院认定具有自首情节的有 118 人 65 单位，认定具有坦白情节的有 45 人 8 单位；2017 年宣判的 61 件案件中，被法院认定具有自首情节的有 70 人 38 单位，认定具有坦白情节的有 32 人 4 单位。总体而言，自首认定率达 67.18%。

另外，走私犯罪作为经济型犯罪，区别于其他严重侵害人身权利的暴力型犯罪，在犯罪嫌疑人积极退赃退赔的情况下，结合宽严相济刑事政策和认罪认罚从宽制度的开展，走私犯罪案件非监禁刑适用率较高。从法院判决的情况来看，本院提起公诉的 242 件/602 人，目前已判决 225 件，其中被判处三年以下有期徒刑、拘役、管制的被告人 310 人，被判处三年以上十年以下有期徒刑的被告人 44 人，被判处十年以上有期徒刑、无期徒刑的被告人 23 人，另有 13 人被免予刑事处罚。被判处缓刑的共计 281 人，缓刑适用率约为 72.05%。

二 上海市走私犯罪的发案特点及其趋势

（一）单位犯罪高发

上海三分院成立以来受理的重大复杂走私犯罪案件，犯罪主体基本均为单位。2015 年度，受理单位走私犯罪案件 41 件，占比 53.25%；2016 年度，受理单位走私犯罪案件 87 件，占比 73.73%；2017 年度，受理单位走私犯罪案件 63 件，占比 59.43%。从 2015 年至 2017 年整体来看，单位犯罪案件占比均在 50% 以上。经济犯罪案件中利用公司、企业等组织形式进行走私犯罪属于常态。究其原因，对占绝对比重的走私普通货物、物品犯罪而言，一方面，自然人走私与单位走私定罪量刑标准差异巨大，另一方面，由于《公司法》的修改，设立各类公司的门槛降低，一人公司大量出现，涉嫌走私的单位逐渐以私营企业为主，且走私犯罪的利益最终归属于个人，这与自然人走私基本无异，使得自然人极易以单位犯罪为借口为自己减轻罪责。如在"上海某某国际贸易有限公司、钟某某走私普通货物案"中，上海某某国际贸易有限公司在为国内客户代理进口葡萄酒业务过程中，为牟取非法利益，自行制作虚假报关单证向海关申报进口货物，从中获取客户应当支付海关的税款差额。经上海浦江海关核定，上海某某国际贸易有限公司采用上述低报方法偷逃应缴税额共计人民币40余万元。最终，上海某某国际贸易有限公司犯走私普通货物罪，判处罚金人民币44万元。

（二）低报型走私犯罪手段多样化

低报型走私犯罪案件的典型犯罪手段在于通过少报数量、伪报品名、做低价格等价格瞒骗方式实施。近年来，该类型犯罪的犯罪手段逐渐由原始化、单一化向隐秘化、多样化转变，主要体现在：①隐匿真实原始单证。近年来开始出现境内外双方利用特殊的商业关系互相勾结，个别不法企业从境外发货环节就开始隐匿真实原始单证，开具虚假单证，供境内货主企业瞒报价格报关。甚至有时境内外双方根本不签订真实合同，亦无真实发票。②提供虚假折扣证明。犯罪嫌疑人联合境外外商提供涉案货物的虚假折扣证明等材料，给办案机关认定真实成交价格制造障碍。③调换真实货物。随着大通关建设的推进，进口转关运输业务逐渐增加，货物由进境地入境后，运往另一设关地点办理进口海关手续。在此业务模式下，境内货主在转关运输途中，勾结运输企业，通过调换货物方式将真实进口的高价值货物换装成价格低廉的塑料颗粒等货物，再行报关。如"上海某某国际贸易有限公司、马某某、宗某某走私普通货物案"中，上海某某国际贸易有限公司在进口纺织机械配件过程中，为牟取非法利益，在明知实际成交价格的情况下，指使员工宗某某使用境外供货商提供的虚假发票或自行制作的虚假发票，向海关低价申报进口货物共计164票。经上海吴淞海关核定，应缴税款共计人民币2000多万元。最终，上海某某国际贸易有限公司因犯走私普通货物罪被判处罚金人民币5000万元，相关责任人也被判处有期徒刑。

（三）非涉税型走私案件发案率上升

首先，从走私对象来看，非涉税型走私案件主要集中于珍贵野生动植物及其制品，例如从非洲走私象牙、穿山甲鳞片等动物制品，从旅检渠道走私欧洲鳗鲡鱼苗、日本拟水龟等，国内相关市场对此类物品的需求激增致使此类案件发案趋势上升。在"邹某某走私珍贵动物罪"中，邹某某从墨西哥城飞抵上海浦东国际机场，随身携带8只系星点箱龟、2只系卡罗来纳箱龟，均属于《濒危野生动植物种国际贸易公约》附录Ⅱ物种，但在关于走私的两个司法解释的附表中没有可参照的同属或者同科物种。最终本案根据走私动物的数量、走私次数、走私动物的珍贵程度以及是否造成走私动物死亡等案件情节，综合判断决定邹某某犯走私珍贵动物罪，情节较轻，判处有期徒刑一年六个月，缓刑一年六个月，并处罚金人民币三万元。

其次，走私毒品犯罪作为非涉税型走私案件，随着海关打击力度的加大，严打态势也使得此类案件破案数量不断上升。从三年来案件受理情况来看，为逃避检查和打击，不法分子贩毒、运毒手段不断更新，犯罪分子从通过旅检渠道，以人体藏毒或行李夹藏携带毒品闯关方式，到通过国际邮寄渠道方式运输毒品的案件日益增加。从走私毒品类型来看，近两年来出现了走私进口恰特草、走私出口精神类合成化合物的新型毒品形态。因此毒品犯罪作为国家打击犯罪的重点工作，此类案件将在一定时期内呈增长趋势。如在"黄某某走私毒品、非法持有毒品案"中，黄某某在明知他人委托其寄递至境外的粉末状、晶体状化学品可能是毒品的情况下，为获取非法利益，逃避海关监管，采用自行制作邮件面单，伪报品名的方式，通过邮政渠道为孙某某等人寄递上述物品出境，并将各货主委托其寄递的化学品堆放在自己住处。后上海浦东国际机场海关先后对黄某某通过丁某某（另案处理）寄往英国的7票国际邮件，以及通过李某某（另案处理）寄往英国、美国的4票国际邮件进行查验，从中查获大量白色、棕色晶体状以及灰白色固体状可

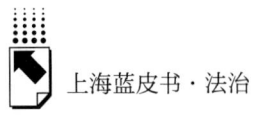

疑物品，遂将上述物品送交公安部国家毒品实验室鉴定。经鉴定，上述白色、棕色晶体状可疑物品共计净重8991.12克，从中均检出4-氯甲卡西酮成分；上述灰白色固体状可疑物品净重974.78克，从中检出N-（1-氨甲酰基-2-甲基丙基）-1-（环己基甲基）吲哚-3-甲酰胺成分。上海洋山海关缉私分局根据上海海关缉私局情报处提供的线索，派员至黄某某住处进行搜查，从其住处查获快递包裹34个（内含晶体状、粉末状可疑物品），以及大量散装晶体状、粉末状可疑物品，遂将其抓获。最终，黄某某因犯走私毒品罪，被判处有期徒刑七年，并处罚金人民币三万元；犯非法持有毒品罪，判处有期徒刑八年，并处罚金人民币五万元，决定执行有期徒刑九年，并处罚金人民币八万元。

最后，随着节约资源、保护环境、人与自然和谐共生理念的深入人心，2017年7月，国务院办公厅印发《关于禁止洋垃圾入境推进固体废物进口管理制度改革实施方案》，要求全面禁止洋垃圾入境，完善进口固体废物管理制度，到2019年底前，逐步停止进口国内资源可以替代的废物，要求强化洋垃圾入境管控，持续严厉打击洋垃圾走私。从2017年开始，海关总署联合环境保护部、公安部、质检总署开展多项专项工作和国际联合执法行动，严厉打击洋垃圾。随着打击力度的加大，可以预见未来一段时间此类案件数量将会大幅度增加。如在"刘某某走私废物案"中，上海某某塑料有限公司在进口PC聚碳酸酯颗粒的过程中，刘某某明知进口货物系纯色颗粒与杂色颗粒掺杂的实际情况，仍向上海海关伪报"杂色颗粒状"规格，申报进口上述PC聚碳酸酯颗粒共计43.908吨。经深圳出入境检验检疫局鉴定，该批货物中的15.908吨为国家限制进口的可用作原料的固体废物。因而，需要检察机关充分发挥《刑法》的规范功能，通过《刑法》预先设立的废物污染环境犯罪的罪刑模式，对预防废物污染环境犯罪起到积极作用。

（四）海外代购型走私案件多发

随着网络电商平台及个人微商的兴起，海外代购产业开始蓬勃发展。个人通过旅检渠道违法携带奢侈品入境，瞒报或不报的逃税走私行为已经成为海外代购中常见的走私犯罪形式。根据国家规定，进境居民携带在境外获取的自用物品总值超过人民币 5000 元即须向海关申报并缴纳相应税款，偷逃税款达 10 万元以上即构成走私犯罪。近三年来，上海海关查验的旅检走私案件量明显升高。从这些旅检走私案件来看，走私对象主要为名牌箱包、手表、高级洋酒及香水等奢侈品。究其原因，一方面是人们消费水平的不断提高和互联网技术的飞速发展，另一方面是消费者出于享受优质商品和低廉价格带来的双重利益的需求而促使海外代购如火如荼发展。在"朴某某走私普通物品案"中，朴某某（韩国人）搭乘飞机由韩国济州飞抵上海浦东国际机场，入境时选走无申报通道，未向海关申报任何物品。经海关 X 光机检查，发现朴某某携带的银色行李箱内有 Chopard 牌手表、Chopard 牌项链、AP 牌手表等物品。随后侦查人员又从朴某某的行李中发现 Prada 牌包袋、S.FERRAG 牌皮带和 S.FERRAG 牌丝巾等物品。经查实，上述物品是朴某某在韩国机场免税店内借用同行人员的免税额度购买，准备带到中国后再带回韩国作为结婚礼物之用。经上海海关计核，朴某某采用上述手法走私手表、项链等物品，涉嫌偷逃应缴税额共计人民币 40 余万元。本案涉及问题争议较大，主要争议集中在"非居民旅客携带不拟留在中国境内物品进境是否具有申报义务"。针对该问题，承办检察官从我国现行法律、国际通行惯例等方面进行了全面论述，提出根据《海关法》和有关规范性文件的规定，应当明确，非居民旅客不拟留在境内的物品，既有申报义务，也有纳税义务，而在履行特定手续并经过海关准许后，可以实施免税措施，但未履行上述手续的，不自然免除申报和纳税义务。同时，承办检察官还进一步提出旅客携带超出"合理自用"范畴的物品，并不因是否拟复携带出境而产生申报和纳税义务上的不同。最终，判决朴某某犯走私普通物品罪，免予刑事处罚。

（五）跨境电子商务型走私出现

个别不法企业存在以"刷单"模式将一般贸易货物伪报成跨境电子商

务货物,将电子商务平台上的商品发往涉案企业收货仓库,继而在其他电商平台上予以销售。与目前跨境电子商务规模快速发展相比,我国还在逐步建设跨境电子商务法律法规,同时,由于行业技术和信用体系的不足,安全的第三方支付体系尚在建设中。上述因素都增加了跨境电商平台成为走私分子从而脱离海关监管、偷逃税款的风险,使得跨境电子商务平台可能变相成为走私分子用于偷逃国家税款的一种新兴工具。可以预估伴随着跨境电子商务行业的繁荣,其涉嫌的走私案件将呈新兴趋势。

(六)自贸区内走私犯罪风险增大

在"上海某某物流有限公司、张某甲、顾某某、周某某等7人走私普通货物案"中,张某甲等人利用国家的贸易便利政策,以伪报品名的方式多次将境外的红酒、汽配等货物伪报为聚乙烯再生粒,向义乌海关申报从上海外高桥港区海关进口转关手续,并在转关运输至义乌海关途中对货物进行调换,再由顾某某联系车队将调换的红酒、汽配等货物运输至张某甲指定的广东省东莞市某地点。后上海海关缉私局根据线索分别在义乌、上海两地开展抓捕行动,并在义乌海关监管区、义乌机场路等处现场查获、扣押了7个涉案集装箱项下货物,经相关海关核定,本案共计涉嫌偷逃应缴税额534万余元。可见,在国务院加快落实"三互"推进大通关建设,在建立有效的内陆沿海沿边大通关协作机制时期,以及一体化通关背景下,申报人可以自主选择通关口岸,依托电子口岸的通关数据共享等一系列措施实现贸易便利化。这对走私执法产生更高的要求。类似本案在沿海转关行自动审核、自动放行、一次放行的新通关模式下,伴随而来的货物走私、非法物品入境等安全威胁也不断增加,执法机关需要多措并举推进立体化、系统性防控举措,完善口岸监管执法打击走私等犯罪。

因此,随着上海自贸区建设不断深化,海关监管模式也要不断创新,一方面给予国际贸易发展以更加便利的条件,另一方面也需要增强自贸区内涉走私犯罪的法律防控意识和应对措施。第一,根据自贸区内"先进区后报关"的模式,企业可以先提货入库再办理报关手续,这中间存在着一个14

天的时间差。由于当前操作规程尚未成熟,可能存在货物入区后漏报、不报等违法活动,带来一定的走私隐患。第二,根据"自行运输"的模式,区内企业不用再像以前那样使用海关监管的车辆进行运输,而是自行运输货物。交通工具完全在区内企业自行控制下,海关对运输环节的监管弱化,需预防不法企业存在利用自行运输的便利条件对货物进行偷梁换柱,从事走私或逃税等非法活动的可能性。第三,根据"保税展示交易平台"的规定,区内企业不仅可以在自贸区内,也可以在自贸区外开展保税展示交易活动。在区外开展保税展示交易活动的情况下,集中申报与内销之间存在30天的时间差,这在一定程度上给通过保税展示交易平台的方式进行走私活动提供了滋生的土壤。为适应自贸试验区建设发展的新型海关管理模式,司法机关需要有针对性地增强风险防控意识,积极防控可能发生的走私犯罪,创新机制建立法治自贸区。

三 新时代加强预防和惩治走私犯罪的对策建议

随着走私犯罪的刑事法网越来越密,打击范围不断扩大,案件数量和规模必将进一步凸显。依法严厉打击走私犯罪对于保障改革开放、民生安全和经济建设顺利进行具有重大战略意义。针对当前打击走私犯罪任务的艰巨性和复杂性,上海三分院将坚持改革创新,更新司法理念,创新工作机制,充分履行法律监督职能。

(一)建构平台:行刑衔接,加强预防、打击犯罪长效机制

针对走私犯罪专业化、隐秘化和网络化的新趋势,检察机关、海关、公安、边防、税务、工商等充分发挥各自职能,建立网络监管平台制度;依托两法衔接平台,织密无缝"法网",完善口岸监管执法,打击走私犯罪。

首先,建立走私犯罪行政执法与刑事司法衔接工作的联席会议制度。上海三分院加强与各行政执法单位之间的个别协调沟通,通过签订合作备忘录、召开座谈会、个案协调会等多种方式加强衔接,建立统一、高效的衔接

工作机制。其次，注重双向衔接。除了传统的行政执法机关与司法机关的行刑衔接，注重开展司法机关对行政执法机关的刑行衔接，对于虽不构成犯罪，但应给予行政处罚的案件及时移送行政机关处理，并对处理结果进行跟踪。再次，确保行刑监督效果，完善相关举报、复议制度的建设，通畅监督机关的举报、复议通道，使得检察机关、监察机关能够及时掌握相关情况，采取措施。通过上述职能机关之间的配合，建立重要信息互通、工作资源共享、风险防范预警等全面协作机制，及时关注、了解、掌握可能存在的犯罪风险和犯罪线索，逐步制定健全各方共同参与的预防犯罪、打击犯罪的长效举措。

（二）建设队伍：打造高素质走私犯罪检察人才库

在司法体制改革背景下，围绕走私犯罪领域新类型犯罪，进一步强化专业化办案机制，通过采取结对带教、重大案件跟班办案等多种方式，以及主题实训、交流学习、课题研讨、庭审观摩、个案讲评、案例论辩等系列活动，培养和造就一批具有深厚法学理论素养和公诉专业造诣，能够适应大通关时代新情况、新问题，精通专业案件办理的专才。

（三）促进发展：实现打击、保护并重

2016年初，最高人民检察院出台《关于充分发挥检察职能依法保障和促进非公有制经济发展的意见》，要求检察机关平等保护公有制经济与非公有制经济，依法履行检察职能，充分发挥保障和促进非公有制经济健康发展的积极作用。上海三分院在严格依法打击走私犯罪的同时，又注意办案方式方法，防止办案对非公有制企业正常生产经营活动造成负面影响。

保护非公有制经济的发展并不意味着对涉案的单位无选择性地从宽。针对为实施走私犯罪而设立的单位，走私对象涉食品安全、药品安全、环境污染等给公众的人身、健康权利造成重大危害的犯罪单位，必须从重严惩。对于走私犯罪的涉案人员中主观恶性不大的，可对其作出适度从宽处理，在达到惩罚效果的同时减少对正常生产经营活动的影响，从

而为非公经济发展作出贡献。

同时,及时发现非公企业在生产经营中存在的内部管理不到位、法律知识欠缺等问题,通过预防调查、法律咨询、警示教育、预防宣传等方式,加强法制教育和犯罪预防,主动回应非公企业的法律服务需求,切实服务保障非公经济发展。

(四)创新宣传:针对新型犯罪方式,提高全社会法律意识

徒法不足以自行。上海三分院在办理走私案件过程中,始终坚持"谁执法谁普法"的精神,充分做好释法说理工作。通过梳理近年来严厉打击的代购、自购等违法犯罪案件,以典型个案、风险提示灯等加强反面警示教育,通过案例通报、法律咨询、专题讲座等形式,广泛搭建法律服务平台,开展法律知识教育和宣传,积极做好舆论引导工作。同时,依托人民检察院案件信息公开网、分院微信微博平台,及时公开相关案件的法律文书和重要案件信息,结合公众媒体,特别是新媒体、自媒体渠道,拓展法治宣传和法律服务的广度和深度,提升社会公众对走私犯罪的认知度,做到执法办案法律效果与社会效果相统一。

(五)保障改革:加强自贸区改革研判,提前形成预防与应对合力

目前,上海自由贸易区正在全方位建设贸易便利化,上海自贸区海关已推出23项改革措施,14条可复制、可推广的海关监管服务改革措施。这些改革措施以"守法便利"理念为核心,充分发挥企业自主意识,进一步优化企业的通关便利体验。

针对自贸区改革各项措施,监管部门和司法部门应当认真研判。上海三分院主动对接自贸区监管部门,联合海关部门、税务部门、外汇管理部门共同研判,防控自贸区法律风险,形成建设法治自贸区合力,服务经济社会发展大局。2017年1月,最高人民法院发布《关于为自由贸易试验区建设提供司法保障的意见》,明确依法惩治涉自贸试验区的走私、非法集资、逃汇、洗钱等犯罪行为。上海三分院根据《意见》加强风险预判,对于自贸

区建设过程中可能存在的滥用自贸区特殊市场监管条件进行的走私犯罪,力求提早应对,预防违法犯罪,维护自贸试验区市场秩序。一是落实法律监督职能,要求相关职能部门健全对货物流、单证流、资金流三者实施有效整体监管。二是明确执法标准,健全在执法监管中违规违法的后续处理力度和延续性欠佳问题。三是重点关注可能出现的利用自贸区的中转功能,用"洗单"来逃避监管的行为。

B.9
上海市人大对《上海市道路交通管理条例》实施执法检查*

肖 军 韩君蕊**

摘　要： 2017年上海市人大常委会对《上海市道路交通管理条例》的实施情况开展了执法检查。条例修订实施后，本市在交通秩序、交通设施、交通拥堵及上海市民守法意识等方面出现许多积极变化，但也存在一些不足，遇到了一些新问题。今后要提高道路交通管理精细化水平，充分利用科技优化交通管理，等等。本次执法检查树立了法律权威，促进了法律执行，提供了不少好建议。

关键词： 道路交通管理条例　执法检查　精细化管理

《上海市道路交通管理条例》（以下简称"道交条例"）由上海市十四届人大常委会第三十四次会议于2016年12月29日修订通过，自2017年3月25日起施行。"道交条例"的修订和实施受到市委市政府的高度重视，受到广大市民和社会各界的高度关注。所以，市人大常委会对"道交条例"的实施情况开展执法检查很有必要，很有意义。

---

* 本报告的文献资料由上海市人大常委会内务司法委员会办公室提供，写作中主要参考了内务司法委员会的《关于检查本市贯彻实施〈上海市道路交通管理条例〉情况的报告》、市公安局的《关于本市贯彻实施〈上海市道路交通管理条例〉情况的报告》。在此特作说明并致谢。
** 肖军，上海社会科学院法学研究所副研究员；韩君蕊，上海社会科学院研究生院硕士研究生。

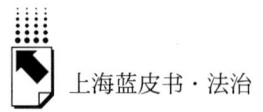

一 "道交条例"执法检查的背景

对超特大城市而言,道路交通对整个城市正常运转极为重要。堵车等现代都市病不仅影响市民的出行效率,还对社会经济的方方面面造成很大影响,也有损城市形象。道路交通立法含有多重价值需求,保障交通安全,保障交通顺畅,保障各主体路权,等等。从全国层面来看,堵车并非道路交通首要诟病,所以全国人大制定的只是《道路交通安全法》,旗帜鲜明地高扬交通安全这一目标。面对堵车等现实难题,地方道路交通立法必须在坚持安全价值基础上,更大程度追求道路畅通价值目标。上海市"道交条例"的修订体现了对道路畅通价值的种种努力。比如,加大了对违章停车的处理力度,扩大了对一些违章行为的认定范围和处罚幅度,提高了对道路规划、停车位设置、标线指示牌设计的要求,强化了对非机动车、行人等的道路交通行为的管理,等等。这些新制度、新举措在实践中是否落实,是否取得了良好效果,人们都很期待。

2016年是上海市委市政府确定的"补短板"之年。道路交通被视为一大短板,随即全市展开了声势浩大、全民动员的道路交通大整治活动,取得很好效果。为固化大整治活动中的好做法、好经验、好效果,上海"道交条例"修订工作加快了步伐。随着修订工作的顺利结束,法治引领道路交通秩序持续好转行程被开启。2017年1月5日,上海市委市政府召开加强综合交通管理、依法整治交通违法行为推进大会。大会指出,必须坚持从严执法,重中之重是全民落实好新修订的"道交条例"。市委书记韩正强调,加强综合交通管理、依法整治交通违法行为,事关提高上海城市软实力和城市文明程度,要一抓到底,久久为功,持续从严执法,体现法律生命力,彰显法治权威,在全社会形成共识,确保全市道路交通秩序实现根本性的好转,共同创造更加干净、有序、安全的城市环境。① 可见,"道交条例"的实施对今后一段时间上海

---

① 谈燕:《持续用力确保交通秩序根本性好转》,《解放日报》2017年1月6日。

市的持续补短板工作、提升城市软实力和文明程度意义重大。

上海市人大常委会深刻领会市委市政府的重要精神，为推动"道交条例"的贯彻落实，将"道交条例"执法检查纳入2017年重点监督内容，认真开展了相关工作。执法检查组在工作中广泛收集民意，吸纳民智，下沉调研，减少"会场"，增加"现场"，深化市区联动，实现监督全覆盖；坚持问题导向，将检查重点放在依法治理中加大了多少力度，精细化管理中运用了什么方案，便民利民方面的矛盾解决了哪些，在协调整合社会资源方面创立了什么新渠道上。经过扎实的工作，执法检查组形成了"道交条例"执法检查报告。

二 "道交条例"的实施情况

上海市一直高度重视道路交通管理工作，特别是自2017年3月25日新修订的"道交条例"实施以来，在交通秩序、交通设施、交通拥堵及上海市民守法意识等方面出现许多积极变化，但同时也存在一些不足，遇到了一些新问题，需要想办法加以解决。

（一）成效

道路通行能力有所提升。交通部门为了缓解拥堵，全力推进一系列道路交通优化工程项目："缓拥堵"专项工程、道路指示系统优化工程等。在过去的2017年中，计划改善拥堵项目共100项，已顺利改善了59项，在改善慢行交通设施计划中，一共计划31项，已改善20项。通过交通部门、公安部门等各个单位协力配合，改善了交通标志标线日常巡查和市民参与纠错机制。12345市民热线情况显示，《上海市道路交通管理条例》实施后，上海市民在红绿灯时长设置不合理、道路交通标志不明晰、标线模糊及设置不科学、部分路口监控设备缺失等道路交通各个方面的投诉量有了显著下降，下降36.7%；上海市地面道路在工作日早高峰和晚高峰的拥堵状况也有了一定的改观，早高峰拥堵指数下降了5%，晚高峰下降了3%；道路交通事故数下降了12.8%，死亡人数下降了12.5%，受伤人数下降了21.5%。

道路交通配套制度进一步完善。公安、交通等部门对照"道交条例"规定，及时做好相关规范性文件的立、改、废工作。公安机关修订实施新的《道路交通安全违法行为处罚裁量基准》，起草和完善车辆登记、禁行限行等管理措施，热切关注人民群众所关心的热点问题和执法难点问题。交通部门及时清理建设项目交通影响评价、道路停车监管、公共停车信息联网、公交专用道等一系列规范性文件，将"道交条例"赋予交通部门的处罚职责导入全市交通执法信息系统，明确了执法流程和相关裁量基准。

从严执法和执法联动进一步加强。2017年以来，公安机关日均查处机动车违法3.1万余起，累计查处非机动车、行人交通违法204万余起和25万余起。各个相关部门充分运用新技术、新手段，创新视频监控与现场查处相结合模式，提高监管效率。公安、交通、绿化市容、市场监管、规划等多个部门建立健全执法协作机制，在交通规划编制、交通设施管理、交通标志标线调整、建设项目交通影响评价、道路停车管理、电动自行车和残疾人机（电）动轮椅车管理、专业运输单位管理、非法客运查处等方面加强合作，建立健全沟通协商机制。完善市、区两级职责分工，协力推进交通设施规划建设和日常通行管理。

宣传教育更加深入人心。公安部、交通部等相关部门连同新闻单位，充分利用各类媒体，解读"道交条例"的重点内容，据统计，公安机关协调了3万个移动电视终端，500余家邮政网点、市境道口等广泛宣传"道交条例"内容，并通过短信提示全网手机用户。上海市民巡访团调查显示，90.8%的上海市民表示对"道交条例"内容有所了解，其中表示很熟悉和比较熟悉的分别为10.1%、31.0%。形成了全社会学法、知法的良好氛围。

便民服务优化升级。公安部门、交通部门等改造交警App，拓展交通管理业务网上办理范围和交通违法行为线上处理功能，推进上海市综合出行服务信息App、"指尖交通"App等应用的升级改造，推广使用"快处易赔"微信公众号，提升"互联网＋"交通管理服务能力。着力解决临时停车需求，设置禁止长时停车线（黄虚线）1600余处，在79处公交港湾式车站设置出租车扬招点

97个，公共区域停车难现象得到不同程度缓解，12345热线涉及医院等公共区域的上海市民停车难诉求较"道交条例"实施前下降了46%。

交通文明风尚进一步树立。各相关部门积极开展机动车斑马线礼让行人专项治理，机动车斑马线抢行现象明显好转，做到了礼让行人，受到各界一致好评。推进重点行业监管和自治自律，针对快递、外卖行业电动车管理难点，约谈相关快递企业和外卖送餐企业，督促相关单位履行管理责任、完善自律自治机制。优化交通违法视频举报流程，进一步扩大群众参与。发动广大上海市民参加交通文明志愿服务活动，全市开展交通志愿服务近百万人次；据统计，在工作日早高峰时段，3500余名交通志愿者活跃在208个文明交通示范路口，劝阻交通违法行为。

（二）不足

取得成效的同时也暴露不少问题，值得我们关注并加以改正，主要表现在以下几个方面。

路车矛盾始终存在，慢行交通网络有待完善。据统计，上海市道路通行里程1.8万公里；机动车保有量515万辆（沪牌机动车约375万辆，外省市号牌机动车约140万辆），上海市平均每天进出沪机动车大约有60余万辆，非机动车则大约有1800多万辆。如此数额庞大的机动车和非机动车数量和相对有限的道路交通资源难免会出现供需矛盾，与此同时也造成了执法管理困难。上海市慢行道路交通也存在一些问题，例如非机动车车道存在不连续、不贯通；一部分区域禁止非机动车通行道路设置相对比较集中；一些路段缺少引导标识。另外，一些慢行道路存在建设标准较低的情况，无法保障非机动车和行人顺利快速通过；一些道路没有设置隔离设施，以隔离机动车和非机动车分开行使，造成机动车与非机动车混同行驶，非机动车通行困难，并且存在通行安全隐患。

交通设施有待进一步优化。"道交条例"专门新增了"交通规划与设施"章节，对精细化交通管理提出了更高的要求。"道交条例"规定"改善慢行交通环境，保障慢行交通通行空间"，但是上海市外环线内禁止非机动车通行道路达120.6公里，在道路通行方面仍需提高通行效率，不少非机动车骑行人员为了减少自己的行驶距离而驶入禁止通行区域，从而极为容易造成交通事故。此外，随着交通管理措施不断创新，精细化管理需求呈现上升趋势，现有的交通设施运维管理机制，有时无法及时满足执法管理需要。

综合治理有待进一步完善。"道交条例"新增加了"综合治理"章节，其重点目标是以政府为主导，切实跟进基础治理，确保各单位的交通安全责任落到实处，从而引导社会公众可以积极地参与其中。道路交通管理是一项复杂而艰巨的系统工程，与上海市民的日常生活息息相关，需要全社会齐心协力一起努力，由于各地区和各单位的工作进度尚不统一，目前尚未形成道路交通齐抓共管的新局面，社会参与度仍需提高。

机动车停车位供求关系不平衡。上海市作为特大城市，由于车辆快速增长，停车难问题普遍存在，尤其是居民小区及学校、医院、商圈等场所周边，停车难成为较为严重的问题，已有的停车位与居民汽车保有量相比存在较大缺口。在过去的2017年，通过政府各部门的携手推进，在居民区夜间停车改善方面取得了一定的成绩，新增停车场68个，2430个泊车位，但是停车位的供求矛盾仍然难以得到缓解；除此之外，一些路内停车点由于收费管理等种种原因，采取白天可以停车，但是晚上不能停的运行模式。

非机动车和行人违法屡见不鲜。"道交条例"实施后，非机动车停车越线、闯红灯、在人行道上行驶等现象仍然较为普遍，电动自行车超重、超速等问题尤其突出，造成较大的道路交通安全隐患。行人闯红灯、乱穿马路等现象依然十分常见，但是在这方面管理难度大、成本高，成效不显著。根据相关数据统计，2017年上半年有关送餐外卖行业的道路交通事故就有76起，基本维持着每两天半就会发生一起交通事故的频率，在这些交通事故中有多位外卖送餐人员死亡，虽然送餐人员自身违反交通规则是事故发生的主要原因。与此同时，由于共享单车爆发式的速度增长，上海市共享单车总数已经超过150万辆，已然出现两大管理难题，即规范管理问题和无序的投放、停放问题。共享单车管理也成为城市管理的难题，大量单车挤占人行道和盲道，影响通行和交通秩序。

非机动车源头治理有待进一步加强。上海市禁止燃气助动车、未列入"上海市电动自行车产品目录"的电动自行车在道路上行驶,尽管公安部门严格执法,做到了及时发现、及时处理,但是源头上不能杜绝这些车辆,导致此类车总量不减,给道路交通安全带来极大隐患。

执法规范化建设仍需推进。上海市公安交通部门的执法权威需要进一步提升,执法程序需要进一步规范。面对执法实践中出现的新情况、新问题以及突发事件,在执法过程中,还是会出现个别民警不能做到理性、平和、文明、规范的执法要求,除此之外,辅警队伍人员流动性较大,因而在协助管理能力和规范化方面有所影响,业务能力较为薄弱,甚至还存在一边培训一边上岗的情况。一些路段、道口存在只有辅警指挥交通的状况,这并不符合"道交条例"的规定,即交通辅警应当在公安民警的指导和监督下,协助开展交通管理。

(三)建议

道路交通问题已经成为我国城市发展的普遍问题,道路交通的优化完善是一个城市软实力的重要组成部分。今后可以从以下几个方面入手,以期更好地解决本市的道路交通问题。

提高道路交通管理精细化水平。要持续从严执法,打好交通综合管理攻坚战,整治交通秩序不可能毕其功于一役,需要十年磨一剑。路车矛盾的缓解,上海市民守法意识和文明出行习惯的养成,常态长效交通管理机制的建立健全等,是一项长期而又艰巨的任务。要坚持从严管理不动摇,把科学管理与充分听取人民群众的意见更好结合起来,形成共治善治新局面。进一步强化从严治警、从严管理队伍,打造一支专业素质过硬的公安队伍;要做好执法标准规范的完善工作,通过加强执法管理,做到将执法目的和执法手段结合起来,做到执法过程和执法结果的统一,确保理性执法、文明执法及规范执法,确保执法的公信力;在交通辅警队伍建设方面,要进一步加强辅警的职业化和专业化水平,确保依法履行辅助执法。

在依法查处机动车违法行为的同时,也要更加重视非机动车和行人违法。规范非机动车和行人通行,是上海加强超大型城市精细化管理的重要内容之一,是实现交通秩序根本好转的重要组成部分。相关部门要针对非机动车乱骑行、乱停放,电动自行车超速,行人乱穿马路等普遍违法现象,坚持不懈对违法行为加强整治,对违法行为人进行教育,使"道交条例"相关通行规定切实发挥作用。要加强电动自行车源头管理,相关的职能部门要整合力量,保证落实"道交条例"有关非机动车生产、销售等监管规定。

将科学技术和交通管理二者合理地结合在一起,从而提升交通管理效率。根据"道交条例",充分将大数据、物联网等新技术和新手段结合起来,完善"制度+科技"管理模式,研究处理好交通技术监控设备管理与执法人员管理等"人机"关系问题,确保执法既精准又有温度。加强对上海交通发展前瞻性问题的对策研究,将动态的交通数据和静态的交通数据全面收集整合,从而使道路交通设施和交通组织不断优化、完善,使得有限的交通资源可以被充分利用,缓解供求矛盾。要全面梳理分析执法处罚数据,尤其要深入解析违法频发路段违法行为的产生原因,在交通设施、执法管理、服务等方面采取更加有效的针对性措施。

确保"温馨条款"有效实行。在推进慢行交通环境建设的工作方面,应当将《上海市慢行交通专项规划》尽快付诸实践,充分确保慢行交通的通行空间,保障绿色出行;在缓解道路交通拥堵问题方面,尤其要重点针对特别拥堵的路段,将精细化的具体对策融入改善和推进的时间表中;要持续推进交通标志标线优化调整,进一步建立健全日常巡查和上海市民意见建议采纳机制;在缓解停车难方面,做好优化停车设施的建设和日常管理工作,切实做好"道交条例"中关于道路临时停车和道路时段性停车等的相关规定。

加快推进共享单车规范管理。共享单车带来便利的同时,规范化的管理也要同步进行,不仅要发挥政府职能,更要充分发挥市场的作用,改善共享单车无序发展的状态。各有关部门要把责任落实到位,加强规划引导、监管调整,推动企业承担主体应尽的责任,实行智能化、精细化管理。根据现实成功案例,推广可行办法,从健全多方协同机制、增设道路非机动车停放点、督促企业履行社会责任、加强第三方评估等综合施策方面入手,使得共享单车得到有序健康的发展,促使其更好地服务于城市、服务于广大的人民群众。

继续深化政府部门多方协同合作。上海市共建共治齐抓共管交通执法靠公安,但交通问题不能仅仅依靠公安机关,需要上海市各部门齐心协力解决。按照"道交条例"对有关部门职责的规定,加强统筹规划,整合公安、交通以及规划国土资源、住房城乡建设等各个部门力量,协同做好综合交通管理的各项工作。

持之以恒开展法治宣传教育。"道交条例"施行时间较短,上海市民对其内容仍然需要一个熟悉适应的过程。交通违法行为有一个社会习惯问题,习惯的改变不是那么容易。要落实好"谁执法谁普法"责任制,加强普法策划和典型案例宣传,提高普法针对性和实效性,使知法守法、配合执法成为上海市民的自觉行动,使得"道交条例"融入人民群众的生活。要深化交通文明建设,进一步引导社会各方有序参与,促进综合治理。

三 "道交条例"执法检查的意义

执法检查作为人大常委会法律监督的一种形式,主要目的在于维护法律的尊严,促进法律的贯彻实施,进一步而言,即检查监督法律实施主管机关的执法工作,督促国务院及其部门、最高人民法院和最高人民检察院及时解决法律在实施过程中出现的问题。在执法检查过程中,通过实践可以发现法律尚不完善的地方,通过修订和完善相关的法律,可以进一步提高立法质量,使法律更加能够贴近现实,从而增强法律的可操作性,促进我国法律制度更加完备,本次"道交条例"执法检查具有以下几个方面的意义。

一是认真检查,树立法律权威。人大作为专门立法机关,一定程度上代表法律,人大的立法行为、法律监督行为具有法律本身所伴随的威严。当然,这种威严也要通过立法机关本身严谨科学的行为来体现和加强。本次执法检查受到市人大常委会的高度重视,组成了结构合理、专业而有力的执法检查组。检查组是认真开展工作,沉下了心,走了很多现场,听了很多声

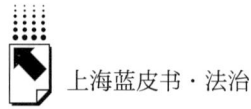

音,掌握了第一手情况,形成了很好的报告。这个检查过程求真务实,展现了立法者、监督者的担当和本色,也更加树立了"道交条例"的威信。

二是准确掌握问题,促进法律执行。执法检查制度的首要任务是要确保政府及其所属部门执行人大及其常委会确立的法律,进而实现立法目的。执法检查要发现"有法不依""违法不究"的情况并及时反馈给行政机关。常委会可以直接以行政机关为质疑对象,暴露其"执法不严"的现象,或者通过执法检查报告对不守法现象的披露间接反应执法过程中的缺陷。面对执法检查过程中发现的问题,人大会要求行政机关进一步严格执法,确保行政机关依法高效地履行其相关职责。本次执法检查秉持"接地气"的工作作风,多跑现场,广泛调研,准确掌握了很多实际问题,比如前述的慢行交通网络有待完善、交通设施有待进一步优化、执法规范化建设仍需推进等。只有掌握了这些问题,才能有的放矢,确保"道交条例"落实到位,促进本市道路交通及其管理迈向更高水平的科学化和规范化。

三是提出建议,促进精细化管理更上台阶。依靠执法检查,总结经验,看清问题,最终提出建议。比如继续深化政府部门多方协同合作、加快推进共享单车规范管理、确保"温馨条款"有效实行、提高道路交通管理精细化水平等。其中,精细化管理的要求非常重要。道路交通既跟人有关,又跟机械有关;既有动态,也有静态;既关涉每个人的利益,又影响整个城市的效率,需要用绣花般的功力来予以应对。为此,更需要发挥新技术、大数据的作用,更需要建立齐抓共管的执法体制和多方参与的社会治理模式,更需要持续开展法治宣传,让遵守交通规则入脑入心,形成自然习惯。本次执法检查中提出的建议必将转化成各执法机关、组织和人员的工作指引和努力方向,促进本市道路交通获得高质量发展。

B.10 上海法学教育发展报告

华东政法大学上海法学教育课题组[*]

摘　要： 目前，上海开设法学专业的高等院校共有20所，较上年减少1所，法学本科教育规模与全国相比整体上呈下降趋势。一年来，上海各法学院校主动对接国家发展战略和上海区域经济社会发展需求，深入贯彻落实教育部卓越法律人才培养计划、"马工程"系列教材建设与使用，上海市教委"高峰高原"学科建设计划、本科教学教师激励计划、"课程思政"等重大教育改革专项，深刻把握法学教育发展方向，深入研究和解决"为谁教、教什么、教给谁、怎样教"的问题，并以此为契机，结合校情，不断创新法治人才培养体制机制，推动法学教育内涵式发展，努力培养和造就社会主义事业合格接班人。围绕上海法学教育仍然存在的问题，上海法学教育今后应在强化法治人才培养广度和深度的同时，立足中国法治问题与实践，加强中国特色法学学科体系建设，加强价值引领，培养政治意识坚定、人文底蕴深厚、法学素养扎实、执业技能精湛、德法兼修的国际高端法治人才。

关键词： 上海法学院校　法学教育　法学人才

---

[*] 课题组组长：唐波，华东政法大学副校长；副组长：张毅，华东政法大学经济法学院党委副书记（主持工作）；成员：华东政法大学教务处杜东东、鲁慧、陆烨璐。

党的十九大把"全面推进依法治国总目标是建设中国特色社会主义法治体系、建设社会主义法治国家"作为法治建设的指导思想。全面依法治国是一项系统工程，涉及国家治理、经济发展、社会民生各个领域，需要一大批具有中国特色社会主义法治理念的高端创新型法治人才。上海是我国改革开放的排头兵、创新发展的先行者。在当前我国改革进入深水区，经济社会转型升级，上海加快建设"四个中心"、自由贸易试验区和全球有影响力的科创中心大背景下，上海高等法学教育机构作为法治人才培养和输送的阵地、社会运行的子系统，负有国家和历史使命。近年来，上海各法学院校在教育部、上海市教委领导下，深刻把握法学教育发展方向，深入研究和解决"为谁教、教什么、教给谁、怎样教"的问题，创新新时代法治人才培养体制机制，努力培养和造就社会主义事业的合格接班人。

一 上海法学教育概况

自 2016 年 3 月，上海立信会计学院和上海金融学院合并组建上海立信会计金融学院后，上海设有法学专业的院校共 20 所。

上海普通高等法学、成人法学、法律职业教育等教育体系健全，各种非学历教育也起到了培养法律人才的积极作用。上海法学教育层次比较丰富，本科教育是基础，研究生教育已有相当发展。

但近年来，和全国相比，上海法学专业招生人数、毕业生人数和在校生人数整体上呈下降趋势，详见表1、表2。①

---

① 表1、表2 中的上海地区数据由《上海统计年鉴》整理获得，http://www.stats-sh.gov.cn/data/release.xhtml；全国数据由对应年度教育统计数据整理获得，http://www.moe.edu.cn/s78/A03/moe_560/jytjsj_2015/2015_qg/index_1.html。

表1 上海与全国高校法学学科本科在校生数一览

单位：人

年份	毕业生人数		招生人数		在校学生人数	
	上海	全国	上海	全国	上海	全国
2014	5596	129800	5554	137558	22521	543271
2015	5918	131285	5548	137803	22123	551095
2016	5784	134880	5397	139750	22012	559597

表2 上海与全国高校法学学科网络教育学生情况一览

单位：人

年份	毕业生人数		招生人数		在校学生人数	
	上海	全国	上海	全国	上海	全国
2014	304	57820	236	57956	614	215298
2015	320	57710	176	58525	423	206975
2016	267	57995	168	64358	423	205572

加强法学本科师资队伍建设是提升法学本科教育质量的重要保障，为此，上海各法学院校积极采取有关措施办法，专任教师数量整体稳步增加，详见表3。[①]

表3 上海高校法学学科专任教师数一览

单位：人

年份	专任教师数					
	全部	正高级	副高级	中级	初级	无职称
2014	2804	455	777	1146	262	164
2015	2918	478	823	1228	230	159
2016	3088	486	844	1333	281	144

---

① 表3中的数据由《上海统计年鉴》整理获得，http://www.stats-sh.gov.cn/html/sjfb/201701/1000339.html。

二 上海法学教育改革与发展

(一)积极对接国家战略,推动法学教育转型发展

1. 卓越法律人才培养计划深入推进

为响应新时代国家对于高等法学教育的战略部署,深化高等法学教育改革,推进国家法治建设和上海"四个中心"建设,上海市教委提出卓越法律人才培养计划,旨在切实提升高校法律人才培养质量,对现有陈旧人才培养模式进行改革。截至目前,上海有5所高校入选教育部首批卓越法律人才教育培养基地,有10所学校入选上海卓越法律人才培养基地(见表4、表5)。

表4 上海高校入选"教育部首批卓越法律人才教育培养基地"名单

基地名称	入选学校	
	序号	学校名称
应用型、复合型法律职业人才教育培养基地	1	复旦大学
	2	同济大学
	3	上海交通大学
	4	上海财经大学
	5	华东政法大学
涉外法律人才教育培养基地	1	复旦大学
	2	上海交通大学
	3	华东政法大学
西部基层法律人才教育培养基地	1	华东政法大学

表5 上海高校入选"上海卓越法律人才培养基地"名单

基地名称	入选学校	
	序号	学校名称
卓越法律人才培养基地	1	华东政法大学
	2	复旦大学
	3	上海财经大学
	4	上海政法学院
	5	同济大学
	6	华东理工大学

续表

基地名称	入选学校	
	序号	学校名称
涉外卓越法律人才培养基地	1	华东政法大学
	2	上海交通大学
	3	复旦大学
	4	上海财经大学
	5	上海海事大学
	6	同济大学
	7	上海政法学院
	8	上海对外经贸大学（原上海对外贸易学院）
	9	上海外国语大学

近年来，上海入选基地高校根据卓越法律人才培养计划文件精神，围绕卓越法律人才培养目标，进行了一系列力度较大、富有成效的改革探索。由表4可见，华东政法大学是上海唯一入选教育部3个卓越法律人才教育培养基地的高校，该校以分类培养、强化特色为价值导向，紧贴国家和上海区域经济社会发展对高端创新法治人才的需求，先后设立了7个法学实验班，分别为本硕贯通卓越法律人才实验班、卓越律师人才实验班、知识产权专业卓越人才实验班（对应应用型、复合型法律职业人才教育培养基地），沪港合作涉外卓越法律人才实验班、涉外卓越国际金融法律人才实验班、涉外商法卓越法律人才实验班（对应涉外法律人才教育培养基地），西部基层法律人才培养实验班（对应西部基层法律人才教育培养基地）。上海交通大学凯原法学院开办了"三三制"法科特班，即法学专业本科生从第三学年结束后开始分流，择优选拔一定数量的优秀生源，从本科四年级开始提前进入硕士研究生阶段学习，以本硕贯通培养的方式让学生接受高层次法律职业教育；还联合外国语学院试办涉外法律事务本硕贯通试点班。上海外国语大学以"国际化、复合型、实践性"人才培养理念，组建了涉外卓越法律人才实验班，实现全班整体出国交流。

入选基地高校主要通过设立实验班，制定配套的人才培养方案和教学计划,对师资配备、课程、教学方法、实习实践、出国交流等教育教学环节进行了十分具有针对性的改革和安排。例如,华东政法大学卓越律师人才实验班在选修课部分安排了实训课程(含模拟律师事务所1学分、模拟法庭1学分、模拟仲裁庭1学分)、限制性选修课(含律师学总论、刑事基本诉讼业务、合同法律实务、民商事基本诉讼业务、法律尽职调查、谈判与法庭辩论、公司法律实务、婚姻家庭法律实务、银行法律实务、劳动法律实务等)。实训课程、限制性选修课程的授课教师大部分是来自法律实务一线的精英。本硕贯通卓越法律人才实验班专门安排了海外课、案例讨论课(含刑法案例讨论、民法案例讨论、商事法案例讨论、诉讼法案例讨论、行政法案例讨论等)。上海交通大学凯原法学院卓越法律人才培养实验班开设了"实务基础科目群""法律实践前沿科目群""实践教学选课菜单""职业化培训课程"等。上海外国语大学涉外卓越法律人才实验班设置了全英文的特色法律专业课程模块,由外籍专家参与培养。上海对外经贸大学法学院为涉外卓越法律人才实验班设置了特殊的课程结构和灵活的培养模式,学生可根据实际情况进行选择:①法商复合,学生主修法学专业,从二年级开始辅修金融学专业或国际经济与贸易专业,获得"法学学士学位+经济学学士学位(辅修专业学士学位)"。②"4+1+1"模式,学生完成四年本科阶段学习并录取为本校研究生后,符合条件的学生可分别参加本校或国(境)外法学院的法学硕士(LLM)项目并就读一年,完成学业后可以同时取得上海对外经贸大学的法学(法律)硕士和国(境)外法学硕士(LLM)学位。③"3+3"模式,学生在本科阶段学习三年后,符合条件的可以到国(境)外法学院攻读法律博士(JD),完成规定学习内容后,可同时取得上海对外经贸大学的法学(法律)博士和国(境)外法律博士学位。培养过程强调国际化培养和实务训练。

卓越法律人才培养基地建设重要配套计划"双千计划"继续推进,上海各有关法学院校双师型教师队伍建设的规模和质量取得进一步发展(见表6)。

表6　近三年上海高校入选教育部"双千计划"人员情况统计

单位：人

年份	高校派出数量		高校聘用数量		"双千计划"总人数	
	上海	全国	上海	全国	上海	全国
2015	11	232	6	256	17	488
2016	11	219	7	223	18	442
2017	6	227	4	247	10	474

卓越法律人才培养计划的实施，正在推动上海高等法学教育发生变革，上海高等法学教育在做好法治人才培养基础工作的同时，在我国经济社会转型发展的历史关口，以国家以及区域经济社会发展需求为导向，比以往更加注重开放办学、开门办学，广泛利用社会教育资源办学，强化卓越法律人才培养工作。

2. "高峰高原"学科建设计划扬帆起航

学科建设是高校开展人才培养工作的基石，也是创新人才培养模式的前提，没有强大的学科作为支撑，人才培养模式改革如同无源之水、无本之木。该怎样建设世界一流大学？2015年，国务院印发了《统筹推进世界一流大学和一流学科建设总体方案》，2017年教育部、财政部、国家发改委联合公布了高校和学科名单。上海则通过实施了"高峰高原"学科建设计划。上海"高峰高原"学科建设计划是上海高等教育对接国家"双一流"建设的具体方案，与国家的"双一流"建设整体目标一致，这是上海法学教育的发展方位和风向标。上海"高峰高原"学科建设分四类高峰、两类高原建设，Ⅰ类高峰学科的建设目标是一级学科点保持或建成全国第一，总体实力达到世界一流。Ⅱ类高峰学科的建设目标是一级学科点综合实力趋近全国第一，并在若干学科方向达到世界一流。其中，法学学科被列为Ⅱ类高峰学科予以建设。目前，上海法学教育在学科建设方面没有进入Ⅰ类高峰学科建设方阵，仅有华东政法大学的法学学科被列入Ⅱ类高峰学科建设（见表7）。上海法学学科实力亟须依托上海"高峰高原"学科建设计划，以目标为导向，重点发力，实现跨越式发展。

表7　上海Ⅱ类高峰学科入选名单（共11个一级学科）

序号	学科代码	学科名称	序号	学科代码	学科名称
1	0201	理论经济学	7	0908	水产
2	0301	法学	8	1003	口腔医学
3	0701	数学	9	1005	中医学
4	0705	地理学	10	1006	中西医结合
5	0707	海洋科学	11	1201	管理科学与工程
6	0823	交通运输工程			

3. "马工程""课程思政"改革重点部署

根据党的十八届四中全会、2016年5月17日习近平总书记在哲学社会科学工作座谈会上的讲话以及教育部、中宣部《关于认真做好马工程重点教材使用工作的通知》和《关于高校哲学社会科学相关专业统一使用马工程重点教材的通知》，上海各法学院校积极行动，在上海市教委的指导和部署下，加强"马工程"系列重点教材法学类教材的建设立项、选用，推荐教师参加教育部、上海市教委举办的"马工程"重点教材任课教师示范培训班，认真学习教材的指导思想、编写意图及总体框架。共有教育部的14种"马工程"法学类重点教材，其中部分已出版并获得选用，呈现种类多样、总数上升的趋势。同时，各有关法学院校相当重视制度建设工作，健全教材管理问责机制，从制度上保障"马工程"重点教材的推广使用。华东政法大学7位学者入选教育部"马工程"系列重点教材编写课题组，包括首席专家和主要成员，目前完成出版了以王立民教授为首席专家的《中国法制史》教材。

上海市在教育部指导下率先开展"课程思政"试点工作。"课程思政"强调所有课程均要强化正确的价值观引导，培养社会主义合格接班人。2017年是上海全面推进"课程思政"教育教学改革的一年，要求所有高校全覆盖开展专业课程育人改革，每所学校至少选取2门以上专业课程开展试点。根据上海市教委的要求，上海法学教育正在紧锣密鼓地进行"课程思政"改革，例如，华东政法大学对"中国法制史""行政法学"专业课程进行试点改革,通过专题讲座的方式开设"法治中国"综合素养课程。由校领导担任课程顾问,邀请知名法学家、实务工作者共同讲授法治中国建设过程中前沿理论动态和改革实践,突出新一轮司法改革的重点和难点,明确法治中国未来发展的前景和方向,鼓舞学生为法治中国建设添砖加瓦,贡献青春与智慧,帮助学生树立正确的价值观。

(二)大力推进内涵建设,提高人才培养质量

1. 开展综合教育改革,探索校本化人才培养路径

上海目前有20所院校开办法学专业,除了职业技术学院,大部分高校均开设了法学专业。在上海市教委公布的2016年度10个本科预警专业中,法学专业赫然在列。第三方教育咨询机构麦可思研究院自2011年开始发布就业前景最不看好的本科红牌专业,法学专业至今每年上榜,从未缺席。在此背景下,上海各法学院校以社会需求为导向,依托自身优势学科资源,突出交叉融合发展,调整专业培养方向,积极探索符合学校办学实际的人才培养路径,实现错位发展。

对接需求,适时调整专业培养方向。华东政法大学主动对接上海国际金融中心对国际化、应用型金融法律人才的迫切需求,开设了法学专业国际金融法方向,非法学专业新开设德语专业(涉外法商方向),突出强调与法学专业的复合发展定位。上海外国语大学侧重英语、国际经济法方向。华东理工大学侧重知识产权、环境与资源保护等方向。上海对外经贸大学侧重商法、国际经济法方向。上海海事大学侧重海商法方向。上海财经大学侧重经济法、民商法方向等。

结合校情,探索校本化人才培养模式:①多科性大学利用学校综合优势,培养基础扎实、知识广博、能力突出的高端法律人才。如上海交通大学凯原法学院在办好法学本科教育的基础上,实行三年英语加三年法律的本硕贯通培养,建立起高层次法学学术人才与高层次法律职业人才分类培养模式。②学科特征较强的学校依托各自的学科优势,开展与法学专业的复合式培养,形成了各自的培养特色。如上海财经大学、上海对外经贸大学、同济

大学、华东理工大学等都在探索新机制。③以法科见长的学校则依托门类齐全、学科力量雄厚的优势，有重点多方面地培养有特色的、较为全面的法律人才。如华东政法大学是传统的法科院校，法学学科优势突出，但整体的学科资源、通识教育资源与综合性大学相比还有一定的距离。针对这一短板，2017年该校开启了书院制改革，率先试点对法科学生进行大类培养，整合跨学科模块，强调知识广度，在人才培养方案中大幅提升通识教育学分，以强化"人文通识打基础、法律通识显特色、素质结构对需求"为出发点，以"通识修养＋专业素质＋特色素养"为目标调整本科课程结构。

2. 实施教师激励计划，营造良好教书育人氛围

上海本科教学教师激励计划是上海巩固本科教学中心地位，强化全体教师教书育人意识及行为规范，有效提升本科教育教学水平和人才培养质量的重要举措。截至目前，上海21所市属公办高校均参与了上海本科教师教学激励计划。在该计划的推动下，上海各法学院出台措施办法，引导教师将更多精力投入本科教学过程中，让学生可以在课堂内外找到好老师，在此过程中，让老师的职业生涯、科研心得、人格魅力等对青年学生成长产生更多正面引导。大师、名师，教授、副教授进课堂，教师坐班答疑和自习辅导渐成常态，教师潜心教学、用心育人，学生热爱学习、认真求学的氛围进一步浓厚，学校"回归教学"效果明显。

3. 多元化开展实践教学，强化学生职业能力训练

针对特殊国情，上海各法学院校积极作为，加强实践教学体制机制建设，充分利用课堂内外时间（含假期）开展各类实践教学活动，强化职业教育和执业技能训练，提高学生的实践创新能力。

（1）法学实践教学体制机制建设较快发展。上海建设了1家法学类国家级实验教学示范中心（同为上海市市级实验教学示范中心）——华东政法大学法学综合实验中心。上海法学实践教学体制机制获得较大发展，各法学院校相比以往更加注重学生实践创新能力的系统培养，纷纷构建包括实践课程、模拟竞赛、赴校外实践教育基地开展专项实践在内的阶梯式实践教学体系。上海交大凯原法学院组建了集实践课程、加施德法务讲座、辩论赛、

法律诊所教育、模拟法庭训练、学生法律援助中心等于一体的法律实验教学训练中心。同济大学法学院成立了法律实践教学中心和法律教育实验室,形成了以"模拟诉讼""法律诊所""案例研讨"等特色课程为核心的实践教学体系。

(2) 计划内专项实践教学活动日益丰富。各法学院校根据自身办学特色,与基地单位深入合作,深入推行实务部门业务骨干与学校理论课教师互派互挂制度,高校与法律实务部门人员互聘"双千计划"持续推进,双师型队伍培养取得新进展。邀请实务界知名专家开设课程或讲座;聘请实务部门的业务专家担任指导老师;邀请基层法院赴学校实地开庭,如华东政法大学已纳入常规工作的"模拟法庭进校园活动";举办走进中院庭审观摩活动,如华东政法大学2017年首次依托上海市第一中级人民法院开展了走进中院庭审观摩活动,学生走进中院听取重大刑事案件审理,庭后听取主审法官对案件进行分析解读,与主审法官交流互动;创新实习实践模式,如华东政法大学与上海高院联合举办的法律助理本科生实习项目,上海交大凯原法学院的律师助理等项目,取得了良好效果。计划内的实践教学活动使学生走出校门之前增加了对实务部门业务的了解与掌握。

(3) 计划外以赛促学,营造法学课外文化氛围。各法学院校注重利用参加高水平辩论赛、模拟法庭竞赛等锤炼学生的法学专业基本功,提高学生的法学实践应用能力。如杰赛普国际法模拟法庭竞赛、国际刑事法院模拟法庭竞赛、国际人道法院模拟法庭竞赛、WTO模拟法庭竞赛、全国大学生模拟法庭竞赛、上海市大学生模拟法庭竞赛等。例如华东政法大学在2017年"第十五届杰赛普(JESSUP)国际法模拟法庭中国赛区选拔赛"中荣膺冠军,该校代表队将代表中国于4月赴美参加第58届杰赛普国际法模拟法庭大赛国际总决赛。值得注意的是,近年来上海法学院校参加各级各类辩论赛、模拟法庭竞赛呈现出以下两点特征:一是强化对竞赛队员的选拔、指导、模拟训练,专业教师深度介入,部分教师将指导竞赛的成果融入日常教学改革之中,进行模拟法庭竞赛课程化探索;二是积极走出国门,更多参与国际高水平赛事。

（4）创新创业教育在摸索中前行。实施大学生创新创业训练计划，初步形成了校级—市级—国家级创新创业项目培育遴选机制，有力提升了学生的创新创业能力和水平。邀请知名企业家、青年创客进校开设创新创业类课程，对话校园，解读创新创业环境与政策，普及创新创业基础知识，启迪思维，活跃校园创新创业氛围。成立创新创业基金会，支持创新创业项目孵化落地。举办创新创业论坛。2016年，华东政法大学举办了首届上海松江大学园区大学生创新创业论坛——"互联网+"背景下大学生创新创业之路，松江大学园区7所高校的有关领导、师生代表等800余人参加活动。原美团网联合创始人、上海交大EMBA项目主任李国建等4位大学生创业杰出代表、青年企业家、互联网创业专家到场演讲，并与大学生交流互动。为方便高校间交流互进，上海还专门设立了校际交流学习平台——上海大学生创新创业论坛。

4. 借助信息技术发展，改进教育教学方式

上海法学教育在持续推进全英文教学、研究性教学、案例式教学、讨论式教学的基础上，近年来，伴随互联网信息技术的快速发展，上海法学教育的手段正在发生新的变化，共享教育、在线学习、远程教学的发展引人注目。一方面，在教育主管部门的指导下，各法学院结合自身的实际情况，通过第三方信息技术平台，根据需求引进部分优质在线课程，同时建设发布学校的共享精品课程，实现优势互补，学生可以在线随时随地学习。例如，华东政法大学引进了包含"世界著名博物馆艺术经验"等在内的8门优秀校外在线课程，建设了4门教育部国家级精品资源共享课程。另一方面，各法学院校注重打造校内信息化学习环境，建设远程录播教室，开展远程教学；打造网络学习中心，辅助课堂学习。

（三）加强教育资源整合，广泛深入开展合作办学

1. 跨校联合培养

国内跨校联合培养。上海松江大学园区、西南片高校联合办学持续推进，区域内高校将其品牌专业对校外学生开放，如华东政法大学的法

学专业、上海外国语大学的语言类专业等，跨校选修课比例不断提高，为区域内法学与其他专业的交叉融合，培养复合型人才创造了良好条件。长三角地区高校交换生项目有力实施，以华东政法大学为例，其2014~2018学年，共派出23名学生到南京大学、浙江大学等院校学习，接收南京师范大学、浙江财经大学等81名交换生到校交流。法学专业跨校辅修深入开展。

国际跨校联合培养。依托地缘优势，各法学院校与海外高校广泛开展多种形式的合作培养，主要包括以攻读学位（时间一般为1~2年）为目的的法律、法学硕士合作项目，不以攻读学位为目的的交换生项目（时间一般为1~2个学期）和短期培训班、暑期学校或海外实习项目等。如上海交通大学凯原法学院—美国埃默里大学硕士学位项目；复旦大学法学院与蒙纳士大学、西澳大学、惠灵顿维多利亚大学、巴黎高等政治学院的交换生项目；上海对外贸易学院法学院与昆士兰大学法学院等联合开展法学硕士（LLM）和法律硕士学位（MApplaw）项目；同济大学与德国洪堡大学等开展"4+2"双硕士学位项目等。部分法学院校在实施走出去战略的同时，开始主动接收海外留学生，开办中国法律讲习班，将中国特色法律体系、制度与内容通过交流合作的形式传播出去，推动双向协同发展。

2. 产学合作培养

目前，上海共建设了3个法学类国家级大学生校外实践教育基地，承建院校分别是华东政法大学、上海交通大学凯原法学院、上海政法学院。上海各法学院校一直注重与行业部门之间的交流、合作，成立各类对接法律实务需求的研究中心，加强法学研究与法律实务前沿之间的对话交流，在对话交流中提升法学教学能力和法学研究能力，实现协同发展，如上海交通大学凯原法学院建立企业法务研究中心，上海对外经贸大学与具有涉外特色的律师事务所建立合作关系等。建设各级各类校外实践教育基地，定期选派学生到基地开展实习实践，依托基地开展形式多样的实践教学活动，充分发挥行业育人作用。这方面规模较大、影响较大的是华东政法大学与上海市高级人民法院联合举办的法律助理实习生项目，每年该校会选派本科生、硕士生共约

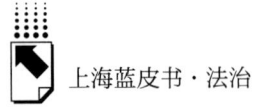

150人分赴上海各法院及上海周边部分合作法院开展为期2~3个月的全职、准工作状态实习。2017年，该校还选派了1名特别优秀本科生参加最高人民法院为期6个月的法律助理实习项目。此外，各法学院校还会依托行业部门开展丰富多样的实践教学活动，如以提升某项实践能力或加深对某一法律实践认知为主题的夏令营、冬令营及庭审进校园活动等。

3. 强化法律智库建设，强化服务经济社会发展功能

服务社会是高等教育的职能之一。从世界高等教育的发展历程来看，高等学校与社会经济发展会逐渐形成一种共生关系，如美国的"硅谷"与"斯坦福"模式等。上海法学教育秉承开门办学，推进学术研究与国家法治建设需要深度融合，取得一定成效。如华东政法大学适应对接我国自由贸易试验区法治建设需求，成立华东政法大学自贸区法律研究院，承担国家社科重大攻关课题，积极参与上海市自贸区相关法律法规制定，为政府提供咨询报告。上海政法学院对接国家和社会发展重大需求，积极服务国家战略，设立"中国—上海合作组织国际司法交流合作培训基地"，面向上合组织成员、观察员、对话伙伴，广泛开展司法和执法人员培训、国际合作研究、政策法律咨询、研究生培养等工作。

三　法学教育展望

改革开放以来，我国法学教育取得了巨大成就的同时，也存在着一些问题和短板。主要表现在法学高校发展速度过快，规模过大，生态位重叠，同质化严重；法学教育的内容还不能很好地反映世界法治潮流和中国法治实践，各高校普遍存在重科研轻教学的现象，法学学科建设对法学教育的支撑和反哺能力较弱；法学人才培养缺乏特色，质量参差不齐，法学专业毕业生连年被贴上"就业难"标签；法学教育长期以来存在重智育轻德育、重专业教育轻思想政治素养培养、重西方理论引进轻中国法治实践的现象，对学生的思想政治引领、法律职业伦理和道德操守教育、法学实践能力训练尚有不足。

党的十八大以来，党对全面推进依法治国，建设一支高素质的法治人才队伍给予高度重视，提出了一系列重要理论论述。党的十九大明确提出落实立德树人根本任务。高校是法治人才的培养基地，承担着人才培养、科学研究、社会服务、文化传承、国际合作交流的重要职责，是法律思维最为活跃、法律知识最为密集、法学人才最为集中的地方，在推进依法治国中发挥着不可替代的重要作用。

（一）培养德法兼修、融通的复合法学人才

习近平总书记在2017年5月3日考察中国政法大学时发表的重要讲话中指出："建设法治国家、法治政府、法治社会，实现科学立法、严格执法、公正司法、全民守法，都离不开一支高素质的法治工作队伍。法治人才培养上不去，法治领域不能人才辈出，全面依法治国就不可能做好。"这一讲话深刻阐明了法治人才培养的突出功能和价值定位，指明了法治人才培养、法治人才队伍建设的方向。

1. 坚持人才培养的社会主义价值导向

立德树人是中国特色社会主义教育事业的核心所在，是培养社会主义建设者和接班人的本质要求。法学高校要始终把德法兼修的法治人才培养与全面依法治国国家战略需求紧密对接。坚持培养造就一支政治定位和职业定位明确，思想政治素质硬、业务工作能力强、职业道德水准高，坚定拥护党的领导，拥护中国特色社会主义的法律工作者。拥有中国特色社会主义道路自信、理论自信、制度自信、文化自信，自觉把人生理想融入国家富强、民族复兴、法治进步的伟业之中。

法学高校要围绕"立德树人、德法兼修"积极开展法学教育教学改革，探索法学专业教育与思想政治理论课程的同频共振。一方面，以法学知识传授为基础，以经典案例为核心，以社会主义核心价值观为引领，发挥课堂教学主渠道功能，实现法学知识传授与价值引领的有机统一。另一方面，充分发挥第二课堂育人功能，鼓励全员、全方位、全过程育人，通过读书会、网络课堂、学业辅导等多种贴近学生生活的教学渠道，引导学生阅读马克思主

义哲学、经济社会学和中国传统文化等重要典籍,通过社会实践活动,引导学生认识到我国社会主义特色法治建设的特殊性和复杂性与长期累积的经验,真正体会到中国特色社会主义的优势所在,鼓舞学生以中国智慧、中国实践为世界法治文明建设作出贡献。

2.坚持法学人才培养的广度和宽度

随着我国法治建设进程不断深入和全球化趋势不断加强,法律职业的高度细分性日益显现,尤其是对于上海这样的国际化大都市来说,未来的法律服务的内容和种类将越来越多元化、高端化,国内业务和国际业务的边界进一步模糊,法律服务产品链也将进一步拉升,衍生至法律与其他领域的交叉增值服务。这要求高校培养的法治人才不仅需要有从事一线法律行业所需的深厚法学功底、娴熟的法律技能,更需要有广博的知识底蕴,需要具备法律和其他学科交叉复合的知识背景,有宽广的国际视野和跨文化交流、谈判和执业的能力,有用大数据和人工智能推进法治发展的意识和能力,有为完善中国特色社会主义法治体系、建设社会主义法治国家提供有力的人才支撑和智力支持的决心和动力。

高校培养又博又专、愈博愈专的融通复合型法治人才,不仅要致力于法学学科内核心主干课基本理论知识的融通复合,也要注重法学与其他学科知识的融通复合;不仅要致力于实现法学学生理论知识与实践能力的融通复合,也要注重学生综合素养与知识学习的融通复合。这需要高校深化法学"学科群"及"课程群"建设,按照结构合理、体系完备、内容新颖、知识融通构建现代法学新型交叉学科教学模式,促进建立第一课堂和第二课堂深度融合平台,在培养学生专业技能的同时注重创新实践能力培养、高尚的道德情操养成和深厚的文化底蕴积淀。

(二)坚持法学人才的职业化培养路径

法律职业(Legal Professional)是指"以通晓法律及法律应用为基础的职业"(《大不列颠百科全书》)。法律职业者是一群"精通法律专门知识并实际操作和运用法律的人,包括法官、检察官、律师。他们受过良好的法律专业训练，具有娴熟的运用法律的能力和技巧"。在英美法系及大陆法系国家，都要求从事法律职业者必须有大学法学本科以上的学历。以美国为例，美国明确规定法官和律师必须从法学院毕业并获得 JD 学位（法律职业博士），报考法学院的学生都是其他专业大学本科学历以上的毕业生。我国也非常强调法学教育的实践性、职业化特点，习总书记强调，"法学教育要处理好知识教学和实践教学的关系。打破高校和社会之间的体制壁垒，将实际工作部门的优质实践教学资源引进高校，加强法学教育、法学研究工作者和法治实际工作者之间的交流。法学专业教师要坚定理想信念，带头践行社会主义核心价值观，在作好理论研究和教学的同时，深入了解法律实际工作，促进理论和实践相结合，多用正能量鼓舞激励学生"。这为我国法学教育的职业化走向指明了方向。

1. 打通法学教育与职业对接的最后一公里

法治中国建设要求法学要更注重职业能力教育，目前我国正在着力推进的司法体制改革对于法治建设队伍和法律职业人才接受过同一背景的法学专业教育，通过同一专业水准的任职资格考试，具有相同的法律意识和对书面法律条文取得统一的理解，能够保证职业法律人员执法的统一性、维护司法权威性，提出了更加明确和严格的要求。法学教育要转变照本宣科、知识灌输的教学模式，增加案例课程教学、研讨式教学、门诊化教学、庭审式教学等，培养职业法律人以理释法、依法析理的能力，把对具体问题解决的主动权交给学生，让学生真正接受法律思维、法律推理、法律方法的训练和培养，提高其解决实际问题的能力。

法学高校要加强实践实务类课程建设，增加实践实务类学分，立体化构建学生的法律实习平台，拓展模拟法庭、模拟仲裁庭、仿真模拟实验、现场勘查、国内外竞赛、法律助理、职业化实习实训等多种法律实习方式，保证实践教学的连续性、阶梯式培养和提升学生实践能力，实现法学教育与职业的有效对接。加强法律教学案例教材编写，结合法学教学特点，组织专家、教师编写一些寓理于法、理法交融的法学案例式教材，把原有的以理论构建和法条注解为主要内容的教材转化为让所有受教育者能够从鲜活的案例材料中学会适用法律、掌握法律运作的机理和全部程序的案例教材，切实提高法治人才将理论运用到实践中的能力，包括对社会生活的敏锐观察力、逻辑思维能力、口头表达能力和文字写作能力等。

2. 扎实推进"双千计划"，引入行业师资深度参与教学

引入行业师资深度参与法学教育与人才培养工作。2013年教育部推出的"双千计划"促使一大批优秀的实务专家走上讲台，他们扎实的理论知识和丰富的实践经验，生动活泼、新颖有趣的授课内容广受学生欢迎。通过到校定期开展各种教学的方式参与高校人才培养工作，他们还牵头自身所在单位与高校签订共建合作计划，通过共建培训平台和实践教学基地进行深度合作。

这一计划为法学高校教师提供了一个理论联系实际的通道，使他们更加了解国情。通过高校教师挂职基层，积累其实践经验，再深化理论知识，搞活教育内容，转变传统的人才培养模式。

（三）坚持法学人才国际化培养路径

在全球化经济的时代里，经济的高速增长离不开法制建设的保驾护航。尤其是近十多年以来，上海及周边地区的社会经济发展迅速，已成为长江流域乃至全国经济增长的龙头地区之一，涉外法律活动的数量增多，扩大了对法学人才的需求，并对法律人才设定了更高的规格和标准。中国法律市场需要一支通晓国际规则、具有世界眼光和国际视野的高素质涉外法律服务队伍，主要从事国际投资和并购，反倾销、反垄断，知识产权保护，环境保护，以及国际商事仲裁等领域的法律服务。坚持国际化和本土化相结合，培养国际化法律人才是上海法学院校的使命和责任。

1. 高端涉外法律人才紧缺

虽然每年有几万名法律专业的毕业生走上工作岗位，但目前我国高端涉外法律人才仍呈现紧缺状态。为应对高端涉外律师稀缺的问题，司法部、中华全国律协在2012年就已制定了涉外律师领军人才培养计划，旨在培养精通相关领域业务和国际规则、具有全球视野、具有丰富执业经验和跨语言、跨文化运用能力的懂法律、懂经济、懂外语的复合型、高素质律师领军人

才,更好地服务国家整体经济和社会发展战略。司法部律师公证工作指导司司长周院生在接受《中国日报》独家专访时指出,为适应全面开放新格局的需要,未来五年内,中国将着力培养1000名涉外律师领军人才,建设一批规模大、实力强、服务水平高的涉外法律服务机构。

上海作为"四个中心"和全球科创中心城市的发展战略和城市定位,更是释放出对涉外法律服务的巨大需求,带动了涉及贸易、金融、知识产权、保险、反倾销、对外投资、跨国并购等与市场经济发展和经济全球化发展密切相关的多个新兴法律服务领域。服务我国"走出去"发展战略和上海区域建设的法治人才不仅要有扎实的国际法、国际私法或国际经济法专业基础知识,良好的英文口头、书面表达能力,严谨的逻辑思维和国际化视野,较强的独立分析、综合判断、应变及解决法律问题的工作能力,丰富的国际经济、政治,外国文化历史,东道国法律体系和风俗习惯等背景知识;更需要能在国际法律服务舞台上代表中国律师的整体形象,矢志于成为捍卫中国国家利益和中国企业合法权益的法律卫士。

2. 上海国际化法律人才培养亟须提速升级

上海法学院校需不断提升人才培养国际化水平。在办学思路上,不断拓展高层次、宽领域国际交流平台,高等教育国际化方式从招收国际学生、互派教师等传统手段拓展到教学科研领域广泛合作、海内外校园无限延伸、共同构建大学联盟等全方位、多层次活动,深化法学高校国际化发展格局。在课程和教学设置上,注重对学生基础英语、第二外语和小语种能力的培养,加大学生法律英语教学的比重;增加双语课和全英文法学专业课程,引进英文原版教材和英美案例教学法。在学生联合培养和校外实习基地建设上,加大投入力度,拓展国际化培养的深度和广度,探索双学位、"2+2"联合培养模式、学分互认、派学生参加国际赛事、交流实习等多种培养模式,总体提升学校国际型法学人才的培养质量。

(四)着力构建中国特色社会主义法学学科体系

习近平总书记强调:"办好中国的世界一流大学,必须有中国特色。没有特色,跟在他人后面亦步亦趋,依样画葫芦,是不可能办成功的。"加快创建中国特色、世界一流法学院校和法学学科的任务迫在眉睫。

1. 切实发挥法学研究对法治建设的理论支撑功能

开展法学基础理论研究,加快建设中国特色社会主义法治话语体系,是社会主义法治文化建设的重大战略任务,是全面建设社会主义法治国家的现实需求。充分发挥法学研究对推进法治建设的基础性作用,通过加强法学理论研究,进一步完善中国特色社会主义法律体系,深入开展社会治理和创新法律问题研究,结合我国法治实践,力争形成在理论上有创新、对实践有指导的研究成果,是时代赋予法学院校和广大法学工作者的光荣使命。

法学高校要充分发挥学科齐全、人才密集的优势,加强法治及其相关领域基础性问题的研究,聚焦司法体制和工作机制改革中的重大问题,深入研究司法基础理论和实际操作中的一些疑点难点,对复杂现实进行深入分析,作出科学总结,提炼规律性认识,为完善中国特色社会主义法治体系、建设社会主义法治国家提供理论支撑,为司法机关和执业人员的决策提供理论参考。为加强法治教育思想引领,逐步形成具有中国特色、中国气派、中国风格的中国特色社会主义法学理论提供助力。

以上海为例,作为司法体制改革的首批试点地区,完善司法人员分类管理制度,健全法官、检察官及司法辅助人员职业保障制度,完善司法责任制,探索建立省以下法院、检察院的法官、检察官省级统一管理的体制,探索建立省以下法院、检察院经费省级统一管理的机制等一系列改革方案的出台都具有先行先试,为全国改革提供可复制、可推广的经验的"探路先锋"性质。这些试点方案、政策的出台,都需要司法实务界、法学理论界、律师专家界的合力推动。

2. 积极应对大数据时代法学研究与服务的创新

自 2015 年国家确立大数据战略之后,大数据在 2017 年的中国社会发展中更加凸显其基础性战略资源的地位和作用,对国家安全、社会治理、经济发展等各个方面都产生巨大影响。随着数据挖掘技术的进步和法律领域数据的不断生成与累积,法律大数据时代的到来必将驱动法学教育、法学研究、法律应用和法律服务与立法模式发生变革。

在大数据时代，法律数据呈现出数量大、速率快、多样化、不稳定等特点，对法律数据相关信息进行捕捉、管理、处理，形成全面、准确、有前瞻性，具有科学分析判断能力、洞察优化能力的数据集成。这不仅会引发法律传统数据收集模式的改变，也会打破传统法律行业的工作模式，更可能催生新的法律职业——法律数据挖掘师。法律大数据的应用已经为法院、检察院、律师行业掌握审判动态、研究类案具体情势、进行司法解释、发布司法数据、提出司法建议等提供了"立等可取"的广泛便利，但是也催生出许多新的立法、司法和执法问题，法律大数据及其应用的迅速发展，已经引起了法律界的关注，法律人已经从各种不同的视角对于这场大变革进行了思考和议论。法律大数据的研究与应用将成为法学研究的一个创新型领域，必须给予高度关注。华东政法大学"互联网＋法律"大数据平台已于2016年6月22日正式上线，立足学校学科优势，推动法学与互联网、大数据深度融合，让法学结合互联网及大数据服务于创新社会治理、经济转型升级和科技创新。

法律大数据也将深度改变法学教育的内容、结构与模式等。随着立法、执法、司法等领域用数据"说话、决策、管理、创新"，法学院校需要跟上大数据的步伐，不断充实法学教育内容、推进法学教育深化改革、培养跨界的法学创新人才等。法学教育与法学学生共同探讨对数量巨大的法律条文、案例要旨、法律观点、裁判文书进行深度加工、聚合和剖析已成为必要，学生掌握对财政、金融、税收、政府转移支付等领域的政府数据采集、存储和关联分析并发现新知识、创造新价值、提升新能力也正成为共识。将智能设备、人和数据连接起来，并以智能方式利用这些交换数据将成为时代特征；采集、共享和分析数据，挖掘各类海量执法、司法数据进而提出预测和对策建议等将成为法学学生的必备素质。探索法律大数据与法学教育的深度融合是法学高校需应对的时代趋势。

B.11
上海市区级人大法制委员会的运行情况与机制探索

姚 魏*

摘　要： 根据修改后的《地方组织法》，上海市所有区的人大都已设立法制委，实现了这一机构的"全覆盖"。区级人大法制委员会作为同级人大的常设专门机构，其职责定位是协助同级人大开展与其职能相关的工作，实际享有十五项具体职权，并具有专门性、专业性、协助性、经常性和权威性的特点。目前，它在参与地方立法乃至国家立法的相关事务、对规范性文件进行备案审查、开展执法检查工作、协助区人大常委会作出重大事项决定、办理代表的议案和建议五个方面积极作为，取得了良好的制度效果。为了促进区人大法制委的良好运作，我们应当在观念、制度、组织和人才等层面对其进行保障。我们还应认识到，区级人大法制委应当为市人大制定地方性法规提供全面服务，应当在区人大行使重大事项决定权时发挥重要作用，应当在构建和完善区人大工作制度方面凸显特殊功能，但不应成为监督主体和行使重大事项决定权的主体。

关键词： 区级人大法制委　立法参与　备案审查　执法检查

---

* 姚魏，上海社会科学院法学研究所助理研究员。

2015年6月,《全国人大常委会党组关于加强县乡人大工作和建设的若干意见》(以下简称《若干意见》)由中共中央转发至各地,提出了县级人大根据需要可以设立法制委员会(以下简称"法制委")。同年8月,经过修改的《中华人民共和国地方各级人民代表大会和地方各级人民政府组织法》(以下简称《地方组织法》)从法律层面固化了这一重要举措。2016年1月,上海市徐汇、松江、青浦、虹口四个区人大率先设立了法制委。同年3月,"撤二建一"的静安区第一届人大第一次会议也决定设置法制委员会。到2017年年初,上海市16个区人大都已设立法制委,实现了"全覆盖"。如今,本市各区人大纷纷通过规范性文件明确了法制委的工作职责和议事规则,区级人大法制委运作机制已初步成形,预期的功能得到充分的发挥,建立该机构的初衷也基本得到实现。然而,任何机构和制度运行一段时间后,都需要进行总结与评估,以此推广经验并查找不足,为它们的依法和科学履职奠定基础。本报告将以情况介绍和理论思考的形式,分析上海区级人大法制委的运行现状,并探索其更加健全合理的运行机制。

一 上海市区级人大法制委的运行情况分析

(一)区级人大法制委设立运行的政策与法律依据

人民代表大会制度是我国的根本政治制度,是"坚持党的领导、人民当家做主、依法治国"三者有机统一的制度保障和政治基础。党的十八大以后,决策者将完善人大制度的重点放在纵横两个方面,一是在横向上完善人大的内部机构设置,确保人大依法履职获得健全的组织保障,二是从纵向上强化基层人大的工作和建设,使得依法治国获得稳固的根基。在县级人大增设法制委等专门委员会正是两方面努力的会合点。党的十八大报告提出:"健全国家权力机关组织制度,优化常委会、专委会组成人员知识和年龄结构,提高专职委员比例,增加依法履职能力。"2014年,十八届四中全会通过的《关于全面推进依法治国若干重大问题的决定》进一步指出，"加强人大对立法工作的组织协调，健全立法起草、论证、协调、审议机制，健全向下级人大征询立法意见机制，建立基层立法联系点制度"；"全面推进依法治国，基础在基层，工作重点在基层"。基于上述政策目标，2015年6月，《若干意见》为了贯彻落实党的十八大与十八届四中全会的有关宗旨和精神，在加强区县人大工作制度和组织制度建设方面提出了许多新的重要设想。其明确指出，加强县级人大及其常委会的组织建设，"根据需要，县级人大可以设立法制、财政经济等专门委员会"。

为保证《若干意见》提出的重大改革与法有据、顺利推进，全国人大常委会迅速启动了立法程序。2015年8月，全国人大常委会审议通过了关于修改《地方组织法》《选举法》《代表法》这三部相关法律的决定，重点对县乡人大组织制度和工作制度、代表选举和代表工作等方面的相关规定作出了必要的修改。其中，《地方组织法》第30条增加规定："县、自治县、不设区的市、市辖区的人民代表大会根据需要，可以设法制委员会、财政经济委员会等专门委员会。"由此，《地方组织法》和《监督法》等法律中关于专门委员会的所有条款都可适用于区级人大法制委，包括其产生、组织和职权。比如，《地方组织法》规定，区级人大法制委的组成人员的人选"由主席团在代表中提名，大会通过；其职权为，在本级人民代表大会及其常务委员会领导下，研究、审议和拟订有关议案，对属于本级人民代表大会及其常务委员会职权范围内同本委员会有关的问题，进行调查研究，提出建议"。同时，《监督法》赋予人大专门委员会在审议专项工作报告、执法检查、规范性文件备案审查和特定问题调查中的职权，也相应地分配给了区级人大法制委。为了适应上位法的修改，上海市人大常委会于2016年4月通过了《关于区县和乡镇人民代表大会工作的若干规定》，并同步废止1995年制定的《上海市人民代表大会常务委员会关于乡镇人民代表大会工作的若干规定》，前一法规不仅再次明确了专门委员会享有的五项职权，而且特别规定了法制委员会在处理人大代表议案和实施规范性文件备案审查中的作用。在上述法律法规的指引下，上海市某些区人大还通过规范性文件明确法制委的履职清单，包括工作职责、工作规则以及工作细则等，由此关于区级人大法制委运行的各项规范得到充实和完善。

（二）区级人大法制委员会的工作职责与特点

与上级人大不同的是，区级人大本身没有立法权，因此上级人大法制委在地方立法中所承担的责任并没有延伸至区级人大法制委，而立法权一直被认为是人大最重要的职权，因此使得人们对设置区级人大法制委的必要性产生怀疑，并对其具体职责没有清晰的认识。2016年上海市人大常委会有关领导曾赴全国人大常委会法工委询问设置区级人大法制委的政策意图和立法目的，国家法室负责人作了回应，认为区县人大法制委的工作定位应坚持"四个有利于"：有利于加强法律法规在该区域内有效实施的监督；有利于该区域对重大涉法性决定开展统一审议职责的发挥；有利于区县人大常委会备案审查工作落实到具体部门承担；有利于区县人大法制人才的队伍建设。因此，根据《地方组织法》等法律的规定，参照上级人大法制委的职责设置，并结合上述"四个有利于"，直辖市区级人大法制委员会享有的具体职权可总结为以下15个方面。一是研究和审议本级人民代表大会主席团、人大常委会、主任会议交付的有关议案，并提出审议结果报告或者审议意见。二是研究、拟订并向人大及其常委会提出属于本级人大及其常委会职权范围内同本委员会有关的议案。三是对属于本级人民代表大会及其常委会职权范围内同本委员会有关的问题，进行调查研究，提出建议和意见。四是对区政府报送区人大常委会备案的规范性文件，组织开展统一审议，提出处理意见。五是协助区人民代表大会及其常委会在综合性较强的领域依法开展监督工作或者作出涉法性决定。六是协助本级人大及其常委会督促"一府两院"贯彻执行国家相关法律法规和人大及其常委会的相关决议、决定。七是对市人大常委会或者专门委员会、工作委员会交付征求意见的有关法律法规草案，做好修改意见的征求工作，协助市人大常委会和有关委员会来本区开展立法调研或者执法检查。八是具体组织实施人大常委会组织开展的视察、调查、执法检查，协助本级人大及其常委会对"一府两院"的工作进行监督。

九是对属于本委员会职权范围内的有关问题,进行调查研究,提出有情况、有分析、有建议的调研报告,为本级人大及其常委会审议决策提供参考依据。十是参与开展与本委员会有关的立法工作,包括参与有关地方性法规草案的立项、起草、调研、协调、修改工作。十一是办理本级人大及其常委会和主任会议、上级人大及其常委会交付的其他工作事项。十二是加强与区人大代表的联系,为代表提出同本委员会工作有关的议案和建议、批评和意见提供服务;认真研究交由本委员会处理的代表建议、批评和意见,并负责答复代表;根据区人大常委会的要求,跟踪督办交由区人民政府和区人民法院、区人民检察院承办的与本委员会有关的代表建议、批评和意见。十三是加强同市人大法制委员会、市人大常委会法工委的沟通和各区人大有关委员会的交流。十四是配合做好涉及本委员会职权范围内的人民来信来访工作,督促有关部门办理和回复。十五是办理区人民代表大会主席团、区人大常委会及其主任会议交办的其他事项。

从区级人大法制委员会工作职责来看,主要具有以下特点。第一,专门性。法制委员会作为同级人大的常设专门机构,工作性质具有专门性,即专门从事法律监督以及与法律相关的工作,这也是不同于其他专门委员会的一个主要特点。也就是说,在机构设置、人员配备以及工作内容方面,都必须根据专门的工作要求进行安排,以保证法制委员会工作的正常开展。第二,专业性。法制委员会和其他专门委员会一样,都是按照专业原则组建的,其组成人员大多是熟悉政策法规和有着丰富法治实践的人大代表。他们有些是专家学者,有些是领导干部,还有大量的行业优秀分子,这就使法制委在具体履行所承担的法律职责时,能够发出专业的话语和提供专业的判断,而不是泛泛而谈和凭感觉做事。第三,协助性。法制委员会虽然是区人大的重要组成部分,但它不具有重大事项决定权和人事任免权,其监督活动也必须在常委会的领导和安排下进行,这就要求法制委弄清职责范围,规范有序运行,努力做到既不失职又不越权,积极主动地协助人大及其常委会履行好职责。第四,经常性。地方人大每年一般只召开一次会议,人大常委会每年举行六七次会议,而作为专门委员会的法制委员会的工作则是具有连续性和日常性的，它们在地方人民代表大会和常委会闭会期间照常工作，对有关议案等内容进行充分研究、深入调查，广泛听取各方面的意见，仔细比较各种可供选择的方案，为本级人大及其常委会审议通过有关议案和作出决议、决定做好充分的准备工作。第五，权威性。法制委员会虽然不是最后作出决定的人大，但由于它的工作职能由宪法、《地方组织法》以及地方性法规所赋予，享有较高的法律地位，具有督促"一府两院"改进相关法制工作的职责，其研究、审议、拟订有关议案和提出议案也必须遵循法定程序，这些都决定了它的所有工作具有规范性和权威性。

（三）区级人大法制委员会的运作现状

从上海区级人大法制委运作两年来的情况看，它们的组织和运行情况良好，充分实现了创设该机构的目的，加强和完善了区县人大的工作和建设。目前上海16个区的人大都依法设立了法制委员会，它们的组成人员由人大会议选举产生。由于各区实际情况不同，其组成人员人数和职数亦有差别，除一名主任委员外，副主任委员有1~3人不等，委员有3~18人不等，办事人员的数量也有较大差异。目前，凡是均设置法制委和内司委的区人大完全采取"两块牌子一套班子"的模式，即人大法制委组成人员同时也是内司委的组成人员，其本质就是一种结构紧密的"合署办公"。另有松江区仍保留常委会内司工委这一办事机构，而未设置区人大内司委这一专门委员会，但其法制委主任委员同时任常委会内司委主任。从运作实践看，上海市区级人大法制委的工作都已步入正轨，形成了固定的工作模式，从根本上促进了依法治国（包括依法治市、依法治区）工作，提升了人大的履职能力和政治权威。这主要表现为以下几个方面。

第一，参与地方立法乃至国家立法的相关事务。区县人大虽然没有地方立法权，但是不等于其在立法工作中不能发挥作用，毕竟基层人大在汇集民意方面有独特的优势。上海市人大常委会主任会议制定的《关于进一步加强民主立法工作的规定》中就规定："市人大常委会应当健全向区、县人大常委会征询立法意见机制。在法规立项、起草、审议或者修改等活动中，市人大有关委员会应当采取书面征求意见、委托调研等方式听取区、县人大常委会的意见。"区人大法制委作为本级人大在法制方面的常设专门工作机构，理所当然成为承担上级人大立法辅助工作的具体部门。2017年，各区人大法制委在协助市人大立法工作方面做了很多工作。比如，徐汇区人大法制委将市人大法工委发来的《上海市社会信用条例》和《上海市预算审查监督条例》等六部法规草案，送区人大相关专工委咨询意见，并向人大代表、相关部门征求意见，之后共向市人大反馈意见、建议13条。又如，嘉定区人大法制委为配合市人大修订《上海市消防条例》，以监督调研本区贯彻实施该条例为契机，围绕城市消防风险，关注突出问题和重点领域，收集基层对法规修改的意见和建议，为条例修订作了充分的前期立法调研工作。2016年，上海市人大常委会确定十家单位为基层立法联系点，但立法联系点所在地分散在各区，各区人大法制委则承担了支持和指导立法联系点建设的工作。比如，静安区法制委起草了《静安区人大常委会关于支持和保障市人大常委会基层立法联系点（江宁路街道）工作的意见》，后经区人大常委会主任会议通过；他们还多次赴江宁路街道实地调研，听取立法联系点运行情况，推动立法联系点软硬件建设。长宁区虹桥街道是全国人大常委会的四个基层立法联系点之一，加强该立法联系点的建设就是为国家立法服务，长宁区人大法制委利用人代会、代表座谈会等各种场合，在全区范围内广泛宣传虹桥街道的相关工作，激发广大群众和相关部门参与全国人大法工委立法工作的积极性，使该立法联系点能够更广泛地听取基层意见，确实反映民心、民情和民意。

第二，落实规范性文件的备案审查工作。上海市区级人大享有对特定范围内规范性文件进行备案审查的权力，中心城区的区人大常委会的备案审查对象主要是区政府向社会公众公布的决定、命令、规定、通告、公告、办法等，以及它认为应当报送备案的其他规范性文件，下辖乡镇的区的人大常委会备案审查对象则包括乡镇人大及其常委会作出的决议、决定。总体来讲，区级人大备案审查的规范性文件数量有限，最有条件做到"有案必备，有备必审，有错必纠"，然而在设置法制委之前，区人大常委会的相关工作由各工作委员会依照职责分工进行，统一性和权威性都有所欠缺，审查工作的力度不够。设置区人大法制委后，区人大常委会的备案审查工作有了具体承担部门，审查质量有了显著的提高。目前，上海市各区人大常委会的普遍做法是，法制委员会收到报送备案的规范性文件后，与相关委员会一道进行审查，法制委员会对规范性文件作出统一审议，而相关委员会则对规范性文件进行专业性审查。黄浦区人大修订的《关于规范性文件备案审查的实施办法》就规定，法制委收到报送备案材料后立即分送相关委员会，相关委员会应当自收到之日起20日内提出书面审查意见送法制委，法制委在收到之日起10日内提出审议处理意见，送区人大常委会办公室，由其书面告知区人民政府办公室备案审查结果。徐汇区的实施办法则明确，由区人大法制委承担规范性文件备案审查的初审，同时积极探索由区人大法制委牵头会同相关专委会、工委开展对规范性文件的前期评估等工作。2017年上半年，各区人大法制委备案审查的规范性文件都在10件以下，且未发现与法律法规相抵触的情形，相关审查结果皆向人大代表作出通报并向社会作出公布。静安区人大法制委还就政府规范性文件备案工作与区政府法制办建立了定期沟通机制，督促区政府进一步健全内部工作制度，规范工作流程，切实把好规范性文件的拟定、制发和备审的各个关口。

第三，积极开展执法检查工作。《监督法》第二十三条规定："常务委员会执法检查工作由本级人民代表大会有关专门委员会或者常务委员会有关工作机构具体组织实施。"从全国人大和省级人大所开展的执法检查的历史看，由人大法制委单独进行的执法检查较为少见，各级人大一般将检查任务交付给其他专门委员会组织实施。然而，上海市区级人大法制委与内司委合署办公的体制决定了法制委在名义或实质上亦承担了一部分相关工作，因此某些执法检查是以联合调研组的名义开展的，比如静安区人大法制委和内司委共同就《上海市道路交通管理条例》的实施情况进行专项调研，广泛听取和汇集各个群体的意见建议，形成调研报告呈报市人大内司委。当然，人大法制委也与其他专门委员会进行深入的合作，例如静安区法制委与财经委密切协同，就《上海市食品安全条例》开展执法检查，督促和支持政府及相关部门严格执行该法规，进一步推动食品安全监管工作。2017年，上海市各区人大常委会所选取的执法检查对象很多都与市人大常委会的监督项目重合，这是区人大主动配合与对接的结果，很多区都将新修订的《上海市道路交通管理条例》的实施情况作为执法检查对象，此外，有关食品安全、消费者权益保护、环境保护方面的法律法规也是各区执法检查的重点，它们的检查结论和调研成果亦成为市人大常委会形成执法检查报告的重要依据。当然，各区人大常委会也会选择与本区实际密切相关的法律法规进行执法检查，比如奉贤区人大法制委围绕《妇女权益保护法》《劳动合同法》《上海市集体合同条例》，会同区人社局、总工会、妇联等单位，针对基层企业劳动合同签订、工资集体协商、社会保险费缴纳等情况开展执法检查，切实维护广大女职工的合法权益。

第四，协助区人大常委会作出重大事项决定。区级人大虽然没有立法权，但享有重大事项决定权，其经常作出一些涉法性决议与决定，需要法制委给予充分的协助。例如，2017年徐汇区人大为深入推进依法治区工作，在总结往届经验的基础上，对"十三五"时期依法治区工作作出了决议。此前，法制委开展了深入调研，组织座谈研讨，充分听取区法院、检察院、多家行政执法单位、部分企事业单位和人大代表的意见，形成决议的草案，其后又书面征求了"一府两院"、区人大各专工委及20位区人大代表对草案的意见，并进行修改完善，最后由区人大常委会顺利审议通过。又如，青浦区人大法制委深入开展"七五"普法的前期调研工作，多次赴区司法局共同会商"七五"普法规划和决议草案的起草工作，就决议草案的条款逐项提出意见建议，并及时召开全体会议对决议草案进行审议，提出修改建议，为常委会最终作出决议当好参谋助手。

第五，认真办理代表的议案和建议（亦包含代表的批评和意见）。根据上海市人大常委会制定的《关于区县和乡镇人民代表大会工作的若干规定》和各区人大常委会通过的"代表议案处理办法"和"代表建议、批评和意见处理办法"，针对区人大主席团决定交法制委在大会闭会后审议的代表议案，法制委应当召开全体会议审议这些议案，必要时可以座谈会、论证会、听证会等形式获得公众意见,并邀请提出议案的代表参与进来,充分地听取其对议案的处理建议;同时,它还应认真研究交由法制委处理的代表建议、批评和意见,并负责答复代表,并根据常务委员会的要求,跟踪督办交由本级"一府两院"承办的代表建议、批评和意见。妥善办理代表议案、建议是保障代表依法履行职能和加强决策科学化的重要措施,嘉定区人大法制委就对办理代表议案、建议非常重视,按照"专人负责,逐件落实"的原则,积极协调相关部门,分析情况,研究问题,统一认识,并及时主动与所提议案代表加强联系,沟通办理情况。根据与代表的沟通情况,及时答复代表。例如针对进一步做好本区道路交通疏堵保畅工作的建议,嘉定区人大法制委安排专人负责与政府部门沟通,召开专项协调推进会,在充分开展调查研究后及时办结代表书面意见。宝山区人大法制委多次与19件代表建议的主办单位沟通联系,了解办理的进展情况,并向提出建议的代表征求对办理工作的意见建议。同时从中挑选了一件重点督办的代表建议,加强跟踪监督,保障代表建议的办理质量。

值得一提的是,上海已建立了"市和区人大法制委工作例会"机制,搭建与区人大法制委以及各区人大法制委之间定期沟通的平台,分专题开展业务培训,为区人大法制委工作有序开展提供帮助和指导。根据中央、国家法律以及市委有关文件精神,市人大法制委加强了对各区人大设立法制委工作的指导,在充分调研的基础上形成工作专报,就区人大法制委的组织结构、职能界定等方面提出建设性意见,供常委会适时制定指导性意见、规范区人大法制委工作参考。

二 保障区级人大法制委员会良好运行的几项措施

区级人大设立法制委员会等专门委员会是一个新生事物。新修订的《地方组织法》虽然明确规定了区级人大可以设立法制委员会,而对如何设立、怎样运行等尚未出台具体规范,从而导致了区级人大法制委员会的运作在客观上处于如何履职无章可循的境地。虽然地市级人大法制委员会的运行已经积累

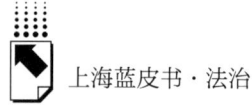

了丰富的经验,但由于工作内容和性质不尽相同,特别是在立法方面有较大差异,所以应当首先从健全工作运行机制的保障措施入手,推进相关制度建设。

(一)观念保障

正确认识设立区级人大法制委员会的意义,是健全和完善相关工作机制的主观方面的因素。要充分发挥区级人大法制委员会的作用,首先在观念上要树立正确的认识。而确立这种观念保障,关键是要正确认识并保障法制委员会的两个"性",即专门性和专业性。首先,就专门性而言,法制委员会既然是一个"专门委员会",在工作中就应当首先保障它的"专门性"。过去在一些地方国家机关,由于人员编制等方面的限制,在工作中往往会以各种原因或者理由"借调"其他部门的工作人员;而一些专门性较强的部门,也由于相同的原因,其工作人员往往会从事一些与本部门无关的工作。区级人大由于人员编制限制,如何保证法制委员会的专门性,是观念上尤其是相关领导的观念上应当正确认识的一个问题。要知道,法制委员会从事的工作是很繁重、很关键的,许多工作经验需要长时间的持续性的积累,这就需要首先从观念上保证相关工作人员心无旁骛地工作,并努力创造条件保证其工作的稳定性。其次,就专业性而言,法制委员会是专业从事相关审查监督工作的机构,具有很强的专业性,也就是说,不是所有人都能够胜任法制委员会的工作。因此,在机构设置和人员安排方面,必须首先在观念上要充分认识到这种专业性。法制委员会的专业性同一般法律工作的专业性是不同的,不是说所有从事与法律相关的工作的人都能够胜任法制委员会的工作。法制委员会的专业性表现在不仅需要相关工作的实践经验,更需要相关工作的理论素养。因此,在法制委员会的人员配备方面,必须充分考虑到这种专业性,尽可能地选拔那些有实际工作经验,更有法学理论素养的人充实到法制委员会。

(二)制度保障

如前所述,区级人大设立法制委员会是一个新生事物,目前只有法律层面暨《地方组织法》的初步规定，尚缺乏法规乃至规范性文件层面的具体工作规范。因此，制定相应的规范，是完善区级人大法制委员会运行机制的重要制度保障。在目前情况下，可以借鉴各地地市级人大法制委员会的相关做法（上海市人大是省级人大，层级相差较大），探索制定法制委员会的工作规范，为顺利开展工作提供制度保障。我们认为，健全的制度至少包括：一是明确法制委员会的法律身份，理顺它与同级人大及其常委会、其他专门委员会、各工作机构以及社会各方面的关系，并明确协调机构和责任，以解决工作中遇到的各种问题，为法制委员会及其组成人员依法履职提供必要的机制保障；二是确定法制委员会组成人员的任职条件、人员数量和结构比例，提名、任免的权限和程序等；三是建立法制委员会会议制度，包括会议的启动、召集、主持和会期，出席会议的人数要求，会议内容的安排及事前告知程序等，以此保障委员们的充分知情权，以提高会议质量；四是制定议事规则，包括基本原则、表决方式、议事结果形成的必要条件等；五是健全和完善法制委员会的办公会议制度，及时处理好法制委员会的具体工作。当然，承载这些制度的规范性文件最好由上海市人大有关部门集中制定或进行范本推介，以便统一规范各区人大法制委员会的运行。在统一的规范制定之前，各区人大也可以先行先试，在实践中总结探索经验。

制度保障的核心内容是法制保障，即由市人大或其常委会在条件成熟时，制定规范区人大法制委组织和运行的地方性法规。2015年《地方组织法》的修改，只在其第三十条内增加规定："县、自治县、不设区的市、市辖区的人民代表大会根据需要，可以设法制委员会、财政经济委员会等专门委员会。"尽管该法用于规范地方各级人大专门委员会的条文可以适用于本市区级人大的法制委，而且上海市人大法制委在"上海人大网"上所列的十四项工作职责多数可以作为区人大法制委职责清单的参照标准，但是市区两级人大的职权范围有所不同，机构设置的方式和数量也有差别，比如两级人大的专委会和工作机构不完全对口，因此区级人大法制委需要慎重考虑其组织形式、职责范围以及运行方式。从目前的实践来看，各区的做法并不统

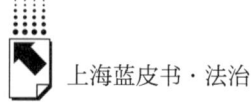

一,仍处于探索阶段,亟须市人大在条件成熟的时候进行相关立法,确保所有区级人大严格遵循宪法和法律(主要是《地方组织法》和《监督法》)的规则与精神,让法制委的运作有地方性法规可依,即通过地方性法规明确其主要职能和运作方式,然后再由各区人大自行设置工作规则。比如法制委和其他专委会是否可以"一套人马,两块牌子",法制委可否设置对应的工作机构,它如何对规范性文件进行备案审查等重大问题,应尽量在市级层面获得统一规定,避免各区各行其是,破坏法制统一。当然,这并非要求市人大单独制定关于法制委及各专委会组织和职能的法规,其只要进一步修改完善《上海市人大常委会关于区县和乡镇人民代表大会工作的若干规定》即可。也许有人会说,根据《立法法》第八条法律保留的规定,各级人大的产生、组织和职权只能制定法律,不宜由地方性法规来规定。可能还有人会说,只要法律没有禁止性的规定,区级人大法制委可以通过区人大及其常委会议事规则确定它的职能和运作方式。其实这两种看法都不正确,因为根据《立法法》第七十三条,地方性法规可以对法律进行执行性的具体规定,那么,只要法律规定区级人大可以设置专委会,其就可以具体确定它的组织和职能;同时,人大及其内部机构作为行使公权的主体必须依照"法有规定才可为"的原则行事,由《地方组织法》作简略的规定尚不足够,需通过地方性法规作比较全面的规定。比如静安区人大提出的备案审查工作以法制委为主、执法检查工作以内司委或者其他委员会为主的分工方案,完全可以经实践检验有效后写入上述地方性法规。

(三)组织保障

观念保障是前提,制度保障是根本,组织保障是关键。根据结构与功能密不可分的原理,区级人大法制委的组织架构直接决定了其功能的发挥。从本市区级人大法制委运行一年半所显示的情况看,各区都已初步建立或正在筹划建立法制委工作职责、会议制度、规范性文件报备办法和工作规程等工作制度,法制委在区人大及其常委会的领导下依规开展了卓有成效的工作,为基层人大工作注入了新的力量,为法治国家的建设作出了贡献。然而作为区级人大新设的机构，其组织架构还在探索的过程当中，各方对它的运行机制和运作机理还没有达成共识，比如大多数的区人大都将法制委与内司委合署办公，此种组织架构并不利于法制委预期功能的实现。

我们认为，从结构功能取向看，应当实现区人大法制委独立设置，不与任何其他专委会合署办公。本市区级人大在依法设置专门委员会前，都普遍设立内务司法工作委员会，以协助区人大常委会做好对内务、司法部门的监督工作。为了迅速响应中央对县乡人大改革的要求和适应《地方组织法》的修改，各区人大以内司工委为组织基础，"翻牌"成立内务司法委员会，从某种意义上说，新组建的法制委员会是依附于内务司法委员会的，它们共用了一套办事机构，即内司工委的原班人马。尽管这两个专门委员会有近似的工作内容，其组成人员的法律专业素养要求也基本相同，但它们的工作重心是迥异的。比如，它们都有权审议和处理人代会主席团或者常委会主任会议交付的议案，但两个部门审议的重点是不同的，内司委的工作重点是在相关专业内容方面，而法制委的工作重点是在法制统一方面。从功能区分角度讲，这两个专门委员会不应当合署办公。尤其是当内司委向本级人大及其常委会提出自己专业领域的议案时，不设置一个独立和中立的法制委，人大常委会在表决议案前就很难获得专业和可靠的审议意见（当有涉及合法性的重大问题需要进一步研究时），因为交由法制委审议内司委（合署）提出的议案就相当于法官审理与自己有利害关系的案件，违背了基本的法治原则。因此两委合署办公仅是权宜之计，不应常态化、长期化。

区人大独立设置法制委后，无须再设立常委会法制工作委员会（原先区人大常委会一般也不设法工委，不存在继续保留的问题）。由于全国人大和市人大享有立法权，立法任务繁重，既设置法律（制）委又设置法工委是必要的，但对于没有立法权的区级人大来说，同时设立法工委就属于"叠床架屋"。在有立法权的人大中，法工委的内设机构一般也是法律（制）委的办事机构，这样做有利于工作协调并精减人员，新成立的区级人大法制委虽然不需要通过设置法工委的方式来完成具体工作,但是设置专职的副主任委员和配备足额的委员,并建立一定规模的办事机构是很有必要的,否则难以胜任其日益繁重的工作任务。这就需要有关部门给予人员编制上的政策倾斜,确保区级人大法制委有足够的人力履行工作职责。此外,在各区人大设立法制委的初期,市人大法制委可以采用工作例会的形式,搭建平台让各区人大法制委交流工作经验,并指导它们依法正确履职,同时为制定或修订相关地方性法规作准备。

(四)人才保障

如前所述,法制委员会的职能具有很强的专业性,提供相应人才保障对完善工作运行机制是非常重要的。若要让法制委充分履职和发挥应有的作用,必须重视法律专业人才的供给和配备,使之成为人大内部法制水平最高的部门,这是因为法制委承担了诸如备案审查、执法检查、统一审议等多项重要的涉法事务,必须做到"打铁还需自身硬",否则其监督效果和审议结果的质量都会大打折扣。我们认为,无论是法制委的组成人员,还是其内设机构的工作人员,都必须具有较强的法学素养和法治实践经验,能够对法律法规和路线、方针、政策有准确的把握,同时还应具备高超的文字和语言表达能力与人际沟通能力。而从目前的实际情况来看,尤其是在区级人大内,这方面的人才目前还比较匮乏,难以适应法制委对有关人员的专业化要求。因此,在目前的情况下,可以从两方面着手提供专业的人才保障。首先,发掘内部的人才资源。法制委员会成员是在人大代表中提名产生的,人大代表中从事与法律相关工作的人不少,包括法学教师、律师等专业法律人才。因此,在提名法制委员会人选时,应当优先考虑这方面的代表。同时,由于法律的涉及面很广,有些法律本身所涉及的专业性也很强,因此,与经常性的被监督对象工作相关的专业人士也应当适当吸收进法制委员会,以保证监督的专业性与权威性。其次,充分借鉴外部资源。法制委员会的机构规模是有限的,但工作面很广,涉及的专业要求也很高,就区级人大而言,仅仅依靠法制委员会可能会有较大的局限性。2014年10月,党的十八届四中全会决定提出:"依法建立健全专门委员会、工作委员会立法专家顾问制度。"因此,可以借鉴政府法律顾问团的模式,组建相应的顾问机构,邀请相关专业人士参与相关的工作,为法制委员会的工作提供专业支持。此外,也可以以专家库的形式,邀请各方面相关的专业人士参与,帮助解决实际工作中的一些问题。上海市具有丰富的律师资源,在为政府提供法律服务的过程中积累了很多经验,同时,上海的法律教学与研究资源也很充足,辖区内有华东政法大学、上海交通大学凯原法学院等著名法学院校,可以为各区人大法制委提供专业服务。例如,松江区就建立了法律顾问组制度,以自愿报名、择优录取为原则,从高等院校、政府部门、司法机关、法律服务机构中选出九人组成了首届法律顾问组。

三 关于完善区级人大法制委员会工作职能的若干思考

对上海市区级人大法制委员会运行机制作探讨,归根结底要落实到其工作职能的科学化设置上,这就需要对区级人大法制委的设置目的进行系统性思考,并将其放置到人大工作制度改革和宪法法律所作制度安排的大背景下考量。本报告于上文列举了它的16项工作职能,但它们多数是参照上级人大法制委工作职能"临摹"而来,尚须根据宪法、《地方组织法》、《监督法》和人大工作的特性与规律进行进一步的"雕琢",考量区级人大法制委的工作重点和行使职权的恰当方式,避免走进实践的误区,并作一些前瞻性的思考。

(一)区级人大法制委应当为市人大制定地方性法规提供全面服务

尽管区级人大不享有立法权,但是它依然可以为市人大及其常委会的地方立法工作提供各项辅助工作,其具体任务可交由它的法制委来完成。这是因为上下级人大之间不仅具有法律上的监督关系、选举上的指导关系,还具有工作上的联系关系,市人大的立法工作当然可以请求获得区人大及其常委会的协助。这种做法符合党的十八届四中全会决定所倡导的"人大主导立

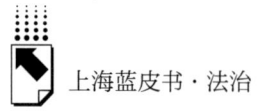

法"精神,它使得人大通过自己的系统获取立法信息,而不再单纯依赖政府提供的信息,可有效破除立法中的部门利益,这和有立法权的各级人大纷纷设立立法联系点的初衷是一样的,目的在于真正发挥人大在立法中的主导权。不过,人大及其常委会是个集体议事机关,代表和委员人数众多,会期短且议事任务重,由市人大直接对接区人大常委会进行立法调研具有一定的困难,而委托区人大法制委这一常设专门机构进行信息搜集和人员沟通就方便和有效得多。《立法法》修改后,上海市通过制定"一条例两规定"(《上海市制定地方性法规条例》和《关于进一步加强民主立法的规定》、《关于加强立法工作组织协调的规定》)强化了立法各阶段对区人大常委会意见的听取工作,明确"在法规立项、起草、审议或者修改等活动中,市人大有关委员会应当采取书面征求意见、委托调研等方式听取区、县人大常委会的意见"。实践中,新成立的各区人大法制委已经在立法工作中发挥了自身应有的功能。比如徐汇区人大法制委结合本区的实际情况,切实做到与市人大法制委的主动衔接与沟通,协同推进市人大常委会在其辖区内设立的基层立法联系点的完善工作,积极配合市人大常委会做好修订《上海市街道办事处条例》的调研工作;静安区人大法制委还为配合市人大《上海市道路交通管理条例》的修法工作,主动与市人大有关委员会联系对接,紧密结合市人大常委会的修法进程,组织专委会委员,专程赴区公安分局交警支队调研,并召开全区部分街镇人大代表、选民代表、驻区单位和区交管中心领导参加的座谈会,广泛听取各方意见、建议。如何将区人大法制委配合市人大立法予以制度化和常态化,以衔接"一条例两规定"的内容,必将是区级法制委工作制度设计的重要内容。

(二)区人大法制委应当在区人大行使重大事项决定权时发挥重要作用

一般来说,人大作为权力机关享有立法权、监督权、重大事项决定权、人事任免权。除立法权仅由一定层级的人大及其常委会行使外,另外三项权力是各级人大及其常委会都享有的权力。然而,各级人大在行使这四项权力时大多以决定或决议的形式作出，比如修改法律法规便是以修改决定的形式作出，但其本质是立法权的行使，人大对由其任免的官员进行撤职也是如此。而且，从实质上讲，立法事项、监督事项和人事任免事项哪一个不是重大事项呢？因此所谓的重大事项决定权，是排除了其他权能以外的狭义重大事项决定权，法律法规对其中的一些作了列举，比如决定对本行政区域内的国民经济和社会发展计划、预算作出部分变更，决定授予地方的荣誉称号等，但是仍有很多重大事项以概括规定的方式由各级人大根据实际情况适时作出决定，比如推进依法治区与开展法制宣传教育规划方面的重大事项。人大对重大事项作出决定虽然不被视为立法行为，其审议程序也不如立法程序严格，它既不能对公民设定权利义务，也不应给公权机关设置权力，但它是根据广泛政治共识对法律法规以及上级人大决议决定所做的具体实施，依然对公民的权利产生实际影响。从某种意义上讲，它是一种"准立法"行为，极有可能超越权限，或与法律法规和上级人大的决定相冲突。而且，从宪法和《监督法》的规定看，下级人大所作决议和决定亦被视为规范性文件，须接受上级人大的备案审查，因此有关对重大事项作决定的议案需要在审议过程中接受合法性把关，这便是区人大法制委的履职空间所在。因此，对于没有立法权的区级人大来说，对未经法律法规列举的重大事项作出决定可以参照立法的程序，由法制委员会对相关议案进行统一审议，由其根据常委会组成人员的意见、专门委员会的审议意见和其他各方面的意见提出审议结果报告，以保证相关决议决定在法制统一原则的前提下作出。有学者指出，鉴于重大事项具有全局性、根本性、长远性等特征，将来应当在讨论、决定重大事项的审议程序上进行专门设定，以"多次审议为原则，以当次审议通过为例外"，这就使得决定程序趋近于立法程序，如若这样，由法制委进行统一审议更有必要、更具条件。2017年，中办下发《关于健全人大讨论决定重大事项制度、各级政府重大决策出台前向本级人大报告的实施意见》，各地正在贯彻落实这一文件精神，上海市可以从充实区级人大法制委工作职责入手，来完善人大讨论决定重大事项制度，比如在区人大常委会议事规则中增加规定法制委的统一审议职责。

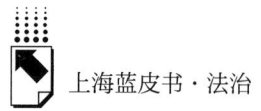

（三）区人大法制委应当在构建和完善区人大工作制度方面凸显特殊功能

人大的四项主要职权是针对国家权力机关的对外职能而言的，但要依法和正确行使立法权、监督权、重大事项决定权和人事任免权必须依赖人大内部制度建设。根据《立法法》的规定，各级人大的产生、组织和职权由法律规定，因此全国人大制定了《全国人大组织法》《地方组织法》《监督法》等主要规范人大组织和运作的法律。全国人大和地方上有立法权的人大则通过立法程序制定了本级人大议事规则和常委会议事规则，无立法权的地方人大则通过行使重大事项决定权制定了人大和常委会的议事规则，以及一系列关于人大履行各项职权的规范性文件。人大议事规则和上述规范性文件从法律性质上讲属于权力机关内部规则，具有订立上的较大自主性，但因涉及与其他国家机关的关系，以及对公民权利义务有溢出规范效应，必须充分考察它与国家法律是否抵触，这就需要在制定和修改时，充分考量它们的合法性问题，需要人大法制委进行审核把关。同时，规范人大的各项职能的规范性文件本身也有统一协调的问题，需要法制委这样的专门机构集中研究和审查。也就是说，法制委对于人大及其常委会的作用，类似于法制办对于政府的功能，是人大内部具有法律顾问性质的部门。目前区级人大有四类规范性文件，分别由区人大、区人大常委会、区人大常委会党组、区人大常委会主任会议讨论通过，法制委对前两类规范性文件具有法定的职能，既可以由它提出制定这些规范性文件的议案，它也可以在主任会议或其他专门委员会提出有关议案后，对它们进行研究审议，对于后两类规范性文件，法制委可以接受常委会党组和主任会议的委托，对它们进行研究和草拟，以使其符合法律法规。此外，人大各专门委员会和工作委员会都会制定自己的工作规则和工作细则，这些委员会也可以邀请法制委对它们进行技术上的支持，或者委托法制委进行草拟，以最大限度地符合合法性要求。《地方组织法》修改后，区级人大普遍设立了法制委、内司委和财经委，区人大原先制定的一系列议事规则和其他规范性文件需要作出适应性修订，并需要重新分配各委员会的工作职责，法制委在构建和完善人大工作制度方面将大有作为。

（四）区人大法制委不应成为监督主体和行使重大事项决定权的主体

准确地说，包括法制委在内的所有人大专门委员会在人大履行监督"一府两院"职权和行使重大事项决定权时，发挥具体而重要的作用，但并不能因此将它们视作行使监督权和重大事项决定权的主体，这是由于其不符合宪法的规定以及《全国人大组织法》和《地方组织法》的立法原意，在《地方组织法》允许区县人大也可以设置法制委员会等专门委员会后，此种原意依然没有改变。1982年宪法在人大内部增设专门委员会是出于如下一些考虑：设立专门委员会是为了充分发挥人民代表大会制度的作用，使人大及其常委会更好地履行职权和职责；各个专门委员会是根据人大及其常委会行使职权的实际需要设立的；各专门委员会受人大领导，在人大闭会期间受常委会领导；专门委员会的性质是人大及其常委会的助手，是工作机构，而不是任何形式的权力机关。[①] 因此《地方组织法》将专门委员会的职能定位为两个方面，即由各专门委员会"研究、审议和拟订有关议案，对属于本级人民代表大会及其常务委员会职权范围内同本委员会有关的问题，进行调查研究，提出建议"。说到底，各级人大及其常委会都是代表和委员集体行权的权力机关，其内部的任何组织都不能代表人大和常委会对外行使任何职权，它们仅享有受其委托承担部分具体职能的权力。以监督"一府两院"为例，《监督法》赋予人大各专门委员会很多具体的监督职能，几乎在所有的监督方式中都有专门委员会的工作任务，但总的原则是，它们的监督行为是功能性、过程性和具体性的，都不具有最终的法律效力，必要时应由人大作出审议和表决。例如，人大常委会的执法检查工作可以让专门委员会去具体组织实施，而执法检查组作出的执法检查报告应当由常委会审议，受监督

[①] 刘松山：《运行中的宪法》，中国民主法制出版社，2008，第438页。

的对象的研究处理情况也需要向常委会汇报，它们并不需要对专门委员会负任何责任。因此区级人大法制委在人大监督工作中将发挥重要作用，但其监督的有效性是由人大的权威赋予的，而不是因为它自身有任何监督权。同样的，尽管区人大法制委在人大行使重大事项决定权时将发挥重要功能，但最终的决定必须由人大及其常委会作出，即使将来法制委可以统一审议相关议案，其他专门委员会需要向它提出意见，但法制委的审议意见不是最终的，出现重大分歧必须向主任会议作出汇报以确定是否延迟表决，而且常委会表决结果也未必和法制委的意见一致，因而它也不可能是重大事项决定权的主体。

B.12
知识分散性与规范性文件审查机制的合理性

——全国实践与上海例证

邓少岭[*]

摘　要： 关于实际运动中的社会现象的知识或者信息，不可能集中存在于某一个人的头脑中，而是零散地不均衡地分布在某些地方和某些人那里。需要的是让这些知识和信息被激活并充分流动和互动，由此获得对社会事务的较为充分的认识和判断。规范性文件的审查和处理也是这样的一种认识和判断活动，所以也应该尊重知识的分散性特征，努力激活各种相关信息，在信息的涌流和互动乃至撞击中，审查主体方可得出有理有据的判断。规范性文件审查机制的优劣高低，可从如何应对知识分散性的角度加以评析。在此角度下，上海市人大常委会相应的审查机制还是较为完善的。

关键词： 知识　分散性　备案审查制度　审查机制

认识和判断社会现象并不仅仅是一个逻辑的推演过程，而往往更是一个

---

[*] 邓少岭，上海社会科学院法学研究所副研究员。本报告写作得到上海市人大法工委，特别是备案审查室的大力帮助，在此谨致谢忱。

将诸多零散的经验加以集中从而作出由表及里、由浅入深的分析的过程。法律制度的设计和运行，有很多就是类似的过程。本报告将从知识分散性的原理出发，来分析规范性文件备案审查制度中的审查机制，以判断该制度设计的合理程度和实际运行状况的良好程度。本报告主要依据全国人大常委会和部分省级人大常委会，尤其是上海市人大常委会的资料进行分析。资料比较有限，所作分析难免具有局限性。

一 知识分散性理论及其与规范性文件备案审查制度的相关性

（一）知识分散性理论概述

关于事物的知识，可从不同角度做出不同分类。其中有一种分类，是把知识分为集中着的知识和分散着的知识。集中着的知识集中于某一个头脑中，该头脑无所不知，掌握了一切知识，甚至可以准确无误地预测未来一切乃至生活的细节，最典型的比如上帝、哲人王，等而下之者也许是理想中的中央经济计划制订者。另一种知识是分散着的知识，是说知识往往是分散地存在着的，特别是关于社会实际生活的知识就更是如此，各个角落和各人那里都不同程度地掌握着不同的知识。像哈耶克等人就更相信这种分散着的知识，由此他们认为，市场经济才是最有可能提供效率的机制，即分散着的每一个主体都多多少少掌握着不为别人所知的信息，各个人基于各自有限信息的行为综合起来形成市场。市场所拥有的总的信息量是异常巨大的，不可能集中于一人之头脑。

哈耶克在一篇著名论文中说："存在许多非常重要但未组织起来的知识，即有关特定时间和地点的知识，它们在一般意义上甚至不可能称为科学的知识，但正是在这方面，每个人实际上都对所有其他人来说具有某种优势，因为每个人都掌握可以利用的独一无二的信息，而基于这种信息的决策只有由每个个人做出，或由他积极参与做出，这种信息才能被利用。"①

还是在这篇论文中,他又说,"我们所必须利用的关于各种具体情况的知识,从未以集中的或完整的形式存在,而只是以不全面而且时常矛盾的形式为各自独立的个人所掌握"。②

哈耶克等人的这一理论,用于解释市场经济机制还是非常有说服力的,用于解释历史社会现象也是富有启发意义的。这种理论与实事求是、注重经验的中国传统在较大程度上相合,也与当代中国马克思主义从实践中来到实践中去,由浅入深、由表及里、由分散到集中的认识路径在较大程度上相一致。当然,我们也必须看到其局限性,这一点会在文末提及。

知识分散性理论可以使人更明智地看到个人知识的有用性,同时也看到局限性,不仅普通个人如此,科学家和社会上的知名人士也是如此。知识是海量的,每个人只能取其涓滴。个人如此,机关也是如此。不可能有掌握所有知识的个人和机关。知识分散性理论也有利于克服本本主义和教条主义。它认为,书上的知识往往只是针对过往,对于将来的预测常常显得力不从心。每一种理论即便具有普适性,也必须结合不同的"地方知识"才是完全的知识。它同样也有助于克服某种形态的"国家主义"。这种形态的"国家主义"认为,国家机关高高在上,站在山顶,可以洞察世间的一切。殊不知,在社会的角角落落该有多少潜伏着的知识不为"国家机关"所知。"国家机关"如果想耳聪目明就必须放下身段与社会合作,向社会学习。

知识也就是信息。在后文中,二者的所指基本相同。

(二)知识分散性与规范性文件审查的相关性

规范性文件备案审查制度是关于一定主体制发的规范性文件向法定主体

---

① 〔英〕弗里德里希·奥古斯特·哈耶克:《知识在社会中的利用》,载哈耶克著、邓正来编译《个人主义与经济秩序》,复旦大学出版社,2012。
② 〔英〕弗里德里希·奥古斯特·哈耶克:《知识在社会中的利用》,载哈耶克著、邓正来编译《个人主义与经济秩序》,复旦大学出版社,2012。

备案，由该主体审查并指出其不适当之处且促其改正的制度。在我国，这是一项宪法性制度，主要功能是维护法制统一，特别是防止和纠正下位法违反上位法、地方法违反中央法。我国立法体制具有很大的分散性，中央和地方都有立法权，除了立法机关，行政机关也可制定行政法规和规章，军事机关也可制定军事法规和军事规章。这样，立法主体就多达数百个，除了中央立法，地方立法现在已有上万种。由此，宪法的权威性和法制的统一性就必然受到很大的威胁。此时，建立一定的备案审查制度并使之逐步发展就成为一项重要任务。

为了维护法制统一，监督宪法实施，我国建立了具有中国特色的备案审查制度。这一制度也具有分散性特征。国家权力机关和行政机关内部都有相应的审查体系。备案审查机关的任务就是在庞大的法规的海洋中寻找和判断有无合宪性和合法性问题。合宪性和合法性的信息和知识，实际上也是以分散的状态分布于不同的机关和不同的个人那里。这些信息同时又具有变化的特征，法律法规在实施中，合宪性、合法性问题的信息会更加逐步暴露和展示出来。如何捕捉这些散逸在各处的信息，发现它们，使它们互动和撞击，并使之在一定程度上得到集中和加工处理，是审查工作的核心和关键。为此，必须充实审查组织，设计完备的审查程序，构建合理的审查工作机制。

目前，全国人大和省级人大常委会的备案审查工作基本上都包括如下环节：文件报备，初步审查，各机关和机构审查，提供审查意见和研究意见，确认未发现问题，或者如有问题先由文件制定机关自行改正，否则人大常委会决议撤销该文件。这些环节简略说包括三大步骤：备案—审查—纠错。三个步骤中，备案是前提，纠错是最终目的和结果，审查上承备案，又是纠错的准备工作并奠定纠错的基础。所以，审查是三个步骤中最为关键的一环，值得特别注意。

何为审查机制？在知识分散性视角下，审查机制可被这样看待：在一定动力激发下，有关审查对象不适当情形的各种信息被传送到信息接收方的审查主体，在各种信息的呈现和互动中，不适当情形的信息得以呈现和揭露，作为信息加工方的审查主体的各种机关、机构和人员，在调集社会各方所掌握的各种信息的情形下，对多样的信息加以集中重组和改造，得出结论，并将该结论传递给文件制定主体，确认其无不适当情形，或者指出其不适当之处并促其改正；这一过程涉及信息源、信息管道、信息传播、信息接收、信息收集、信息处理加工等各个环节。各个环节在最优化目标之下的工作方式、配合关系和整体运作及效应，综合起来称为审查机制。这个定义强调信息的多样化来源，不仅发现不适当情形的主体是多样的，处理加工的主体也是复合的。

审查机制涵盖了审查主体、审查对象、审查标准、审查程序、审查结果等各个组成部分，包括审查的启动、进行、终止、反馈等一系列环节，是各环节、各要素综合作用的机理和运作的内在逻辑。如果顾及审查系统和外部环境的关系，则动力机制和压力机制也显得尤为重要。正是在动力和压力的作用下，各审查主体才会行动起来，信息才会流动和互动起来，审查主体得到的信息才会比较充分，审查的效果才会比较可靠。在动力和压力保持一定的情况下，审查方式和程序在整个机制中就显得更为重要。合理的程序和方式会更大限度地调动信息的流动和聚集。不合理的方式和程序，则会限制和阻碍相关信息的流动量和流动范围、流动方向，不利于取得好的审查效果。

二 知识分散性理论对审查机制的要求及其在实践中的表现

观察中国的规范性文件备案审查制度，观察省级人大常委会在该制度上的审查机制，可以看出不少环节和制度设计是符合信息分散性原理的，是有利于信息流动和发现的，是有利于信息汇聚到审查机关的。

在启动机制方面。启动是审查机制的重要环节，良好的启动机制可以引来信息的源头活水。假如启动机制设定错误，则可能阻塞信息流动，导致后续程序无法充分运转，或实现不了制度原初的设计目的。正是启动方式的不同，使得人们可以把审查分为主动审查和被动审查。审查主体依职权而主动发起对文件的审查，是主动审查。与此相对，审查程序因一定的公民、社会组织、国家机关等提起而发起的，是被动审查。总体来看，两种审查方式互相补充，相得益彰。主动审查有利于审查机关积极性的发挥，被动审查则更有利于将整个社会的相关信息资源充分调动起来。从信息分散性角度看，规范性文件的瑕疵乃至错误，更容易在运行中，在具体的社会关系中被感知和发现，一些机关、组织和个人在感同身受中，察觉规范性文件的问题，从而具备这方面的信息。当然，这种信息是零散的。不仅如此，由于个人和社会组织身受不良影响，希望对文件加以审查的愿望往往更为强烈，这就成为备案审查制度的重要动力来源。反观多年来的实践，虽然法律早就规定了国务院、最高人民法院、最高人民检察院可以提出备案审查要求，但是相关机关并没有提出这样的请求。因此，被动审查中作为社会主体提起方的个人和社会组织，不仅掌握着规范性文件合宪性、合法性的信息，而且也可能是审查的动力源。当然，在法治发展水平还不高，公民法律意识还不是很强，对相关制度还不太了解的情况下，社会主体提起备案审查建议的数量可能还不是很多，质量也不是很高。所以，一般地区对被动审查过多过滥的担心并不必要。因此，主动审查作为重要的工作方式仍是合理和必需的。

在审查组织方面。在审查组织上，各级人大内设专门委员会，在人大闭会期间，专门委员会受常委会领导；除了专门委员会，常委会又设有不同的工作委员会和其他功能性机构。这就使得统一的组织有了有机的划分，功能的区别和组织的划分，使得它们就像动物伸展出去的各种各样的触角，各自对不同领域的情况更加敏感，有助于捕捉合宪性、合法性的相关信息。在分工负责的各机关各机构之间，信息得以最大限度地发现和整合，信息量也得以最大化。这样，审查意见和研究意见才可以立足于坚实的信息基础。其实，真正的法定主体是各级人大常委会。人大常委会是一个由众多委员组成的机构，其行使权力的方式是集体决定，这有利于利用每一个委员所掌握的个别的互不相同的直接信息和间接信息，在讨论和合议中达到比较合理的结论。假如委员认真钻研，又有充分地接触实际的机会，再加上充分的讨论和辩论，由此得到的结论应该可以达到比较可靠的程度。

在审查方式方面。审查方式也体现着信息和知识的分散性原理和对该原理的运用。为了更广泛地搜集信息，审查主体运用了这样的方式方法：第一，除了分散审查之外，对比较复杂的问题，采用联合审查的方式。第二，借助于外脑，邀请相关专家参与，帮助发现问题。第三，邀请人大代表参与到审查工作中，贡献人大代表的智慧。第四，沟通并听取文件制发机关的意见，弄清楚审查对象的原初目的和制发的相关因素。兼听而不是偏听，这样就把双方的信息都有所了解和掌握。第五，利用座谈会、论证会和听证会来获取信息，掌握情况。

同时，值得一提的是，与国家其他工作方式和常委会其他工作方式相结合，以资取得其他工作方式之下所能取得的相关信息，便于了解情况，发现问题，这不失为审查方式的一个较佳选择。比如，中共中央和国务院对甘肃省环境保护问题进行调查就发现：地方立法层面为破坏生态行为"放水"。①《甘肃祁连山国家级自然保护区管理条例》历经三次修正，部分规定始终与《中华人民共和国自然保护区条例》不一致。在此情况下，全国人大常委会备案审查室重点围绕中央高度重视的环保等工作展开对相关地方性法规等规范性文件的专项审查。② 这一工作的效果在法工委向人大常委会所作的关于备案审查工作的专项报告中是这样得以呈现的："2017 年 6 月，在党中央通报甘肃祁连山自然保护区存在的突出问题及其深刻教训后，全国人大常委会备案审查室对专门规定自然保护区的 49 件地方性法规集中进行专项审查研究，并于 9 月致函各省、自治区、直辖市人大常委会，要求对涉及自然保护区、环境保护和生态文明建设的地方性法规进行全面自查和清理，杜绝故意放水、降低标准、管控不严等问题。截至目前，已有 30 个省、自治区、直

---

① http：//www.gov.cn/zhengce/2017-07/20/content_5212107.htm? trs=1.
② http：//news.163.com/17/0821/05/CSBDMTJA00018AOP.html.

辖市人大常委会书面反馈清理情况和处理意见，包括设区的市、自治州、自治县在内，总共已修改、废止相关地方性法规35件，拟修改、废止680件。"①

在反馈反思机制方面。备案审查自有其反思机制。对于来自于国家机关、社会组织和公民的审查要求和审查意见，法律法规都要求审查主体要给予反馈，同时，报备机关的报备情况和审查机关的审查情况越来越要求公开、公布、公示。这样就在备案审查主体和社会之间形成了反馈机制，备案审查工作的成绩和缺点、进步或停滞就会得到社会的评论、反思、质疑、肯定，而这些信息反过来回馈到审查机关，有利于其改进工作，提高审查水平，更好地维护法制统一。

大体上可以看出，省级人大常委会的审查机制都有这样的特点：从程序启动方式上看，主动审查和被动审查相结合。从审查组织上看，专门审查和统一审查相结合，分工负责，形成有分有合的格局。从审查方式上看，"人大常委会+"的工作模式得以较为普遍推行，借助外力外脑，帮助发现问题。审查机制的反馈环节也初步建立。

三 上海市人大常委会的相关实践

上海市人大常委会历来重视规范性文件的备案审查工作。2017年，该领域的工作又有长足进步，取得明显成绩。

（一）2017年备案审查工作基本情况

在该年度工作中，常委会党组领导有力，协同有方，为备案审查工作提供了强有力的支撑和方向上的指引。该年度，专门工作机关和办公机构克服压力，认真工作，努力使备案审查工作适应新形势、满足新要求。

在常委会领导和支持下，2017年实现"有件必备""有备必审"。本年

---

① http：//www.npc.gov.cn/npc/xinwen/2017-12/27/content_2035723.htm.

度，合计收到文件78件。其中含政府规章11件、区人大报送备案的决定决议31件、地方性法规配套文件1件、市政府"沪府发"规范性文件35件。法工委备案审查室审核后，分别发送至不同的专门委员会进行审查。法工委自身也对文件进行审查。

本年度，在推进备案审查制度化规范化方面迈上新台阶，制度设计取得突破性进展。在备案审查要求越来越高、地位越来越重要的良好法治氛围中，工作部门多方调研，反复推敲，主任会议终于在11月对《规范性文件备案审查工作操作规程》作出全面修改。修改后的操作规程内容更为丰富、理念更为先进、机制更为合理。

本年度，备案审查信息化建设取得新成就。相应工作部门细致梳理有效的地方性法规，在2017年2月如期向全国人大上网进行报备。法工委、办公厅、信息中心合作进行备案审查信息系统建设。它们设想的方案是建成三个系统，分别是备案系统、审查系统、法律法规比对系统，计划将分阶段分步骤实施。现在，比对系统已经进入调试阶段。

上海市人大常委会近年来更加注重对区级人大备案审查工作的指导。2017年，在区人大法制委工作例会上，对新一届区人大法制委开展备案审查工作进行培训，帮助他们了解工作新阶段的新形势和全国人大的最新要求，也把市人大相关工作动态向他们传达通报。这对备案审查网络化、立体化工作格局的进一步展延将会发生积极影响，将促进备案审查工作的深化和效率的提高。

在这一年，常委会要求在各个工作领域实行微创新。工作部门加强查漏报工作，从报备文件的审核这一最初步的环节和入口下手，严盯死守，防止漏报，从这一细小环节上发力，来提升人大对规范性文件备案审查工作的主导权。在操作规程优化创新的背景下，工作部门还力图通过各个细小环节的改良来优化流程，以期将好的制度设计更好地落实到实处。他们努力从小而关键处入手，来提升工作的效能，比如，完善与操作流程相配套的审查意见表，优化备案审查材料的归档机制等。通过细致入微的机制创新，把宏观的制度理想落实到实处。

（二）知识分散性原理视角中的《规范性文件备案审查工作操作规程》

最近几年，建设社会主义法治国家越来越成为社会的普遍共识，党中央对新时代的法治建设进一步作出新的展望、提出新的要求，在这样的背景下，对法治具有基础性作用的规范性文件备案审查制度和相应工作的地位更加凸显，要求更高，节奏更快。由此，优化工作程序、提高审查效率、加大制度刚性就成为更加紧迫的要求。

在这样的背景下，上海市人大常委会注重制度建设，加强制度设计，以制度设计来带动和引领备案审查工作，并在2017年取得引人注目的成绩。这一成绩的结晶，就是完善和修改的《规范性文件备案审查工作操作规程》。这一新的操作规程与知识分散性原理是相符合的。下面尝试就此作出分析。

市人大常委会备案审查操作规程中关于备案审查工作机制的概括非常凝练精准，体现出对备案审查工作规律的深刻把握。

该规程第一部分有两条。第一条为：规范性文件备案审查贯彻"有件必备、有备必审、有错必纠"的工作原则。这是关于备案审查工作的总要求，体现了报备审查范围的全面性和要求的严格性。第二条为：规范性文件备案审查实行"一口受理、双线审查、专人承办、集体研究、委员会领导负责"的工作机制。

第二条服务于第一条。如果说第一条是制度目的的话，第二条就是手段。机制合理，目的才能达到。如果机制不合理或不太合理，就不容易实现制度目的和理想。本报告的着力点就是用知识分散性原理来分析这一工作机制。该条所规定的工作机制首先是分与合的结合。审查是分散于各机关和各机构的，决定则是集中于常委会的。在审查和决定中，也都是分散和集合的结合。审查中，不同机关机构分别进行，但最后要集中形成意见。而在决定中，不仅要聚合不同的机关机构的意见，而且要聚合各个委员的意见和观点，以避免片面性，形成全面客观的决断。这也是符合知识分散性原理的。

在该工作规程中，关于审查组织及其职责的规定是这样的，第四条：常委会法工委负责接收公民、组织对规范性文件提出的审查建议（以下简称"审查建议"）；负责备案审查的协调工作，研究备案审查中的普遍性、综合性问题；对规范性文件开展审查研究。

第五条：市人大有关专门委员会、常委会有关工作委员会（以下简称"有关委员会"）对本领域的规范性文件开展审查研究。第十五条也与审查工作分工有关，其内容是这样的：常委会法工委重点对规范性文件中综合的合法性问题开展审查研究、对有关委员会发现的问题开展审查研究，并提出审查意见。

这样，法工委与其他专门委员会和工作委员会的职责区分就比较明确了，有利于发挥各自的特长，获取适合自身特性的相关信息，有利于信息获取的全面性，有利于审查质量的提高。不仅如此，规程还在多处规定审查部门应当与文件制定机关沟通。

在启动方式方面，2012年制定的《上海市人大常委会关于规范性文件备案审查的规定》中并没有被动审查的启动方式，今天看来，这已经不能适应形势需要和法治建设的要求，必须予以完善。市人大常委会已经开始在这一领域作出探索。《规范性文件备案审查工作操作规程》第七条规定：审查方式包括主动审查、被动审查和重点审查，其中，对审查要求、审查建议所涉及的文件进行被动审查。这显示，上海市人大常委会的被动审查工作已经正式提上议事日程。

在规程中，审查方式的相关内容集中体现在第十二条和十三条。第十二规定：常委会法工委、有关委员会应当加强与规范性文件制定机关的沟通；可以采取座谈会、论证会、听证会、实地调研等形式，征求相关国家机关、企事业单位、人大代表、专家学者等的意见。

对审查要求、审查建议开展研究时，可以通知规范性文件制定机关并要求其提出意见，可以视情形向审查要求、审查建议的提出主体了解情况并要求其补充材料。

第十三条是这样规定的：审查研究工作应当由专人承办，审查意见应当由委员会集体研究形成。审查意见应当就审查方式、审查中发现的问题、审查结论等作出明确表述,并由委员会负责人签字。

这样,来自方方面面的信息就会比较全面地汇集到审查机关这里。这些信息和知识,既有来自制发主体的,也有来自提出要求和建议的社会主体的,还有来自社会其他方面的。而且,座谈会、论证会和听证会等方式的采用,不仅保证了兼听则明,而且有利于各种信息互相影响和互相激发,更容易保证人们认识的全面性、客观性和辩证性。

值得一提的是,上海市人大近年来较早开展了邀请专家和人大代表参与备案审查的工作。2016年7月6日,上海市人大常委会法工委召开规章备案审查研究意见讨论会,首次探索组织人大代表、专家参与备案审查。① 参加讨论的成员从以下渠道选择:市人大法制委、常委会法工委的专业小组人员,规范性文件涉及的相关领域和部门的人大代表,华东政法大学等上海法学院校、科研院所或者实务部门的专家。具体团队人员将根据规范性文件的内容确定和联系。

不仅如此,上海市人大常委会还在《规范性文件备案审查工作操作规程》中规定,围绕常委会的重点工作,开展重点审查。这也是备案审查工作的一个新方向。备案审查与人大常委会的重点工作相结合,容易借用其他工作过程和成果中蕴含的大量相关信息,有助于发现问题线索,提高工作实效。这种备案审查与其他工作相结合的机制值得推广。

总之,上海市人大常委会所构建的规范性文件备案审查机制,在审查组织、启动方式、审查方式和程序上,与知识分散性原理的要求相符合、相一致。

知识分散性原理与备案审查工作的其他方面。上海市人大常委会重视数字化信息化建设,并已着手备案审查信息平台建设,这一工作正在不断推进。既有的成绩前已述及,在不远的将来,信息化建设会再上台阶。信息化平台的建设,如果能顾及社会公众便捷利用的话,必将使规范性文件备案审

---

① http://shzw.eastday.com/shzw/G/20160707/u1a9508535.html.

查制度的信息得到更为广泛的传播，并反过来使社会中的合宪性、合法性知识得到更大的增进和扩张，从而刺激整个社会，使该制度的支持基础更加深厚。

（三）有待完善和发展之处

从全国人大和各省级人大的实践来看，从知识分散性原理来分析，审查机制及其运行中还存在一些问题。首先是对知识的互动重视不够，辩论机制和听证方式极少得到利用。分散性的知识在互补中编织在一起，易于形成对事物的较为全面的认识。同时，相异性的知识在互动乃至对撞中则使人更易于看到问题的焦点。因此，审查机制中应该充分地利用辩论形式，以使相异甚至对立的方面形成互相攻防之势，这容易使合宪性及合法性问题更易暴露，从而达到审查的目的。现在各省级人大常委会制度规定中并非没有给辩论机制留下空间，但在实践中，辩论和听证的实践几乎还是闻所未闻。

前已述及，被动审查启动方式特别是审查建议的提出其实与动力机制关系密切。违宪违法文件的知识第一位的存在领域是民间。普通公民和社会组织是违宪违法规范性文件所导致问题的直接受害者。利害关系是法律的重要动力，也是备案审查制度的重要动力。审查建议的提出，即是将此类信息上达给国家机关，从而进入审查机制的信息网络中。所以，必须对被动审查方式予以足够重视。同时，鉴于本地公民和组织的信息上达渠道可能被封锁，有必要赋予本行政区之外的人提起审查建议的权利。甘肃省立法放水的实例得以长期存在的原因，很可能就是本地人基于种种利害关系的纠葛甚至压力而无法使相关信息真正走出本省，进入中央层面的审查机制中。从笔者掌握的有限情况来看，各省级人大常委会在被动审查方面的实践还不是很多，也不很平衡。部分省市虽已经开始这方面的探索，但至今尚未在新闻媒体中看到一个这方面的实例。这是需要进一步加以注意的。

规范性文件备案审查制度的普及性还不很足够，其制度刚性更是有待提高。从2017年公开的甘肃省在国家级自然保护区领域地方法规上的严重放水情况来看，该制度的动力机制和压力机制也是不够充分的。制度的良好实施不紧得益于机制设计的合理，而且必须要求有较为充分的压力机制和动力机制。否则，再好的制度也都会变成空中楼阁。一定制度的压力和动力来自不少方面，当这一制度的知识变为整个社会的知识，这一制度的目的变成整个社会的迫切要求时，制度才能获得较强的压力促动和动力支持。反过来，与本报告更密切相关的是，制度设计必须着眼如何把分散于社会上的各种相关信息激发和调动起来，才能达成制度设计的初衷。需要把信息和利益、责任结合起来，有了利益，才有动力；有了责任，才有压力。这不仅在制度的启动环节如此，在整个流程都是这样。直接来看，制度刚性来自责任机制和压力机制。长远来看，备案审查制度的最大动力和压力来自于社会公众的明确认知和需求，来自于社会主义法治国家建设逐步推进的要求，来自于长治久安和民族复兴的强烈意志。

四　结语

分散性只是知识和信息诸多特性中的一个，信息传输、加工等环节和领域也还存在其他一些重要特征，有的已经被揭示，有的可能还未被揭示或未被充分揭示。所以，在运用知识分散性原理分析某一事物或某一运动时，仅仅运用此一原理是远远不够的，更正确的做法是必须结合其他原理作更充分的考察。同时，知识的分散性确实是存在的，但是，认识事物及其运动时总是需要努力将这些分散性的信息加以集中和整合，以期获得更为全面的认识。为此，如何集中和升华就是一个同样重要的问题。本报告中，如何竭尽全力获取更多的分散性知识，恰恰是分析审查机制优劣的主要思路。这一思路有其优势，但不可避免的是，局限也一定很多。

热 点 篇

Reports on Hot Issues

B.13 世界级生态岛建设视域下环境资源专门审判庭设置的路径探析

——以崇明法院成立的上海首个环资庭为实证研究

曹彩云*

摘 要: 崇明作为世界级生态岛,在全国乃至全球具有开创性和方向性,在此大背景下,崇明法院如何进行司法服务保障世界级生态岛亟待研究。本报告尝试以大数据为思维导向,以上海首家环境资源专门审判庭——崇明法院环资庭为实证样本,从宏观、微观、国内、域外四个维度深入考察,并提出具体建议,以期真正打造出上海地区可复制、可推广的生态司法样本,用法治的力量守护绿水青山,努力让人民群众在每一个环境资源案件中感受到公平正义。

---

* 曹彩云,上海市崇明区人民法院研究室法官助理。

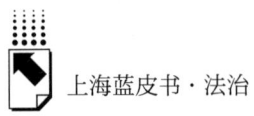

关键词： 环境资源专门审判庭　典型样本　进阶路径

"生态文明建设功在当代，利在千秋。"习近平总书记在十九大报告中指出："要像对待生命一样对待生态环境……实行最严格的生态环境保护制度。"环境法治是推进国家生态环境治理现代化的重要依托，推进国家生态环境治理现代化，必须切实将国家生态环境治理纳入法治的轨道。

《崇明世界级生态岛发展"十三五"规划》为崇明生态岛建设绘制出绿色跨越发展的宏伟蓝图。在此大背景下，2016年6月，崇明法院成立了上海首个环境资源审判庭。2017年3月，时任市委书记韩正指出，要举全市之力推进崇明世界级生态岛建设。至此，崇明建设世界级生态岛迈向新阶段。然而如何以更高标准、更开阔视野、更高水平和质量为世界级生态岛提供司法服务仍亟待研究。

一　宏观探析：我国环境资源专门审判的现状与特征

（一）现状概述

在生态治理视域和司法体制改革的大背景下，环境资源专门审判庭的出现响应了绿色发展的理念，切实回应了社会关切。随着国家治理理念的转变，环境资源专门审判机构如雨后春笋般迅速涌现，尤其是在最高院层面成立环境资源审判庭后，环境法庭得到了长足发展（见表1）。

（二）主要特征

1. 称谓不一但案件受理范围相似

各地环境审判机构名称不统一，欠缺规范性。但案件受理范围十分相

表 1 我国环境资源专门审判机构概况*

各省及最高院		省法院	中级法院			基层法院			
			审判庭	合议庭	巡回法庭	派出法庭	审判庭	合议庭	巡回法庭
总计		560	15	43	19	8	45	152	133	145
1	辽宁	7					2			5
2	陕西	15		1			4	2	1	7
3	贵州	19	1	2	2	2	2	5	2	3
4	江苏	27	1	7			4		10	5
5	云南	22	1	1	3	1	3	9		4
6	四川	46	1	3	3		4	10	13	12
7	天津	45		1				17	9	18
8	山东	19	1	4			4	6	2	2
9	湖南	7	1	1					3	2
10	福建	69	1	4	1	2	1	35	16	9
11	江西	63	1	4	5	1	3	15	15	19
12	吉林	45	1	3	2			15	10	14
13	北京	1						1		
14	海南	10	1	2		1	2	1	1	2
15	浙江	4		1				1	1	1
16	重庆	20	1	2	2		4	11		
17	广东	7	1				5		1	
18	河北	47	1	2			2	14	24	4
19	河南	71	1	5	1	1	3	7	25	28
20	上海	3						3		
21	广西	12	1					1		10
22	甘肃	1						1		
	最高院	1	1							

*采集数据主要来源于各法院网站的公开数据,截至 2017 年 10 月底。

似,基本是围绕环境污染防治和生态保护、自然资源开发利用等四大类案件。此外,多数环境审判机构设立的地域性特征明显,或因污染企业居多设立,或因生态环境较良好,需要相应的环境资源审判组织予以保驾护航(见图 1)。

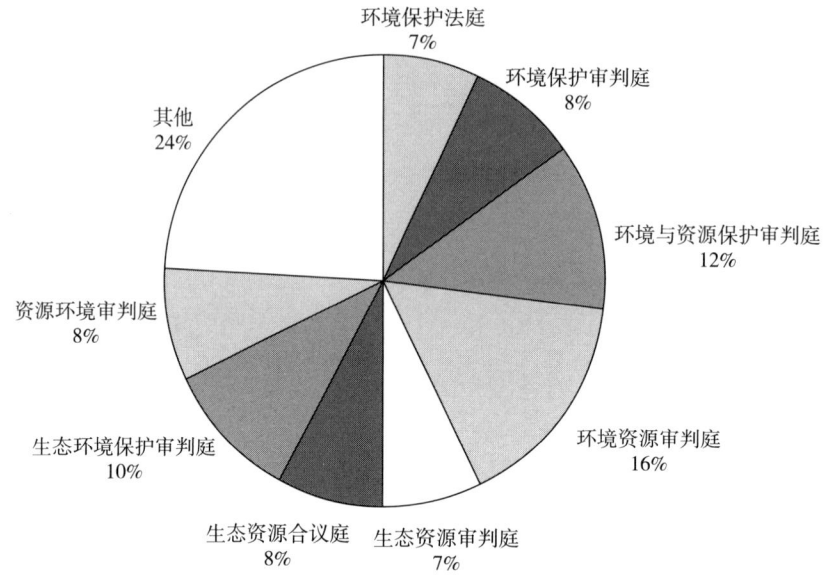

图 1　环境资源审判机构的不同称谓

2. 审判体系不一但运行模式类同

总体来看,自最高院层面成立环境资源审判机构以来,环资审判机构呈快速增长趋势,然而审级体系上形成完整三级的仅 8 个,其中 55% 的地区审级并不是很健全;同时,84.67% 的环资审判机构设在基层法院(见图 2、图 3)。虽然审级制度有不同,但运行模式相似,主要实行"三合一"或"四合一"模式,前者是指将民事、刑事、行政合并在一个庭里,后者将执行纳入,俨然接近一个"微法院"。

3. 庭多案少但关注程度居高不下

统计数据显示,2014 年 1 月至 2016 年 6 月,全国法院共受理各类案件 8165.13 万件,其中环资类案件共计 33.58 万件,占比仅为 0.41%。排除统计口径,可以看出,全国范围内受理的环资类案件所占比重较低。相较于庭多案少的"困境",各界关注度持续较高,中国知网上关于"环境""生态"等的理论思考,呈明显波动上升趋势(见图 4)。

世界级生态岛建设视域下环境资源专门审判庭设置的路径探析

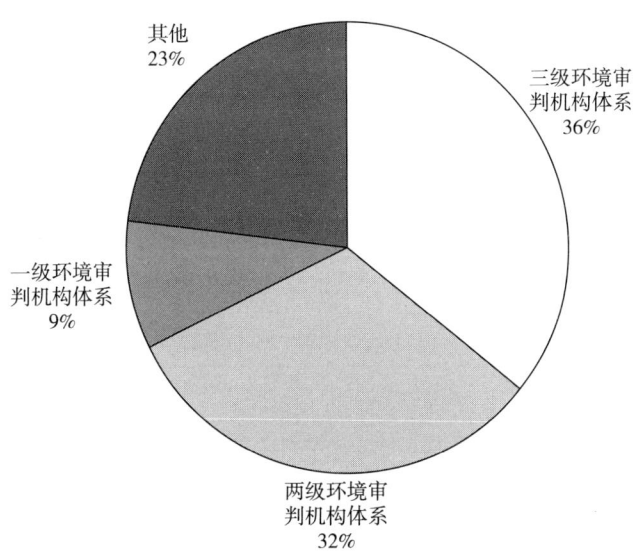

图2 环境资源审判的审级结构体系

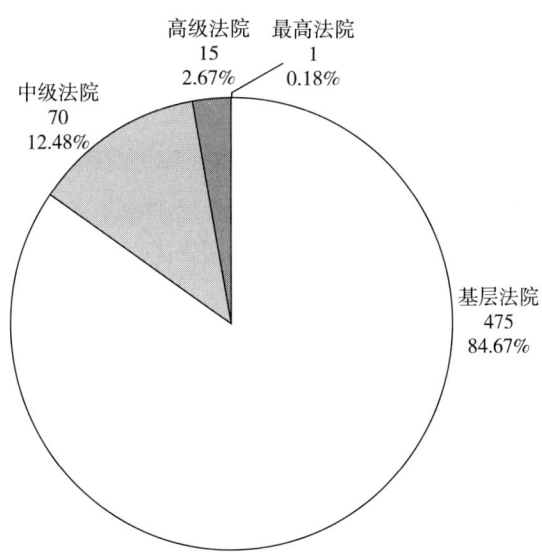

图3 环境资源审判机构不同级别的占比情况

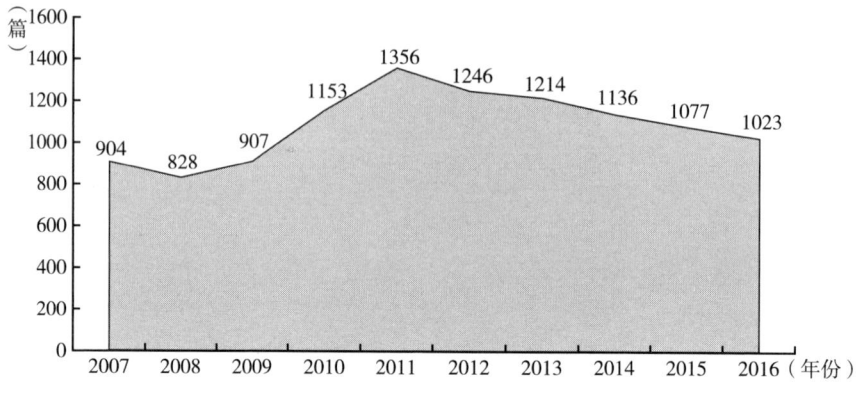

图 4 环境资源专门审判文章的刊发情况

二 本地考察：环境资源专门审判的崇明实践

（一）设立背景及职责

崇明拥有丰富的生态资源，虽然《崇明世界级生态岛发展"十三五"规划》正式公布，然而环境资源保护相关案件长期分散于各审判业务庭，难以适应环境资源权益保护的高要求。据统计，环资庭成立前，崇明法院共受理各类环境案件128件，虽然案件体量较小，但案件难度往往远超其他类型案件，平均审理天数多达50天。

在这样的大背景下，崇明法院成立了上海首家环境资源审判庭，以实现专门化办理。其目的就是要通过这一基层生态治理的新模式，不断满足人民群众渴望美好环境、良好生态的司法新需求和新期待，有效保障世界级生态岛建设。环资庭设庭长1名，法官和法官助理共3名，在主要职责上采取"四合一"模式，即实行刑事、民事、行政、执行集中归口办理，实现对环境污染案件的一站式办理。环资庭主要审理与环境资源保护相关的刑事案件，物权、合同和侵权案件，行政、执行案件等，对环境资源审判执行工作进行调查研究，以及提出司法建议，搞好法制宣传等工作。

（二）案件受理

崇明法院环资庭成立一年间，共受理相关案件75件，审结69件（见图5）。从类型上来看，案件涉及畜禽养殖处罚、关停类，资源再生利用污染类，建筑工地扬尘、噪声类，不规范浴场处罚、关停类，珍稀动植物保护类，节能减排纠纷类等，案件体量比重较少，但案件受理种类多样。

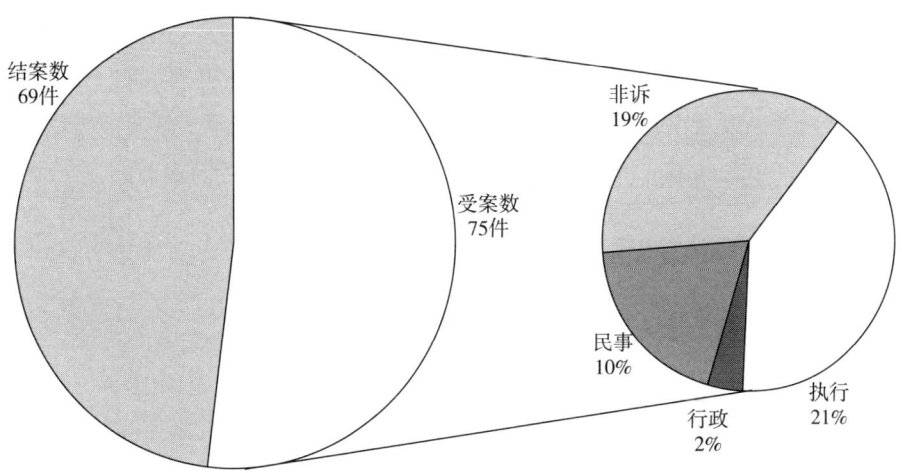

图5 崇明法院环资庭案件受理、审结情况

（三）典型案例

环资庭成立后一周，公开审理了原告张某诉被告崇明环境保护局、崇明政府环保行政处罚一案，该案系环资庭审理的首例，由院长亲自担任审判长，被告环保局负责人出庭应诉。庭审中，原告认为其承包土地从事生猪养殖，配有必要的环保设施，符合相关法律规定，无须进行审批，要求被告撤销行政处罚。被告则认为，猪棚、猪舍以及化粪池等属于建设项目，原告没有经过环保审批建设养猪场并实施规模化生猪养殖，违反相关规定。在充分听取原、被告双方意见的基础上，合议庭依法驳回了原告的诉讼请求。该庭在专门审判方面强调权威性、公开性和透明性，将环资庭建构在"绿色、生态、服务"层面上，以真正实现样本宣传效应。

（四）亮点特色

采取"四合一"模式，依托快速立案、快速审理、快速执行"绿色通道"，将环境污染控制在最小范围内。

审判理念先进，系统化整合相关资源。在理念上注重整合多股力量，建立与公安、检察、环保行政执法部门间的执法协调机制。

着力构建"五位一体"专门化机制，即将审判机构、审判机制、审判程序、审判理论以及审判团队建设结合在一起。以惩罚为手段，以保护为核心，努力在行动上不断畅通诉讼渠道，实现环境资源审判公正与效率兼顾。

（五）困境与挑战

1. 法律内生性依据不足与审级关系不明

根据规定，只有中级法院、高级法院、最高院才能"根据需要"设立审判庭，这就给基层法院设立环资庭造成内生性困境。环资庭在实践层面涌现，是基于"只需要在一级法院设立环资庭，在其上级法院不设立专门环保法庭或是在既有法庭中设立环保合议庭就可解决问题"的认识，但环资庭"四合一"标准，在既有法院划分的任何一个庭都难实现"两审终审"的预期效果。

2. 环境案件的特殊性与诉讼机制的缺失

既有的诉讼机制难以兼顾环境诉讼的基本特点：①以公法手段介入私法领域，可能导致公权力的不当扩大以及对民事权利的直接影响；②对行政权、民事权利主张进行双重审查；③社会公共利益的裁量；④无过错责任和公平责任的运用。① 实践中，若环资庭适用传统的诉讼机制，不但不能有效

---

① 吕忠梅、徐详民：《环境资源论丛》（第3卷），法律出版社，2003，第318~332页。

作用于环境诉讼,演进到最后,很可能出现司法资源的重复配置,或被重新划归民事、行政和刑事法庭的命运。

3. 主动解决案源难与司法权被动性不符

面对案件体量相对较小的情况,环资庭是主动出击还是被动等待,已然,涉及司法权的性质问题。"从性质上说,司法权自身不是主动的,要想使它行为,就得推动它。但是,它不能自己去追捕犯罪、调查非法行为和纠察事实。"司法权的被动性也体现在司法程序的启动上,即遵循"不告不理"原则。

4. 环资庭提前介入与司法权中立性矛盾

司法公正的前提是司法机关的中立,崇明法院特别注重准确把握司法权的边界,开展相应的环境资源执法协调机制。即便如此,法官在审理敏感度高、涉及面广、社会关注度高的案件时,依然存在提前介入的可能性。实践中如何掌握提前介入与司法权中立性的平衡,依然是环资庭成立后要面临的难题。

5. 环境审判高要求与专业队伍素质不强

设立环资庭的初衷在于实现专业化的审判。但从现实情况来看,审判机构的组成人员数量并不统一,组成人员的知识背景基本上只具有单一的法学知识背景,欠缺专业的环境法知识。

三 微观分析:环境资源专门审判的典型样本

成立专业的环境资源审判庭是很多地区的实践。贵阳地区作为全国成立的首家环境审判组织,成为后续各地环境资源审判机构参考和学习的范本。

(一)案件审理方式更加多样

强调巡回审判,以宿迁环资庭为例,通过在环境污染严重的地方展开典型案例的审理,将非常有助于效果延伸。以崇明地区为例,在建设世界级生态岛背景下,就是要在环境污染聚集的地方加强司法延伸效果,若能将庭审现场移到重点自然保护区、移到化工厂聚集较多的地方,将在潜移默化中提高群众的环境保护理念。

(二)积极探索环境公益诉讼

注重对环境公益诉讼的研究和探索。环境污染案件发生后,一方主体往往是化工企业肆意破坏环境,或某些环保部门不作为,单纯靠个人的力量很难有精力、有能力诉诸法院,但实际上环境案件影响范围很广,因此通过环境公益组织启动环境公益诉讼就显得非常迫切。对此,上海环资庭一定要注重公益诉讼制度的探究和思考,培育环境公益组织。

(三)人员配置更加专业全面

其他几家法院都特别注重对审判人员知识背景的考量,环境污染案件更需专业化的知识和系统化的思维模式,因此,审判法官专业知识的储备成为人员选择的重要参考依据。例如,贵阳市中院组成环境保护审判专家咨询委员会,并从中聘任环保审判人民陪审员解决诸多专业技术问题。①

(四)注重制度的总结和实践

注重对成功经验的总结,并形成制度化的文件。如无锡环保法庭便制定了当日立案、全日审案、全时执行等审批活动,为环保案件的审理打下了扎实的基础。

四 他山之石:环境资源专门审判的域外经验

很多国家已建立环境审判专门化机构。基于比较法的观察可以发现,目

---

① 安晓勇:《司法专门化视角下我国环保法庭实证研究》,西安建筑科技大学法学硕士学位论文,2013,第 44 页。

前世界上许多国家已经为环境资源专门审判确立了更加完善的法律支撑，相关机构的权威性也较强。

（一）建立相对完备的法律规定

环保法庭的设立与运行应当通过法律加以规定并依法裁判。以印度为例，其宪法明确确立了环境权，以此为公民诉讼奠定了权利基础，其法律还明确规定了环保法庭的设立等问题，为当事人提出诉请确立了明确的指引，此外，其还通过较为严密的法庭规则详细规定了审理程序。

（二）引进专业的人员配置

引入技术型人才。澳大利亚的土地环境法院由法官、技术专家以及陪审员组成，新西兰环境法院则由环境法官和环境委员会委员作为技术专家共同组成。他们有强大的环境科学方面的知识背景，也就是说，不仅技术专家要具有环境科学背景，而且法官也必须具备相当的处理环境事务的经验或者环境专业知识。

（三）拓展环境法庭的受案范围

瑞典设有5个土地与环境法庭，受理土地租赁案件等。澳大利亚环境法院的受案范围包括环境污染、规划、生物多样性保护等。[①] 实践中，若受案范围过窄，会导致很多环境纠纷无法进入司法审判程序。

五 整合建构：上海地区环境资源专门审判庭的进阶路径

（一）重塑环境资源专门审判庭的价值属性

在"绿色崇明、生态瀛洲"理念的指引下，"绿色发展"已摆在非常突

---

① 乔文心：《推进环境资源审判工作研讨会发言摘登》，《人民法院报》2016年7月28日。

出的位置。随着人民群众维护环境资源的意识越来越强，对环境资源审判工作也提出了更高的要求。

1. 环资庭的建立是打破基层法院"欲判不能"的破冰之举

环资庭的建立是加强司法应对的客观要求，一直以来，很多环境污染案件都是发生在基层辖区，给基层政府的法制化治理也带来了不小的难题，专业化审判庭的组建，最大限度地凸显司法保护生态作用。

2. 环资庭的建立是有力维护人民群众环境权益的可行模式

环资庭建立后，充分运用司法手段保护生态环境，其辐射效果不仅能够"反哺"基层生态治理，在实行以行政和司法手段并举的"双轨制"模式下，环保部门履行职责可以将司法平台作为支撑，环保部门的执法权威也获得提升，必将有力促进环境保护行政部门依法行政，构建起一个集行政管理、司法保护和人人参与于一体的生态环境保护机制。

（二）完善环境资源专门审判庭的法律体系

1. 建立相应法庭

《人民法院组织法》应明确规定基层法院在授权下，也可建立相应法庭，特别是"四合一"的模式，应当建立完善的法理依据，解决内生性困境。

2. 从法律层面对"环境权"确权

新《环保法》只对环境权进行了部分确认，这就使得一些环境案件欠缺请求权基础，而现行法律也未认定环境公益诉讼的主体资格，对专家参与审理等也未提供有效支撑。此外，现有法学理论对相关法律的解释仍显不足，学界与实务界对于一些法律问题也存在一定分歧，上述问题都亟待解决。

（三）明确环境资源专门审判庭的基本原则

1. 独立公正裁判，避免强职权主义

"环境案件往往涉及多方利益，不仅是司法问题，而且还是社会问题，需要专门机构进行协调。"① 因此，环资庭要尤其注重司法权的中立性问题，要科学界定审判机关与相关部门在环境司法专门化中的关系，确保其"既不越位，也不缺位"。此外，环境案件当事人间往往存在信息不对称，很容易回到强职权主义的诉讼模式。因此，环资庭今后在实践中要通过其他法律技术设计来追求实质上的公平和诉讼中双方力量的均衡。

2. 注重理念更新，倡导多元化解决思路

在坚持司法中立性的前提下，努力构建环境资源保护共治协调机制。通过建立环境司法执法联席会议制度，及时协调解决相关部门的环境执法司法问题，形成环境资源保护的强大合力。注重推动完善行政调解、仲裁等非诉讼环境纠纷解决机制，使其和诉讼共同发挥作用，为环境资源纠纷提供多元化的纠纷解决途径。

3. 便于公众参与受益，司法公开透明

充分考虑环境及环境法的特殊性，支持公众参与，降低公众负担。应更多地思考怎样引导和动员全民维护环境和生态建设，真正"通过调整关系和安排行为的各种方式，使其在最小的阻碍和浪费的情况下给予整个利益方案以最大的效率"。② 因此，在实践中可通过调整设置地点、诉讼费等手段，激励公众参与环境诉讼，投身环境保护行动，形成全民保护环境的良好氛围。

（四）健全环境资源专门审判庭的审级架构

最高院层面要注重标准化。首先在称谓上进行标准化，进一步加强对全国环保法官的业务培训，强化案例指导制度。高院层面要注重协调性，注重与环境资源案件的跨区域管辖相协调，依据需要分布推进。③

（五）升级环境资源专门审判庭的智库建设

突破诉讼模式，引入专家机制，将专业审判与公众参与相结合，全面推

---

① 汪劲：《环境法学》，北京大学出版社，2006，第150页。
② 蔡守秋：《关于建立环境法院（庭）的构想》，《东方法学》2009年第5期。
③ 高环智：《提高环境司法水平实现环境治理法治化》，《人民法院报》2014年12月3日。

行"人民陪审员参与案件"。同时,在判决书后附法官寄语,充分阐述行为的危害性。"专业的生态审判机构、专业的生态审判人员、专业的生态司法专家,才能保障阳光审判、透明司法。"①

(六)强化环境资源专门审判庭的队伍培养

环境司法人员的专业素质,决定着环境司法过程的专门化处理程序的进度和精度。② 因此,必须加强对环境司法从业人员的业务指导和培训,要在设有环境资源审判机构的法院内部设置专门处理环境纠纷的合议庭或者办案组,并且要选用合适的业务骨干,使其接受环境科学方面的专业培训,熟知环境标准和环境责任认定的基本诉讼理论,灵活应用多种途径,打造环境资源审判类人才高地。

(七)拓展环境资源专门审判庭的延伸功能

深入理论调研,提高环境资源专门审判的实务水平,同时注重全方位宣传,引导环保全民化参与,拓展以案释法,以案普法,让环境资源保护深入人心。

结　语

上海崇明法院在世界级生态岛建设进程中,首先设立环境资源审判庭,既是创新也是挑战,课题组从宏观、微观、国内、域外四层面考察,并提出有针对性的九大建议,期望形成具有可复制、可推广的生态司法保护工作格局,真正以法治的力量守护绿水青山、留住蓝天白云,这是人民群众的福祉所系,也是人民法院义不容辞的责任。

---

① 《绿色司法、生态审判之宿城样本》,《新华日报》2016 年 9 月 19 日。
② 陈丹:《论我国环境司法专业机制构建的实践路径》,《安徽商贸职业技术学院学报》2016 年第 3 期。

B.14
上海自贸港建设亟待解决的若干法律问题

王海峰 高宇*

摘 要： 随着自由贸易试验区的逐步建设与完善，自由贸易港的建设势在必行，上海自由贸易港的建设受到广泛关注。目前我国缺乏自由贸易港的顶层立法，配套法律法规不健全、授权不明确；投资、金融等领域改革与国际化相比仍有差距。上海自贸港的制度建设需要具有统一性、系统性，投资、金融等领域的改革需要紧跟国际化。

关键词： 自贸港 自由港 法律建设 投资金融改革

一 我国关于自由贸易港的立法概述

自由贸易港，简称自贸港，是指一国在本国某些主要港口和周围区域设定的封闭地带，区域内货物、资金、人员可以自由进出，全部或者绝大多数进出商品免征关税，实行区别于国内其他地区的贸易和投资便利化政策。

自 2017 年被提出以来，自贸港建设还处于探索建设阶段。从已颁发的各个文件来看，我们认为，自贸港将超越自贸区，实施更为开放、便利的国

---

* 王海峰，上海社会科学院法学研究所研究员；高宇，上海社会科学院研究生院硕士研究生。

际贸易、投资及金融制度。例如，2017年3月31日国务院印发的《全面深化中国（上海）自由贸易试验区改革开放方案》对自贸港进行了界定：在海关特殊监管区内，对标国际高水平，实施更高标准的"一线放开""二线安全高效管住"的贸易监管制度，以国家授权实施集约管理体制，有效防控风险为前提，依托信息化监管手段，贸易监管措施取消或最大程度简化的区域。[1] 2017年10月18日，党的十九大报告指出自贸港是自贸区的升级版本，是更全面、更高水平的对外开放。

与自贸港联系较密切的自贸区和保税区，全国人大对之也没有制定统一的法律。目前关于自贸区的立法，国家以授权的形式由自贸区所在地的省级或者市级人大或人民政府制定相关的法律法规。全国人大亦没有针对保税区进行专门立法，有关保税区的一些条款也是散见于其他一些法律文件中。国务院制定的《中华人民共和国海关保税区管理暂行办法》是目前关于保税区最高层级的立法。保税区存在的主要立法问题是立法层级低、缺乏专门立法、地区管理制度与监管措施差异化巨大。

二 国际自由港的制度经验

目前世界上自由港多达600个，其中美国、荷兰、新加坡、中国香港、日本等国家和地区建立的自由港是主导，而新加坡、中国香港、汉堡等20多个自由贸易港最为著名。

以欧洲为例，欧共体法律文件中对自由港定义为：自由港是港口的一部分，具有严格明确的界限，界限受海关监督。自由港在界限管制区之外，准许外国商品自由免税出入。在遵守相关的条例下，在该区域内商品可以储存、重新包装和展览、转运、销售或者加工等。[2] 其中鹿特丹港为提高港口

---

[1] 《国务院关于印发全面深化中国（上海）自由贸易试验区改革开放方案的通知》，http://www.gov.cn/zhengce/content/2017-03/31/content_5182392。

[2] 李力：《世界自由贸易区研究》，中国改革出版社，1996。

运作效率建立了公共信息平台、采取 EDI 标准化措施；为强化物流服务功能，建立立体交通运输网络；建立健全专业化服务，促成储、运、销一体化运营；实施先进的海关设施和税收优惠政策以实现海关管理自由化等。①

以我国香港为例，香港代表着世界上最活跃、最自由、最开放的自由贸易港，香港自由贸易港不仅功能多，而且结构完善。香港始终坚持自由的贸易政策，反对贸易保护主义，大力倡导国际贸易自由化。香港通过《基本法令》和《买卖货物条例》两个较高层次的立法对贸易进行宏观调控，而在微观层面没有制定特别监管、限制法令。② 在金融方面实行自由汇兑制度，本地资金和外国资金均可自由进出、自由流动，并且曾先后取消了外汇和黄金的管制。香港作为世界金融中心之一，其开放的金融制度代表着自由港金融开放的最高标准。在投资领域，除受政府极少监管的行业外，香港实施无差别待遇，实行少干预、公平竞争的政策。另外香港在项目投资、人员聘用、企业税收等方面实施较为宽松的政策。在物流通关方面，香港空港、海港的物流均有民间公司承担运行管理，其中空港采取委托处理经营模式，海港采取外包方式，均减少了政府干预，极大地促进了物流便利化。

各国开放程度、经济水平以及港口地理位置等方面的因素特征，造成了各国建设自由港宏观上总体趋势相同，微观上又各有差异。我国欲建立能够对标"国际高水平"的自贸港，必须向世界领先的自由港学习，建设贸易自由便利、投资方便开放、金融全面开放、人员自由流通的国际化自贸港。

三 上海自贸港建设亟待解决的法律问题

我国最早考虑建设自贸港始于 1983 年，当时的福建省委书记提出要在厦门探索建设自由港，但是由于种种原因没有落实。2013 年以来我国开始在全国若干的地区采取自由贸易试验区建设。至 2017 年自贸区建设已经趋

---

① 李建萍：《世界自由港的比较与启示》，《中国外资》2013 年第 24 期。
② 李建萍：《世界自由港的比较与启示》，《中国外资》2013 年第 24 期。

于成熟,自贸港建设顺势被提出,探索自贸港建设被提上日程。可以说,现阶段自贸港建设仍然处于萌芽状态,从立法到各项政策的构建都处在从无到有的阶段,我国自贸港建设亟待解决的法律问题还很多。本报告将从自贸港建设过程中的法律制度构建问题入手,以香港和新加坡作为对比,多方面分析上海自贸港建设面临的法律问题。

(一)缺乏顶层立法

我国尚未从国家层面上对自贸港进行立法。《全面深化中国(上海)自由贸易试验区改革开放方案》虽然具有指导意义,但不具有立法权威,导致上海自贸港的法律地位不明确。

在以往自由贸易试验区建设过程中,各地遇到的一个最大困难是地方立法与部门规章的冲突,且不同部门的监管规章也有不协调的地方。因此,我们需要国家层面的跨部门协调机制来进行顶层立法。顶层立法能够为自贸港建设提供指导方针、建设方向、基本原则,可以使上海自贸港建设朝着国家指定的方向发展。

(二)立法授权尚不明确

十九大报告提出赋予自由贸易试验区更大改革自主权,探索建设自由贸易港,但是自由贸易港改革自主权的授权范围、时限,以及通过何种途径授权等均尚未明确。比如在自贸区建设中,全国人大常委会通过发文授权国务院调整自贸区内相关法律法规,国务院通过明确调整具体法规的形式,完成授权自上而下的落实。这种授权机制,以及授权的成果是否需要在一段时间后形成法律文件,赋予其更高的权威性,均有待探讨。对于自贸港而言,国家层面的相关授权问题尚未明确,这势必影响自贸港的探索建设。

(三)企业注册效率仍有待提高

相对于改革之前的《公司法》等相关的法律规范,我国取消了注册资金限制，采取认缴制，建立负面清单，实施了"三证合一""五证合一""先照后证"等诸多便利化措施。相对于香港、新加坡而言，内地自贸区企业注册效率仍有很大提高空间。以企业注册为例，按照现有注册要求仍然需要提交不少于11类文件资料，仅名称预先核准就需要三个工作日，这还不包括名称预先核准被驳回的情形。

相比而言，香港自贸港企业注册与登记手续实现了网上注册与提交纸质材料并行的制度，网上注册1个小时就能完成发证，纸质材料申请一般四个工作日内即可完成注册、发证。而新加坡自由港企业注册仅需提供4项文件，一般三个工作日即可完成注册。[①] 因此我国自贸港建设企业注册流程便利化方面仍有很大提升空间。

（四）自贸港税负改革仍然任重而道远

在企业所得税方面，我国自贸港改革措施尚未建立，而在自贸区建设中，也仅仅针对非货币性资产投资的税负的分摊计算作了相应的规定，企业所得税尚无较大改革。相比而言，香港有限公司所得税仅为16.5%，新加坡自由港企业所得税仅有17%，并且享有一定限额免税待遇。在个人所得税方面，由于我国把人才聚集作为自贸港建设的重点之一，我们期待自贸港建设中，在港区内部的个人所得税及其他个人赋税政策方面能有较为宽松的改革，但是就目前已有的改革措施而言，仅对高端人才和紧缺人才的股权激励措施产生的个人所得税进行了改革，可见改革范围、幅度并不明显。在关税方面，自贸港建设区域一般在保税区之上，因此较为成熟的保税区制度将会为我国自贸区建设提供很好的基础。

在新一轮的对标国际自由港建设中，我国需要改革的主要是企业与个人的税负。而税收政策是国家的基本政策之一，改革涉及方方面面的利益，因此可以说我国自贸港建设的税收改革将任重而道远。

---

① 商务部国际贸易经济合作研究院课题组：《中国（上海）自由贸易试验区与中国香港、新加坡自由港政策比较及借鉴研究》，《科学发展》2014年第9期。

（五）自贸港区域内企业对外投资重监管缺鼓励

当前我国自贸港建设投资自由化与国际先进水平仍有较大差距，自贸港建设要在自贸区成果之上继续深化改革，现有负面清单制度仍有待更进一步的简化。自贸港内企业境外投资管理制度尚处于改革阶段，跨境投资管理、促进、配套制度都有待进一步建立和完善。

当前我国自贸区备案机构有权对境外投资项目出具"备案意见"。除此之外，有关境外投资的相关信息都需要实时进行相应的备案。可以说我国对自贸区内的企业进行境外投资活动仍然采取的是事中、事后的监管措施。相比较而言，香港自由港对境外投资并没有规定专门的限制，相反还成立了相关的组织以促进海外投资。同时新加坡也鼓励境外投资，制定了相应的投资奖励、国际化路线图、双重扣税等方面的计划，并且为企业境外投资提供信贷、商业信用保险等一系列服务。①

（六）金融领域开放程度对标国际高标准仍有很大差距

以现行自由贸易（FT）账户为例，虽然实现了有条件的自由汇兑、本外币监管规则的统一等，但是现阶段自由贸易账户仍然存在手续烦琐、政策执行不统一、资金使用限制多、功能较少等问题。② 以离岸账户（OSA）为例，虽然"金改51条"以及上海市人大常委会颁布的《中国（上海）自由贸易试验区条例》、"金改40条"等制度文件一度深化了我国离岸账户改革，但是我国自贸港离岸账户仍然存在诸多问题。如：监管法律体系不完善，基本法滞后、配套法规缺失、立法效力普遍偏低；监管制度不健全，监管模式不明确、监管主体职能不清、监管内容不完备；国际监管合作不足。③

---

① 商务部国际贸易经济合作研究院课题组：《中国（上海）自由贸易试验区与中国香港、新加坡自由港政策比较及借鉴研究》，《科学发展》2014年第9期。
② 肖本华、潘怿：《上海自贸区自由贸易账户功能拓展研究》，《上海金融学院学报》2016年第5期。
③ 马楠：《上海自贸区离岸金融法律监管问题研究》，广东财经大学硕士学位论文，2014。

相比较而言，香港自贸港建设已经实现了资本项目下的完全开放、实行自由汇兑制度、离岸业务与本地业务一体化、资本市场全开放、对外融资自由、取消外汇和黄金管制等。而新加坡也实现了较高的金融市场开放，并且能为企业提供全方位的金融服务。新加坡自1997年金融危机之后，也实现了一体型市场的转换。

四 上海自贸港法治建设的完善建议

当前，上海自贸港建设仍处于初步探索阶段，既需要大胆的创新，又需要稳妥的推进。凡事预则立，针对现存问题，有计划的改革、有计划的实施是完成自贸港建设的前提条件。上海自贸港需要对照国际最高标准，至少可以在如下几个方面进行完善。

（一）建立统一、系统、明确的自贸港法律法规体系

自贸港代表着我国最高层次的对外开放，并且由于其特殊的"境内关外"的地理法律划分，其自身的法律地位需要法律明确界定，且由于自贸港所实施的政策法规相对于自贸区以外的政策法规具有较大的变化，甚至诸如税收、金融、人员流动等方面涉及基本的法律法规、规则的变动，因此，对于自贸港的地位需要较高层次的法律明确界定。

调整自贸港的各层级、各部门法律、法规、规章及自贸港内部制度规范的协调、统一，构建系统、明确的自贸港法律法规体系，是自贸港健康有序发展的制度保障。明确自上而下的各层级授权范围、权限、时限、冲突解决等是保证法律法规内部协调的条件之一。

（二）制定并实施更为便利的商事登记法规

在商事登记方面，上海自贸港可以仿效香港网上注册制，把名称预先登记调整为网上注册制，可以极大地促进注册成功率，减少注册时间。对于注

册企业的监管方面，不宜过多地干预，应当交由市场来调整，商事交易风险可由区域内各类商事主体自行评估。

（三）深化自贸港税收制度改革

税收政策是吸引投资的条件之一，香港、新加坡为吸引投资，将企业所得税税率调至17%及以下，并且对企业也实行相关的免税额度，这些税收政策吸引了大批的外来投资。上海自贸港建设不应只局限于原保税区域已有的关税优惠政策，应当扩大至其他领域。税收制度涉及纳税人的基本权利，也涉及地区间的税收公平问题。自贸港税收制度的改革应当具有较高层次的立法，比如征税主体分类、税种分类、免税政策、征税比例等，对于一些诸如税负时限、征税方式则可以授权上海地方人大进行立法。

（四）制定并实施更符合资本自由流通的法律法规

我国目前关于外资的立法着眼于吸引外国资本，主要表现在外资准入或资本自由转换等方面的法律法规，对于促进国内资本海外投资方面的法规仍然需要进一步完善。促进资本的双向流通是上海自贸港法治完善的重点工作之一，其中，如何在资本流出监管与资本流出自由之间寻求制度平衡，是上海自贸港制度完善的一个关键性问题。

（五）制定实施更全面的金融开放法规

上海自贸港金融领域的建设将会是"安全"与"自由"的博弈。我们期待自贸港的建设能够实施更为全面的金融开放法律制度。

第一，全面提升上海自贸港金融集聚区的服务功能，上海自贸港金融法治环境的建设应注重规范发展金融业专业服务机构，加快发展信用评级、融资担保、资产评估、投资咨询、法律服务、会计审计等专业服务机构。

第二，依照国务院办公厅发布的《国务院关于推进上海加快发展现代服务业和先进制造业建设国际金融中心和国际航运中心的意见》，上海自贸港建设应顺应国家政策，积极拓展各类金融业务，以自贸港为平台，推动券商直投、私人银行、信托租赁、离岸金融、汽车金融等业务的发展,有序开发跨产品、跨市场、跨机构的金融业务。[1]

第三,对比央行近几年对全国各地自贸区的指导意见,上海自由贸易港应以《人民银行关于金融支持中国(福建)自由贸易试验区建设的指导意见》为风向标,探索建立与自贸港相适应的账户管理体系,为符合条件的自贸港内的主体办理跨境经常项下结算业务、政策允许的资本项下结算业务、经批准的自贸港资本项目可兑换先行先试业务,促进跨境贸易、投融资结算便利化。[2] 并且在前述的基础上不断地开拓创新,进一步扩大业务。

---

[1] 《国务院关于推进上海加快发展现代服务业和先进制造业建设国际金融中心和国际航运中心的意见》,http://news.hexun.com/2009-04-29/117224144.html。

[2] 《人民银行关于金融支持中国(福建)自由贸易试验区建设的指导意见》,http://www.gov.cn/gongbao/content/2016/content_5059110.htm?url_type=39&object_type=webpage&pos=1。

案例篇

Reports on Case Studies

B.15
上海市"舌尖上的安全"保障工作及其效果述评

——以《上海市食品安全条例》出台为背景

孙大伟 秘燕霞[*]

摘 要: 面对食品安全领域存在的传统问题,以及新形势下食品安全监管的挑战,上海市通过制定《上海市食品安全条例》、出台相关配套措施等加强食品安全治理,形成了食品安全问题社会共治的初步格局。为有效提升食品安全水平,上海市应当通过推动公众参与、创新监管模式、完善责任保险等方式,构筑符合自身特点的综合性治理与解决方案。

关键词: 食品安全 地方法规 配套措施 社会共治

---

[*] 孙大伟,上海社会科学院法学研究所副研究员;秘燕霞,上海社会科学院硕士研究生。

"民以食为天，食以安为先"，食品安全问题关乎广大人民群众的身体健康和生命安全。对此，党的十九大报告提到"实施食品安全战略，让人民可以吃得放心"。上海作为超大型城市，常住人口已逾2400万，保证市民食品安全是全市工作的重中之重。2011年，上海市在全国率先颁布了《上海市实施〈中华人民共和国食品安全法〉办法》。2017年1月20日，上海市第十四届人民代表大会第五次会议高票审议通过了被称为"史上最严"的《上海市食品安全条例》（以下简称《条例》）。《条例》的内容有什么特点，其实施以来上海市的食品安全情况如何，新时代上海市在食品安全领域应当如何作为？上述问题是本报告所要关注并加以探讨的主要内容。

一 上海市食品安全面临的主要问题

食品安全的保障，作为国家治理体系和治理能力现代化不可或缺的重要组成部分，是新时代一项重大民生工程。食品安全治理体系是一套系统化的制度体系，整个体系包括治理目标、治理结构、治理功能、治理运行和治理工具，并且每个部分相互影响、共同作用。党的十八大以来，我国食品安全治理体系不断完善，治理能力显著提高。但不可忽视的是，实践中随着经济活动的日益复杂，食品安全问题的治理难度在不断加大，导致当前食品安全问题的治理仍存在若干短板。一方面，相关政府监管机构面对人民群众对饮食不断提高的要求和期待，其滞后的监管手段已无法满足全新社会经济背景下衍生出的新监管需求；另一方面，随着食品生产技术的不断进步，新的食品类别、食品添加剂品种不断推出，随之而来的是新的食品经营模式、消费模式的不断涌现，全新的食品生产与商业模式对政府的食品监管提出新的要求。对于上海市食品安全领域面临的问题，可以归纳为以下几点。

（一）传统食品安全问题依然存在

传统食品安全问题是指人类社会在食品安全方面始终面临的问题，具有由来已久、治理难度大等特点。首先，以小贩为代表的街头食品售卖有着悠久的历史,"贩夫走卒,古已有之",小贩"久治不愈"的根源在于社会的客观需求。① 一方面,以小餐饮、小作坊、小摊贩(以下简称"三小")为主要形式的餐饮模式,在创造就业岗位的同时可以给人民生活带来便利,在城市发展过程中扮演了不可或缺的作用。但是,另一方面,"三小"的餐饮模式一般具有流动性强、从业人员文化水平低的特点,导致监管时确实存在较大难度。其次,无证照食品生产经营的情形仍然较为普遍。据了解,上海各级政府及其相关部门针对无证照生产经营食品的问题,在出台相关规范性文件的基础上,每年都对其进行重点整治;市人大也坚持不懈地监督并提出有针对性的整改建议。即便如此,实践中的监管治理效果依然不明显,特别是在政治区划邻接和较为偏远的城乡接合部,无证照食品生产经营现象尤为严重。最后,某些食品安全标准(如食品添加剂)制定方面的问题尚未根除。例如,2017年以来,市食品药品监管局组织各级市场监管局落实监督职责,分别抽检132批次的各餐饮单位制作的油条等油炸面制品样品和620批次的食用植物油样品,抽检合格率不仅不高,反而存在许多尚待解决的问题,如有害物质"铝"残留量指标,以及油品反复使用等问题。② 由此可见,传统食品安全的监管依然不能松懈。

(二)食品生产经营者主体责任意识较弱

食品生产经营者作为食品安全问题的第一责任人对各环节的食品安全负有无法推卸的主体责任。在上海市,长期以来,无论是市级政府还是区级政府都非常重视食品安全相关法律法规的宣传,并落实监管责任,严格执法。总体上看,大多数食品生产企业的经营者对自身所负有的法律义务的知晓度有所提高。但与此同时,由于个别食品生产经营者的诚信意识差、法治意识淡薄,在实际的生产经营过程中极易造成安全漏洞;有的食品生产经营单位

---

① 何兵:《城管追逐与摊贩抵抗:摊贩管理中的利益冲突与法律调整》,《中国法学》2008年第5期。
② 邹娟:《麦当劳连夜发声明:售卖的油条及其包装在生产中没加塑化剂》,http://www.thepaper.cn/newsDetail_forward_1891707。

由于经营场所太小,卫生标准不达标,从业人员也不稳定,食品安全的潜在风险较为突出;部分食品生产经营单位的从业人员素质较低,忽视对食品安全的严格把关,存在食品安全隐患时也往往不能及时发现。上述存在的问题为食品安全埋下了隐患。更有甚者,部分食品生产经营者为追求金钱利益最大化,不守诚信,没有守法经营意识,在具体生产经营过程中甚至出现掺假使假、非法添加等违法犯罪行为。此外,在监管部门执法监督过程中,也存在部分食品生产经营者不配合的现象,个别当事人甚至对食品监督管理工作存在抵触情绪。

(三)新业态对食品安全监管带来的挑战

随着时代和科技的发展,新的食品生产经营模式、商业与消费模式如雨后春笋般涌现。随着移动客户端和移动支付技术的普及应用,网络订餐这一食品消费模式迅速发展和普及,快捷的购买方式和支付手段给食品消费者带来了无与伦比的便利,但是,在相应的监管过程中,由于相关法律、法规和规范性文件尚不健全,第三方网络平台对进驻商家的资质把关不严,使得没有证照、卫生条件差的商家能够轻而易举地通过网络平台销售其食品,严重损害了消费者的身体健康。在 2017 年,上海通过 12331 热线受理食品类投诉举报案件中,涉及流行业态"网红店"的情况比比皆是。"网红店"之所以能够迅速被口耳相传,无不得益于其品牌、口味甚至价格优势,在涉及品牌效应较好的"网红店"时,监管部门往往采取鼓励支持态度,愿意对其提供合理帮助和一定指导。可是,一夜爆红的"网红店"往往处于创业初期,食品安全管理水平有待提高,管理模式尚不成熟,出现食品安全问题的风险较高。如何针对"网红店"进行食品安全监管,无疑是食品监督管理部门面临的新课题。

(四)基层执法监管能力弱

基层监督管理部门是食品安全监管的关键部位,往往面临点多、线长、面广、任务繁重的监管局面。上海市的食品安全监管部门为响应中央要求,进行了突出监管下移、力量下沉的改革行动,将80%的人员编制下调至诸如监管所的基层人员梯队中。据报告称,为实现食品安全"综合执法",杨浦、普陀、长宁等市场监管局在各个街道均设立了市场监管所,但基层所一般只有1~3名专业人员,专业人员在数量方面的严重短缺,使得其承担的一线繁重监管任务难以有效完成。[①] 由此可见,上海在食品安全监管方面,基层的监管力量仍然较为薄弱,不能满足基层食品监管工作的需要。

二 《上海市食品安全条例》的制定及其效果评析

针对食品安全领域存在的上述问题,上海市人大在政府各部门的全力配合下,通过周密的调研、起草、征集意见等准备工作,于2017通过了《上海市食品安全条例》。该条例共8章115条,与2011年上海市地方立法相比,修订幅度达93.8%。其确立了符合上海市实际情况的,较为严格的食品安全法律规定,为从严治理食品安全领域的难点和问题奠定了制度基础。

(一)《上海市食品安全条例》的主要特点

在贯彻落实中央关于食品安全"四个最严"要求的同时,《条例》在上海市地方立法中遵循"三个坚持":坚持最严准入标准,落实企业主体责任;坚持最严要求,严格落实食品安全各方责任;坚持问题导向,着力解决食品安全突出问题。一方面,为了落实党中央要求、确保国家法律在本市的有效实施,《条例》根据《食品安全法》授权,对国家法律中需要具体细化的内容,如小作坊和食品摊贩的管理,结合本市实际作出具体规定。另一方面,将近年来本市食品安全监管中行之有效的监管手段延续并固化到地方性法规中,完善与上海国际化大都市相适应的食品安全监管法律体系。主要体现了以下特点。

---

① 薛明扬:《关于检查本市贯彻实施〈中华人民共和国食品安全法〉和〈上海市实施《中华人民共和国食品安全法》办法〉情况的报告》,《上海市人民代表大会常务委员会公报》2014年第4期。

1. 从严落实各方责任

一是明确监管部门职责，消除监管缝隙。强化食药安委、食药安办两个部门的实体运作，赋予其制定政策、裁决等七项职责，并在此基础上明确全市16个食品安全相关部门职责。二是突出各环节企业主体责任。强化源头治理和过程控制，从食品生产、贮存、运输、流通、餐饮各环节强化企业主体责任，严格落实"食品是产出来的"。三是从严加强食品安全源头治理。增设食用农产品一节；针对上海食品供应对外依赖度高的问题，强化进沪畜禽产品检查、进沪食品安全信息登记以及临保食品信息公布等制度。四是严格界定各类业态主体责任。提高食品相关产品、食品展销会、农村集体聚餐管理等要求。

2. 从严解决食品安全突出问题

一是将无证小餐饮依法纳入监管。从加强源头治理、从严监管、实施综合治理、加强事中事后监管四方面，将对群众确有需求，不会对周边居民生活、经营产生不利影响且符合食品安全监管要求的小型餐饮服务提供者纳入监管范围之中。二是对网络食品交易第三方平台加强监管。这种食品交易模式与传统模式相比增加了送餐环节，加强送餐人员的健康检查和卫生监管就非常重要。此外，增设入网食品经营者审查、及时信息筛查、不定时抽样检验、经营者食品安全信用状况公示等要求。

3. 坚持立法与法制宣传相结合

将《条例》制定作为以法治思维和法治方式推进上海食品安全治理体系和治理能力现代化的重大契机。立法过程中，坚持与市人大执法检查相结合，强调市区两级人大和政府联动，把执法检查发现的问题及其解决措施，尽可能在《条例》修改中体现，提出针对性强、管用的条款；坚持与强化企业主体责任、实现社会共治相结合，充分发挥联合惩戒、社会监督、齐抓共管等作用；坚持与全社会法制宣传相结合，提高市民知晓度和参与度，使法规更具实践性和操作性。

（二）《条例》实施以来所取得的成效

《条例》的制定，为新《食品安全法》实施过程中需要细化、补充和授权地方立法的内容，确定了相应的配套规定，确保了国家法律在上海的有效实施。此外，《条例》也明确了食品安全各监管部门职责，加强了源头治理和全过程控制，规定了从市场准入到全程追溯、事中事后监管的新要求，着力解决群众关心的食品安全突出问题，建立并完善符合超大型现代化国际大都市的食品安全现代治理体系和法制保障体系。截至目前，《条例》已颁布一年有余，实际效果可以从以下几个方面获得印证。

1. 新业态健康发展

《条例》促进了食品行业新业态的健康发展，其中一例便是在2017年12月6日开业的星巴克臻选咖啡烘焙工坊，该企业成为上海乃至全国首家获得"焙炒咖啡开放式生产许可证"的企业。该烘焙工坊将"开放式生产+餐饮+零售+文化体验"等元素融合在一起，特别是"不对顾客进行隔离，直接向消费者展示焙炒咖啡生产设施设备、生产过程"的开放式商店模式，这在现行《食品生产通用卫生规范》《食品生产许可审查通则》的规定下是不被允许的。在此背景下，上海食品药品监管部门先是多次组织相关部门、行业协会、各评估机构有针对性地分析评估该新业态可能出现的风险点，在确保风险可控的情况下提出整改意见，最终作出行政许可的决定。此后，相关部门针对该业态制定了《上海市焙炒咖啡开放式生产许可审查细则》，从而为该项目的顺利进行排除了法定障碍，这也开启了对类似新业态发证和事后监管的先河。

2. 国家食品安全示范城市创建工作成效显著

在认真贯彻落实《上海市食品安全条例》的过程中，在努力建设市民满意的食品安全城市的方针政策指导下，上海市努力做到依法严管，着力构建符合示范城市标准的食品安全制度体系。市区级各层面执法部门协力加大执法力度，进一步完善食品安全行政执法与刑事司法衔接机制，有效打击食品安全违法犯罪行为。此外，在实际工作过程中也逐步做到源头治理，实现了从"田头到餐桌"的全程监管。

基于《条例》的颁布以及各项具体措施的推进，2017年上海市未发生重大食品安全事故，食品安全继续保持有序、可控、稳中向好态势。上海作为开放、多元、包容的特大型城市，新业态的健康发展有利于满足市民多元的餐饮需求，国家食品安全示范城市创建和市民满意的食品安全城市建设也为上海各界认可和欢迎。

三 出台相关配套措施加强食品安全治理

《条例》实施后，上海市结合本地区实际，不断加快推进食品安全相关规范性文件的制定，与此同时，上海市食品药品监督管理局及有关部门也认真宣传相关规定，积极贯彻落实，依法有效监督，使得上海市在防范食品安全大规模、系统性风险等方面的能力得到显著提升。

（一）配套法规和标准体系建设取得进展

上海市食药监局制定下发规范文件，分别会同市商务委等部门起草并制定实施了《上海市食品安全信息追溯管理办法》《上海市餐饮服务食品安全违法行为记分管理暂行办法》；会同市通信管理局制定《关于加强第三方平台网络订餐管理的若干意见》。同时，针对"三小"和无证照食品经营者的管理整治，修订了《上海市食品摊贩经营管理办法》和《关于加强本市食品药品安全网格化管理工作的实施意见》等规范性法律文件。上述修订妥善解决了现有食品标准存在的遗留问题，同时又根据新业态的需求作了规范性补充。

（二）食品安全监管体制不断完善

上海市政府在推进食品安全监管体制改革的过程中，将相关政府部门职能进一步厘清，并将工商、质检等相关部门的食品生产、流通与监管职能进行剥离重组，组建上海市食药监局，对食品安全进行一站式综合管理。同时协调市、区两级食安委和食安办的相关职能，进一步整合各级监管力量，落实地方政府责任，在此基础上，上海市积极推动完成8个中心城区和8个郊区县的市场监管体制改革工作。与此同时，全市已经有200多个街镇及工业

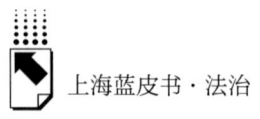

园区成立食品安全综合协调机构和市场监管所,明确了市、区县、街镇食品安全的监管责任。

(三)社会共治格局已初步构筑

为营造安全放心的食品安全环境,上海食品安全相关部门注重与其他省市政府部门合作;注重与公众的交流,努力让市民满意;积极发挥行业协会、基层自治组织、相关专家的优势,初步形成人民群众诉求及时解决、行业协会有益作用良好发挥、各政府部门团结合作的社会共治良好局面。首先,上海市食药监局最近积极推进与上海周边相关兄弟省市的食品安全监管工作区域联动机制。一方面,将食品安全工作纳入长三角区域合作专题,建立了"三省一市"食品安全监督管理区域联动机制;另一方面,积极推进区域间相关部门食品安全风险管理工作交流,向公众定期常态化公开各类食品安全监督抽检信息结果。其次,在加强食品安全相关法律法规宣传的同时重视群众意见。目前已在全市4800多个居(村)委会成立了食品安全工作站,同时配备一定数量的食品安全信息员、协管员、宣传员等;制定并发布了《投诉举报工作实施办法》以完善食品安全投诉举报处置程序,在此基础上,进一步完善食品安全举报奖励工作机制,采取相关措施鼓励市民及时举报各类食品安全问题。最后,积极发挥专家、各行业协会在食品安全宣传培训、评估、交流、行业自律等方面的重要作用。

(四)违法惩治初显成效

2017年,为了严厉打击食品安全违法犯罪行为,上海市、区(县)两级公安机关专门成立了独立的食品安全犯罪侦查部门。上海市公安局会同市食安办下发了《关于进一步加强食品行刑衔接工作的会议纪要》,进一步使得打击危害食品药品犯罪所涉及的鉴定评估、区域合作等工作机制更加常态化。与此同时,司法机关更加密切地与行政机关进行沟通并相互配合,以期推动食品监管领域行刑衔接专项平台建设,更加有效地打击危害食品安全的犯罪行为。近年来，上海市在食品安全领域犯罪侦破能力也不断提高，对于食品安全违法犯罪打击已经初显成效。

（五）专项重点工作成效显著

上海市食品药品监督管理局推动了相关专项工作，以使食品安全问题得到以点带面的解决。首先，餐饮企业定期信用核查制度得以落实。主要体现在加强食品安全领域信用信息共享应用方面。一是针对食品生产经营企业的信用画像问题，支持各生产经营企业建立信用档案，按照一户一档的要求做到各类信息共享甚至包括市公共信用信息平台归集的各类信用信息。二是做到食品生产经营企业信用信息公开。据报道，诚信上海 App 信用地图已经纳入上海 5.3 万余户的食品餐饮企业的信用分级监管信息。三是强化食品安全领域中涉及诚信问题的事中、事后监管。其次，"堵疏结合"的临时备案工作开展顺利。相关新闻记载，截至 2017 年 11 月底，上海市已备案纳管食品生产小企业 1726 户。这些信息和具体纳管工作的相关情况已经在食安网向全市市民公布，相关部门在工作中始终坚持严要求高标准，例如，把纳管纳入落实"放管服"要求、坚持"堵疏结合"原则当中，同时在这个过程中不降低对于食品安全生产加工各种监管的标准和要求，始终坚持不扰民的底线。

四 提升食品安全水平的有效路径

目前，食品安全问题是各国政府都会遇到的、较为普遍同时也是较为严重的问题之一。食品是人类接触病菌病毒最直接的途径，一旦出现问题，其对人造成的危害也最为直接。[①] 虽然上海市食品安全相关法律制度不断完善，但在实践中仍然存在跟不上经济和社会发展的情况，与民众对食品安全的高标准以及吃上放心食品的期待仍然存在一定差距。为此，在结合实际情

---

① 贾清：《我国食品安全法律制度研究》，《理论研究》2017 年第 5 期。

况以及对比、借鉴其他省份和国外经验的基础上,我们对上海市的食品安全问题的规制提出如下解决方案。

(一)积极推动公众参与食品安全治理

食品安全公众参与制度,是指"在食品安全监管领域里,公民根据国家食品安全法律赋予的权利和义务,通过一定的程序与途径,参与一切与食品安全监管相关的决策活动,使该项决策符合广大人民的切身利益的制度的总称"①。在食品安全领域实现公众参与,实质就是使各个利益群体相互影响、相互制衡、相互妥协,并达成一致,这有利于克服公共权力腐败,同时有效弥补政府有限理性的缺陷。② 毋庸置疑,社会公众是食品安全问题的直接风险承担者,其对食品安全治理能够积极并广泛参与,将非常有利于食品安全问题的解决。首先,社会公众作为直接消费者,其对食品的购买和食用行为会得到最原始的食品安全经验,并基于此举报不法食品经营企业,向食品监管部门反馈相关信息。可以说,公众参与食品安全问题治理是对政府监管的有益补充。其次,公众参与可以有效弥补法律预防功能的不足。公众参与可以有效增加事先预防,利用自身风险判断能力减少食品安全问题的出现。最后,食品安全治理是一个社会系统工程,具有周期长、情况复杂的特点,从而需要社会多主体积极参与其中。社会公众作为直接利益相关者,其参与有利于促进食品生产者和经营者的行为向好的方向发展,是食品安全多元治理的重要力量。

(二)利用"互联网+"创新食品安全监管模式

《2017年食品安全重点工作安排》明确提出在新业态发展过程中,深入应用"互联网+"检验检测技术,助力食品安全。加快食品安全监管信息

---

① 孔超、李洋:《试论我国食品安全监管的公众参与制度建设》,《科技与企业》2011年第10期。
② 丁鹏、王淑娟:《公众参与下的食品安全规制》,《沈阳大学学报》(社会科学版)2014年第1期。

化工程项目建设，也便于全国统一的食品安全信息平台的建立和完善。在此基础上，食品安全追溯平台已经开始使用，这就使得我国向构建"源头可查、去向可追、责任可究"的追溯体系又迈进了一大步。其中一个生动的例子便是：首个食品安全可追溯云网在福建省永辉超市门店示范上线，该平台依托先进的云计算技术，实现了食品安全监测管理工作的数字化和科学化，使得一些食用农产品实现了从田间地头一直到餐桌全程的可追溯。在网络数据信息高速传输前提下，综合高效利用食品安全检测设备，并依托数字网络技术和在线监管平台，建立一个智能、高效的"互联网＋"食品安全智慧检测平台，将更加有利于实现食品安全的监管。①

（三）转变食品安全监管基本范式

上海作为始终走在国际前沿的国内一线大城市，也应当积极学习国外的有益经验，并在条件允许的情况下，逐步实现食品安全监管由事后积极应对到注重事前预防的转变。以美国为例，美国《食品安全现代化法》有针对性地从预防性控制、应对措施的监管等方面，对《联邦食品、药品和化妆品法》进行了重要修正，确立了以风险为基础的预防性控制体系，使得美国的食品安全治理体系整体得以完善。② 美国《食品安全现代化法》最重大的变化在于引入了新的检查制度和预防性控制体系，皆以风险控制为基础。这是美国首次以立法的形式，要求美国食品药品管理局在整个食品供应链建立全面的预防性控制体系。之后美国食品药品管理局在具体工作中建立并完善了一系列的预防控制计划，一是对生产、加工食品过程中的可能危害因素进行深度评估分析和危害分析，二是建立矫正计划并要求保存实施预防控制计划的记录等。基于此，上海也应该结合自身实际制订相应计划并建立预防性控制体系，以应对可能出现的食品安全问题。

---

① 严文怡、梁旭、佟文博、王浩然、牛春艳：《"互联网＋"食品安全智慧检测平台构建》，《现代交际》2017年第24期。
② 韩永红：《美国食品安全法律治理的新发展及其对我国的启示——以美国〈食品安全现代化法〉为视角》，《法学评论》2014年第3期。

（四）进一步完善食品安全责任保险制度

食品安全责任保险，是以被保险人对因其生产经营的食品存在缺陷造成第三者人身伤亡和财产损失时依法应负的经济赔偿责任为保险标的的保险，是落实企业食品安全主体责任的重要体现。自2008年至今，食品安全问题一直都是社会关注的焦点。与此同时，我国的保险业不断创新保险种类，食品安全责任险应运而生，成为食品生产、经营、服务企业应对食品安全问题的又一道防线。这一险种的产生不仅顺应社会需求，也迎合了新环境下的制度安排，上海市在2010年印发《关于加强金融服务促进本市经济转型和结构调整若干意见》的通知，其中提到可以适当发展农副产品与消费品的安全责任保险等食品安全领域保险业务；2011年，原《上海市实施〈中华人民共和国食品安全法〉办法》在全国率先制定了"鼓励婴幼儿配方食品、生食水产品等食品的生产经营者，以及承担重大公共活动食品供应的单位，投保食品质量安全责任保险"等相关条款。此后，2015年颁布施行的《食品安全法》，更是在全国层面上以鼓励性条款将食品安全责任保险写入法律。相信进一步完善食品安全责任保险制度，用经济手段解决食品安全领域的民事责任纠纷，必将有利于完善社会治理体系；与此同时，食品安全责任保险的风险管理和经济补偿功能的有效发挥，对食品安全事故预防和救助水平的提高以及消费者合法权益的保护也相当有利。

（五）加强食品安全监管合作

在食品供给与需求全球化的背景下，食品安全治理在很大程度上已演化为全球性问题，保障一国的食品安全不仅要练好"内功"，也要重视国际合作。国际合作不仅是解决跨境食品安全事件的有效方法，更是提升食品安全能力建设的可依赖路径。[①] 上海作为中国对外开放的重要窗口，在国际合作

---

① 韩永红：《美国食品安全法律治理的新发展及其对我国的启示——以美国〈食品安全现代化法〉为视角》，《法学评论》2014年第3期。

上更应该发挥其应有的作用。与此同时,也应当加强国内各区域间(地区、省、城市群、区)的合作。上海作为长三角地区核心城市,在食品安全建设方面也应该发挥应有的作用,努力创立实质意义上的一体化食品安全体系。与此同时,也需要重视社会各界(食品业界、学术界、社会各特殊利益群体)之间的联系与互动,拓展政府与非政府群体之间的对话场域,增强食品安全各领域之间的合作与交流,相互了解并相互尊重,共同致力于推动食品安全问题治理的有效展开。

B.16
电网企业积极推动地方立法

何 源*

摘 要： 推动电力地方立法，是当前法治建设与社会发展的现实需要。我国立法模式属于国家推动型。电力体制改革使得政企分开之后，电力企业取代原先的电力行政主管部门成为推动电力立法的主体。在上海电力地方立法过程中，国网上海电力公司不仅积极推动《上海市供用电条例》被列入立法规划，也参与到起草过程中，提出许多具有创新性的建议。国网上海市电力公司还通过全面履行对重要电力用户的用电指导和检查职责、全方位提升供电服务、积极推动落实《上海市居民供用电格式合同》、提供精细化客户服务等举措保证《上海市供用电条例》的顺利实施。

关键词： 地方立法 供用电条例 国网上海电力公司

一 电网企业推动地方立法的现实意义

电力地方立法，是指根据《立法法》相关规定享有地方立法权的主体制定的涉及电力的地方性法规和政府规章。加强电力地方立法，既是地方立法在中国特色社会主义法律体系中重要地位与作用的体现，也是基于保障电力发展的现实需要。党的十八届四中全会通过的《中共中央关于全面推进

---

* 何源，上海社会科学院法学研究所助理研究员。感谢国网电力上海公司提供的参考资料。

依法治国若干重大问题的决定》指出:"建设中国特色社会主义法治体系,必须坚持立法先行,发挥立法的引领和推动作用,抓住提高立法质量这个关键。"以此为新起点,我国地方立法不仅"负有保证中央法律、法规在地方贯彻实施的责任",还"负有执行、补充中央法律法规以及先行一步为中央立法积累经验的职责",以及"调整地方社会关系、解决地方问题"的任务。"十二五"期间,在大力推进"创新驱动发展、经济转型升级"战略背景下,国网上海电力公司发展稳步推进,在电源建设、电网运行、电力消费以及电力节能环保方面均取得长足进步。然而,地方立法已严重滞后于经济高速发展、社会结构转型,无法解决转型期涌现出的如智能电网、客户个性化用电等新问题、新矛盾。因此,推动上海电力地方立法,是当前法治建设与社会发展的需要。

国家立法推动模式包括两种,一是自上而下的国家推动,另一是自下而上的社会推动。当代中国的法制现代化发生于20世纪最后20年,彼时中国社会缺乏商品经济对民主法治意识的启蒙,因而需要有一个充分行使公共职能的强大国家来推动法制的转型,需要国家和政府自觉担负起正确引导法治发展的时代责任。在这样的背景下,我国法制建设一开始就是在政府权力推动下进行的,表现出国家主导的方式,同时法律和立法往往成为实现现代化的战略工具。同样,我国地方立法目前也以国家推动型的立法模式为主。1997年国家电力公司成立,开启了电力领域"政企分开"的改革进程,国家电力公司与之后的国家电网公司及其分公司逐渐成为推动地方立法的主体。伴随着不断深入的电力体制改革与国内国际产业的不断发展变化,供用电关系也发生巨大变化。现有电力地方立法普遍出台时间较早,相关规定与现实情况存在一定程度上的脱节,不能有效解决新出现的现实问题。作为服务地方经济社会发展的电力企业,自身也有着繁重的电网建设、电网安全以及查处窃电等管理任务,通过立法方式解决电网企业在规划建设和运行管理中的种种难题,借助地方立法规范和保障地方电力事业发展,既是企业运营发展的自身需要和内在要求,也是积极履行社会责任,为地方经济社会发展作出积极贡献的表现。国网上海电力公司在立法规划、起草法案与立法实施等三大环节全方位地参与《上海市供用电条例》(以下简称《条例》)的立法过程，是对电力企业积极推动电力地方立法的最佳诠释，并提供了宝贵的实践经验。

二 积极推动《条例》列入立法规划

立法规划，是有权的主体在自己职权范围内，为达到一定目的，按照一定原则和程序所编制的准备用以实施的关于立法工作的设想和部署。编制立法规划的活动，是准立法活动。具体而言，立法规划对具体工作的开展具有三个方面的作用。第一，特殊的指引，立法规划作为关于立法工作的设想与部署，既要经过通盘考虑作出总体设计，又要作出具体安排与布置。第二，特殊的准则，立法规划不仅使立法者在方向与目标上获得指引，也为其在完成立法任务时的时限、内容与顺序提供准则。第三，特殊的效力，立法规划是立法者完成立法工程的施工蓝图，一经诞生除有特别原因或规划本身不可行之外，就成为立法工作的指南。正确认识立法规划的作用，有助于提高地方立法工作的科学性。

立法建议与立法项目不同于立法规划，却又与其存在密切联系。立法建议是有关立法意愿、立法要求、立法主张的一种表现形式。国家机关、社会组织或公民个人，希望或要求立某个法，并将这种愿望或要求以具体的立法主张表达出来，让立法主体知道，就是提出立法建议。立法建议若被接纳，则会转化为具体的立法项目，包含于立法规划之中。立法规划的主要目的就是对需要完成的立法项目加以确定、列举和安排。立法规划是一定主体在一定时期、一定范围实施立法工程的施工蓝图，具体立法项目便是蓝图描绘出的要建设的具体而实在的对象。

国网上海电力公司作为负责上海地区电力输、配、售、服务业的企业，秉承"人民电业为人民"的企业宗旨，主动作为，分别向上海市人大常委会、市人民政府及政府相关部门上报《关于恳请支持将〈上海市供用电条例〉列入上海市立法五年规划的请示》(以下简称《请示》)，恳求支持制定符合上海市电网发展规律的综合性地方法规。最终《条例》正式确定为上海市十四届人大常委会2013~2017年五年立法规划的正式项目，并作为2015年立法规划12个正式项目之一，从而完成了立法建议转化为立法规划下的具体立法项目的过程。在这一过程中，国网上海电力公司表现出"抓重点，思路清"的特点。

（一）以重点问题凸显立法必要性

基于对上海市电力领域现实需求的准确理解，国网上海电力公司整理出五大关键问题，凸显了《条例》出台的必要性。

1. 中心城区架空线入地规划落地困难

《上海市2010年架空线入地规划》规定"重点区域内，除经批准的城市规划控制保留的220千伏及以上电力架空线外，其他架空线应实施入地；除经批准的城市规划确定的220千伏及以上电力架空线可新建外，不得新建其他架空线"。但在规划实际操作中仍存在以下问题：一是架空线入地办证程序难。架空线入地项目所涉的环网站、开关站、配电站等现在无法获取规划批复等文件，不仅影响了建设阶段的招标工作，还使得该类站无法获得产权证，使得电力企业面临极大的法律风险。二是资金筹集渠道不畅通。架空线入地项目的实施需大量的电力通道，且涉及资金量巨大，电力企业无力全部承担，且与国家电网公司对上海电网建设资金要求相冲突。北京市、天津市都采取了以权属单位为主进行架空线入地资金筹措的模式（即"谁主张，谁出资"，政府适当补贴）。

2. 电力设施保护机制有待进一步健全

电网安全事关经济社会发展和人民群众生产生活，事关公共安全和社会稳定。近年来，在市委、市政府的支持指导下，电力设施外损、外破、盗窃事件呈逐年下降趋势，但是在城乡接合部、流动人口密集区域仍呈现高发态势，严重危及上海电网安全，极易引发大面积停电事故。主要表现为：一是电力设施偷盗和违法收购现象屡禁不止。2013年1~5月，上海市共发生电力偷盗526起，直接造成经济损失819万元。二是输电线（缆）外损情况居高不下。部分输配电线路保护区内仍大量存在违章建筑、施工工地、飘物堆场、废品回收站、大规模种植快生长高大树木等影响电网安全的重大隐患。在2013年1~5月的11起输电线路外损事件中，有5起为高空飘物造成，6起为机械作业碰线导致。三是车辆撞杆多发且后果十分严重。车辆撞杆导致的电网故障抢修时间长、停电影响范围大，且易造成人身和财产损失，但在当前处置过程中存在处罚力度不大、标准过低、索赔困难等问题。

3. 居民和公建计量表前供配电设施维护管理责任需细化

上海市老旧居民住宅总量多，其表前供配电设施普遍存在配置标准低、安全可靠性差、设备老化严重等问题，故障报修量大，存在很大的消防安全隐患。另外，由于资产所有方（业主）未履行好相关运维和修缮职责，计量表箱损坏和私拉乱接现象严重，使得窃电问题、邻里纠纷突出。2011年4月1日正式实施的《上海市住宅物业管理规定》对相关管线的维修养护责任进行了界定，大大改善了表前设施管理，但在具体操作中仍面临以下困难：一是产权归属问题。根据上位法规定，居民和公建计量表前管线和设施设备属业主共有房屋附属设施，供电企业在未经全体业主授权并签订委托服务协议的情况下，无权进行维修养护等任何处置。二是服务质量问题。《上海市住宅物业管理规定》中未明确供电企业承担维修养护的标准以及业主、物业公司等相关方责任，考虑到原由开发单位自建的居民和公建计量表前管线和设施设备（属业主资产部分）建设标准低且不统一，设备老化严重，故障隐患多，未经必要改造且未履行移交手续，将可能影响小区居民的故障抢修。三是费用渠道问题。规定中未明确住宅小区供配电设施（属业主资产部分）维护材料、人力成本等费用来源，缺乏可操作性。

4. 重要用户供用电安全管理规定落实不到位

国网上海电力公司严格执行《上海市重要电力用户供用电安全管理办法》，为全市已认定的364户重要用户建立了"一户一档"，并与市经信委核定颁布的第一批159户重要用户签订安全用电保障协议。但是，部分用户仍存在对国家规定落实不到位的情况，主要表现在：部分重要用户双电源或自备应急电源配置不到位，其中14户一级重要用户供电电源配置不满足要求（来自同一变电站），18 户二级重要用户为单电源；涉及区政府、医院和国宾馆等 66 户重要用户未配置自备应急电源；还存在低电压释放装置改造不到位、值班电工未按规定到值、应急预案操作性不强、缺乏实战演练等问题。

5. 水产养殖户供用电违规养殖现象严重

上海现有水产养殖户 6309 户，大部分为单电源用户。由于养殖户情况复杂，大多为无证养殖和超密度养殖，且无自备发电机，一旦发生故障停电就会引起养殖户经济损失，即便是由于台风、雷暴等不可抗力因素造成的停电，也会引发纠纷。此外，养殖户私拉乱接、窃电现象严重，危及电网安全运行并扰乱了供用电秩序。为最大限度确保养殖户供电可靠性，国网上海电力公司已将所有水产养殖户列为重点关注对象，优化停电检修计划，避开水产繁殖季节，建立专档信息表，主动上门指导养殖户合理配置自备应急电源，并在当地村委会放置移动式发电机。但是，目前仍有 375 户养殖户不配合公司开展的上门服务工作，拒收安全用电告知书。

（二）以清晰思路彰显立法重要性

基于对现实需求充分、准确地把握，上海电力从法制保障、法制引领、权益保护与巩固创新举措四个方面论证了将《条例》列入立法规划的重要意义。

1. 研究制定《条例》是进一步加强上海市电力供应和使用领域法制保障的需要

国家层面在 20 世纪 90 年代出台的"一法五条例"由于出台时间较早，有些内容已不能完全适应地方的实际，近年来重庆、天津等 10 多个兄弟省份都陆续颁布了供用电地方性法规。2008 年，《上海市保护电力设施和维护用电秩序规定》得以颁布，为加强电力设施保护，保障电力安全提供了重要支撑。但在供用电领域，目前主要靠规范性文件予以保障，效力等级较低，约束力不强。

2. 研究起草《条例》是体现国家新一轮电力体制改革精神，为先行先试提供法制引领的需要。

2015年3月，中共中央、国务院发布了《关于进一步深化电力体制改革的若干意见》，为新一轮电力体制改革指明了方向。上海在新一轮能源变革中处于全国改革开放排头兵的地位。为了尽快落实国家改革精神，需要结合上海市实际，通过地方立法对电力体制改革中已经明确的事项作出规定。

3. 研究起草《条例》是依法保护供电企业和电力用户合法权益的需要

部分非居民用户因为历史原因未与供电企业签订书面合同，造成供用电双方权利义务不清晰；对存在哪些情形可以对用户予以中止供电缺少具体规定；部分用户对供电可靠性有特殊要求，但缺少对供用电双方的约束。为此，需要通过地方立法进一步规范供用电法律关系，合理平衡各方的权利义务。

4. 研究起草《条例》是将近年来实践中行之有效的探索创新通过立法予以确认和完善的需要

近年来，上海市在供用电领域为了进一步推进节能减排、环境保护以及加强城市管理，形成了许多行之有效的政策措施，并相继出台了一些规范性文件，如有序用电方案、差别电价管理等，需要通过地方立法予以明确。

三 积极参与《条例》起草过程

法案起草是立法过程中一个必经的、非常重要的阶段，它是直接表现立法目的，实现立法指导思想和基本原则最主要、最重要的活动之一。美国有学者将法案起草工作比喻为建筑工作，法案起草人有如工程的建筑设计师。他的任务一方面在于完成工程的设计建筑，另一方面也在于对建筑物的用途、形式、效用及其他有关问题作综合考虑和协调。起草人起草法案之前，首先要弄清立法主旨，研究如何表达这种主旨，如何解决种种问题。为此，国网上海电力公司积极参加《条例》起草课题组讨论，对草案内容提出创新性建议。

（一）积极参加立法研究工作

国网上海电力公司积极响应市人大常委会首次提出的"4+1"立法研

究模式，参加了由市人大财经委、市人大法工委、市政府法制办、市经信委、上海社科院法学所、上海市立法研究所等相关单位、研究机构组成的课题组，全面配合开展立法工作。课题组针对立法草案中实践性、技术性强的问题，专项调研广东、江苏、四川、河南、云南等省，现场调研电网的建设、生产、运营；会同上海市企业法律顾问协会联合开展"国内外供用电制度比较研究"课题的研究工作，对美国、英国、德国、日本、新加坡、澳大利亚、西班牙、中国香港、中国台湾等地的立法情况及对上海市供用电立法的启示进行了实证分析，课题组还依托上海电力法研究中心，针对城市电力管理中的重点问题开展研究，累计形成17份专项论证报告，为推动立法工作提供了坚实的理论基础。

为支撑好《条例》立法工作，国网上海电力公司结合自身职能定位和承担的使命，成立以主要领导为组长、各分管领导为副组长的立法工作领导小组，并依据专业分工，设立规划建设组、生产运行组、营销财务组、法律综合组、技术标准组五个专项工作组，负责《条例》具体条款的起草、立法资料和数据的收集和立法论证报告的撰写。组织各业务部门及社会研究机构开展立法需求调研，注重上海市实际与民生服务相结合，找准需要通过地方立法解决的主要矛盾和问题，在充分研究基础上，提出相关立法需求建议。公司先后开展四轮立法需求梳理，涉及电网规划建设、保护公共用电安全、实施节能减排战略、重要电力用户管理、供用电合同关系等90余个公司日常管理中的瓶颈问题，累计梳理立法需求80条。

（二）积极提出创新性建议

1. 体现电力体制改革有关精神

《条例》制定过程中适逢电力体制改革九号文及发改委六个配套文件陆续出台，《条例》呼应国家电力体制调整，吸收了文件的改革精神，在总则增加了供电企业承担其供电营业区保底供电服务，无歧视地提供报装、计量、抄表、维修、收费等各类供电服务等原则性表述。但是，因《条例》主要调整电力供应与使用环节的法律关系，不涉及电力交易，故不再出现售电公司等其他主体。

2. 有效规制供用电双方的权利义务

《条例》立足于平等保护各方利益主体的原则，明确界定了供用电双方的权利和义务，并增加了一些权利救济渠道。一是明确供电企业与电力用户签订供用电合同的方式及设立格式合同制定程序；二是赋予电力用户纠纷救济权利，如用户对用电计量装置准确性有异议和对供电企业中止供电、电费收取有异议的查询权和申诉权。

3. 做好上位法衔接，解决上海市电力管理难题

一是重点突出对重要用户和特殊用户的管理。明确设定重要电力用户应当配备多路电源、自备应急电源或者采取其他应急保安措施等法律义务，并创设了对电能质量、供电持续性要求高于国家标准的特殊用户设定义务的条款。二是明确差别电价管理制度。《条例》对目前实施的差别电价制度及其适用对象作了规定。三是规范有序用电行为。《条例》要求电力运行主管部门制定上海市应对电力紧缺或者超负荷运行的有序用电总体方案，并明确非居民电力用户应当配合电网企业安装电力负荷管理系统。四是赋予供电企业单方面中止合同关系的权利。《条例》规定了九种可以中止供电的情形，其中部分情形是与上海市规范性文件相衔接的，且实践效果良好。

4. 明确电网建设规划编制主体和法定要求

《条例》在吸收了上海市 2013 年出台的规范性文件《上海市电网建设若干规定》的基础上，作了三方面规定：一是明确市发展改革部门牵头组织制定上海市电网建设规划，并纳入相应的城乡规划。二是要求规划国土部门根据电网建设规划，划定规划控制界线，明确相关控制指标和要求。三是禁止任何单位非法占用经规划确定的供电设施用地、输电线路通道。

四 积极保障《条例》的有效实施

《条例》正式实施前，国网上海电力公司对所属供电公司进行了全方位的宣传讲解，对现行业务流程和规章制度深入分析，认真梳理其中与《条

例》等法律规定不一致的内容，修改完善相关管理制度和工作流程，全面完成相关工作对接，确保《条例》有效落地。

（一）全面履行对重要电力用户用电指导和检查职责

国网上海电力公司按照《条例》规定，协助市经信委开展《上海市重要电力用户供用电安全管理办法》的修订，完善重要电力用户管理标准，滚动更新本市重要用户名单，2016年审核发布本市395户重要电力用户名单；制定重要用户用电安全隐患双向报备制度，构建重要用户安全管理平台，试点开展重要用户现场检查移动作业，提升重要用户信息化管理水平；在元旦、春节和"两会"等特殊时期，各供电公司加强本市重要电力用户安全用电专项检查，做到"通知、服务、报告、督导"四到位，确保全市用电安全。

（二）全方位提升供电服务

国网上海电力公司结合《条例》"便民"精神，积极推进"互联网＋电力服务"举措落地，大力推广掌上电力手机App、电e宝等电子服务渠道的融合应用，开发升级微信功能，首推自助业务办理终端等"互联网＋"营销服务举措，实现了用电业务网上办理、电费结算网上支付、供电信息网上发布的服务转型；积极应用公司统一开发的配网抢修移动终端，有效提升信息传送效率，确保满足《条例》规定的"自接到报修之时起，到达现场抢修的时限，外环线内不超过六十分钟，外环线外不超过九十分钟"的要求，使电力故障抢修平稳有效、优质高效，切实迅速解决用户供用电问题。2016年至今未发生到达时间承诺不兑现的有责投诉，也没有发生因抢修不及时引发的案件。

（三）积极推动落实《上海市居民供用电格式合同》

国网上海电力公司草拟了《上海市居民供用电格式合同》（以下简称"格式合同"），依法召开本市居民用户代表听证会，听取公众、社会团体和相关利益方的意见，按照代表意见，认真修改"格式合同"，并按照"格式合同"登记备案制度，向黄浦区市场监督管理局完成备案工作，2016年12月正式向全市居民公布使用。截至2016年12月底，已完成非居民用户70125户补签工作，按照《条例》规定完成了上海市非居民用户供用电合同的补签工作。

（四）切实落实信息公开制度

国网上海电力公司根据《条例》规定，在下属79个供电营业窗口、95598服务网站、掌上电力App等对外渠道公示用电办理程序、办理时限、服务承诺以及收费项目、标准和依据，向社会公布95598供电服务热线和12398电力监管热线。同时，公司还在对外网站、微博开设信息公开专栏，公示"信息公开实施细则""信息公开年报""信息公开指南和目录"，便于居民用户的查询、取阅、使用和复制；对于计划检修需要停电的，提前七日在相关社区公告停电区域、停电线路和停电时间，同时在媒体等公共平台提前发布相关计划停电信息。

五 结语

法与利益的关系，一直是法学理论与实践关注的重点。英国功利主义法学家边沁指出，法一般和最终的目的，不过是整个社会的最大利益而已，立法者的职责是对公共利益和私人利益进行调和。德国法学家赫克指出，法不仅仅是一个逻辑结构，而且是各种利益的平衡。西方法学中的社会法学派专门对利益问题进行了研究。庞德认为，法的功能在于调节、调和、调解各种错杂和冲突的利益。简言之，法所体现的意志背后乃是各种利益。

既是如此，立法就必须当心出现"政府俘获（State Capture）"的现象。所谓"政府俘获"理论，最早由美国经济学家斯蒂格勒提出。根据该理论，立法者和管制机构也追求自身利益最大化。基于此，他们可能会被某些特殊利益集团所"俘获"从而提供有利于其的管制制度。具体而言，"俘获"既可以表现为企业向政府官员提供贿赂，也可以表现为企业凭借自身的影响力使政府制定有利于自身的法律、政策和规章。例如，在著名的"商务部第一案"中，时任条约法律司巡视员的郭京毅凭借对商务法律法规的熟悉，非法利用权力按照行贿者需求设计法律制度，开创立法腐败的先河。

  电力企业作为电力地方立法的利益相关者，在积极推动立法的过程中也必须注意以下三点，以避免"俘获"现象的产生。首先，电力企业参与地方立法必须通过合法程序。现实中存在的通过贿赂政府官员使之成为自己的利益代言人，或是通过暴力手段、非法集会等方式达成目标的方式皆不足取。其次，电力企业应当具有高度自律意识。推动地方立法，是为了解决电网运行发展中的新问题，更好地服务于城市经济发展，而非满足企业自身的私利。最后，应当充分重视公众参与的作用。立法只有曝于阳光之下，坦荡地接受公众的监督，才能避免部门（集团）利益法律化的不正当情况出现。唯有这样，电力企业推动地方立法才能够真正发挥立法的引领与保障作用，服务于国家战略与城市发展。

B.17 后　记

《上海法治发展报告（2018）》又与读者见面了。上海法治蓝皮书已连续出版7年，它客观记录了上海市法治建设各方面取得的成绩，特别是对上海人大工作、法治政府建设、司法体制改革和依法治市等领域进行了持续跟踪报道，对上海每一年在法治建设先行先试的实践中所取得成就进行阶段性总结，并对下一年法治建设情况作出展望，以期让蓝皮书更好地发挥智库功能。

如何更好地体现蓝皮书的定位是全体编委会成员一直思考的问题，从最初的选题规划、实地调研、组稿选稿、谋篇布局等，编委会围绕着蓝皮书的定位对每一板块及其内容多次推敲、反复论证，目的在于使法治蓝皮书真正成为上海社会科学院国家智库建设的一扇窗口、一个平台，为法学所建设国家高端法治智库打造一个品牌。为此，《上海法治发展报告》编委会将努力把法治蓝皮书办得更好，让蓝皮书的学术品位和社会声誉相得益彰。

本报告编撰过程中的各个环节，得到上海市依法治市领导小组办公室、上海市人大法制委员会、上海市人大内司委、上海市政府法制办、上海市法学会、上海市司法局、上海市高级人民法院研究室、上海市第一中级人民法院研究室、上海市人民检察院办公室及研究室、上海市人民检察院第三分院、上海市公安局研究室、上海市律师协会、华东政法大学、上海市立法研究所、上海行政法制研究所、国网电力上海公司等单位领导和工作人员的支持、指导和帮助。在此致以诚挚谢意。

《上海法治发展报告》专家咨询委员会的领导、专家、学者参加了本报告编委会组织的座谈会、论证会，对本报告的架构、内容等提出了很多建设性意见，并对法治蓝皮书重点关注的内容和未来发展方向进行了科学论证。

后 记

在这里对他们的宝贵建议表示衷心感谢。

本报告在立项、选题、调研和撰写的过程中，得到上海社会科学院院长张道根、党委书记于信汇、华东政法大学校长叶青的关心、支持和指导，在此向他们表示诚挚谢意。

上海社会科学院科研处及社会科学文献出版社皮书出版分社有效的组织和协调使本书能如期顺利出版，对他们付出的辛勤劳动表示敬意和感谢！

最后，编委会真诚地希望法治蓝皮书的所有支持、合作单位、领导、专家和学者，作者和读者能继续携手扶持法治蓝皮书的成长，在共同走过的岁月中不断发展、成熟和完善，我们期待她的辉煌！

上海社会科学院法学研究所

《上海法治发展报告》编委会

2018 年 3 月 13 日

Abstract

Annual Report on Development of the Rule of Law in Shanghai (2018) carries on the full range of inspection on 2017 Shanghai local legal construction, reflects the real situation of ruling by law construction in Shanghai, reviews and sorts out the progress and challenges involving city governance according to law, local legislation, law-based administration and judicial system reform.

The "General Report" reviews the innovation achievements in all aspects of Shanghai legal construction, specially interprets the work of the local people's congress, the government, the courts, the procuratorate and lawyers, and looks forward to the construction of the rule of law in shanghai in 2018.

The "Evaluation Reports" have two articles. One is an analysis report on the setting of administrative penalty in local laws and regulations of Shanghai. By comparing the status of penalty setting in local laws and regulations of Shanghai, the article describes the trajectory of the evolution of penalty setting, gives a comprehensive review of the reasonability, scientificity and harmony of the setting of administrative penalty in local laws and regulations, and sorts out the types of penalty setting and their combination, so as to give some countermeasures and suggestions. The other article is a satisfaction evaluation on the legal environment of the private economy in Huangpu district of shanghai, which consists of five parts: legislative environment, judicial environment, administrative legal enforcement environment, law-abiding environment and legal service environment. In view of the existing problems, the author suggests that balanced development of various indicators in the overall construction of the environment should be emphasized; legislation should be focused on strengthening the operability of legislation; efficient and convenient administration should be promoted to strengthen the restraint of administrative management personnel and make the market play a fundamental role in allocating resources.

Abstract

The "Special Reports" mainly introduces the current situation of the construction of the rule of law in shanghai from several aspects: the popularization and application of "artificial intelligence" in the judicial field, the exploration and practice of procuratorial reform, the investigation of criminal cases of food and drug safety; rationality analysis of normative document review mechanism; an empirical study on the prosecution of smuggling crime in shanghai (2015 – 2017); an introduction to the characteristics of cases and judicial protection in the Shanghai Free Trade Zone; the inspection of implementation of the Regulation on Road Traffic Management of Shanghai by the Shanghai municipal people's congress; the report on the development of legal education in Shanghai; discussion on the examination mechanism of normative documents, exploration of the operation and mechanism of the law committee of people's congress at district level in Shanghai, and so on.

The "Report on Hot Issues" has two articles. One is to discuss the establishment of special tribunal of environmental resources established by Chongming court from the perspective of the construction of world-class ecological island, and the author makes a thorough investigation from four dimensions of macro, micro, national and international, and puts forward nine concrete suggestions. The other article is to put forward some viewpoints on the unity and systematization of the construction of laws and regulations of Shanghai Free Trade Port, and the author suggests that the reform should be kept pace with internationalized standards in the fields of investment, trade and finance.

The "Report of Case Studies" has two articles. One is to discuss the local legislation of power enterprises and introduce that power enterprises replace the original power administrative departments as the main body to promote the legislation after reform. The other article is to comment on the "safety on the tongue" and its effect in Shanghai based on the promulgation of the Shanghai Food Safety Regulation. The author thinks that a preliminary pattern of social co-management of food safety problems has been formed with the formulation of Shanghai Food Safety Regulation and the related supplementary measures.

Keywords: Shanghai; Legal Construction; Administrative Enforcement of Law

Contents

I General Report

B. 1 Construction Situation of Rule of Law in Shanghai of
2017 and Outlook of 2018
Du Wenjun, JinMengjie, Sun Bo, Xie Jiawen and Zhang Yongying / 001

Abstract: In 2017, the construction of rule of law of Shanghai seek improvement while keeping stable, and it has a new breakthrough in the development of the legislation of the NPC, government ruled by law, judicial reform and ruling city by law. Implement the decision-making and deployment of the CPC, provide stronglegal guarantee for local development, create a law-based and nationalized business environment, and work hard constantly to build a hi-tech innovation center with global impact. Use the rule of law thinking, innovate the means of social governance, fight to defend the blue of our sky, comprehensively push river chief system to clean up the black and foul rivers, and actively solve the people's livelihood issues that the common people are concerning most. Government should improve and strengthen their own work, highlight legislation difficulties and emphasis, pay attention to and improve the quality of legislation, the National People's Congress should give play to representative functions to enrich the participation way of activity, supervise advice of representatives, and contribute to build a government ruled by law. In 2018, Shanghai continues to make progress, surge forward, cope with the challenge of new era and play its own advantagesto show the spirit of city that all rivers run into sea, pursue excellence, wise and farsighted and humble to the world. On the basis of reviewing the construction work of the rule of law in Shanghai in 2017, this paper provides some ideas for the construction of the grand blueprint of the rule of law in 2018.

Keywords: The National People's Congress's Work; Construction of Government Ruled by Law; Reform of the Judicial System; Ruling City by Law; Construction of the Rule of Law in Shanghai

II Evaluation Reports

B.2 Analysis Report on Administrative Fine Setting of
Local Regulations in Shanghai
Peng Hui, Wang Songlin and Chen Ying / 057

Abstract: In this statistics, each specific indicator is divided into three major categories including basic attribute parameters, parameters of setting way of fine, comparison of parameters of fine setting. By virtue of empirical research method, through comparing the condition of administrative finesetting of local regulations in Shanghai, describe the trajectory of the evolution of fines setting, so as to comprehensively examine the rationality, scientific and co-ordination of local administrative finesetting, systematically sorts out the types of fine setting and its combination method, thus putting forward some suggestions to improve the local administrative fine setting of local regulations in this municipality.

Keywords: Local Regulations; Administrative Fine Setting; Analysis Report

B.3 Evaluation of the Legal Environmental Satisfaction of the Private
Economy in Huangpu District in Shanghai *Meng Xiangpei* / 080

Abstract: The evaluation index system of legal environment satisfaction is composed of five parts: legislative environment, judicial environment, administrative law enforcement environment, law-abiding environment and legal service environment. The overall evaluation of the legal environment of private economy in Huangpu district is excellent. Aiming at the existing problems, it is suggested to pay attention to the balanced development of various indicators in the overall construction of the rule of law environment. The legislation focuses on enhancing the operability of legislation; Judicature promotes convenience, hard to grasp the implementation of it, and pays attention to the equal protection of private economy; Administrative law enforcement focuses on the efficient and convenient implementation, strengthens the standardization of the administrative law enforcement, adheres to the civilized law enforcement, strengthen the management and constraints of assisting workers, and actively plays a fundamental role of the market in allocating resources.

Keywords: Private Economy; Legal Environment; Legal Evaluation

Ⅲ Special Reports

B.4 "Artificial Intelligence" makes Judicature more Just, Efficient and Authoritative
——The Theoretical Analysis and Practical Exploration of "Artificial Intelligence" in the Judicial Field   Cui Yadong / 092

Abstract: The application of artificial intelligence in judicature in China is embodied in: Assist the judicial case handling, improve the judicial quality and efficiency; Promote judicial impartiality, enhance judicial public credit; Serve the mass litigation, improve the quality of service; Facilitate the openness of the judicature, make justice to be achieved in a visible manner; Build big data analysis platform and improve decision level. The Shanghai Higher People's Courtundertakes the task of "promoting the reform software of the lawsuit system centered on the trial" and achieves preliminary achievements. In the future, the application of artificial intelligence in the court shall be promoted, we will accurately grasp the function orientation of artificial intelligence in the field of judicature, promotehe application of artificial intelligence in the field of social governance and public safety, and relevant laws and regulations to prevent security risks and challenges brought by artificial intelligence should be formulated and improved.

Keywords: Artificial Intelligence; Judicial Case Handling; Reform of Lawsuit System; Big Data

B. 5 Adhere to the Problem Orientation Strengthen Innovation Guidance

—*Exploration and Practice of the 2. 0 Version of Shanghai Procuratorial Reform*

Leading Group Office of Deepening Judicial Reform of Shanghai Procuratorial Organ / 107

Abstract: On the basis of completion of four major basic tasks in the reform of the judicial system of Shanghai Procuratorial Organ, it puts forward the goal of building the procuratorial reform version 2.0, strives to build the city's unified search platform, promotes the optimization and upgrading of the management of procuratorial officials; We will improve the operation mechanism of procuratorial power and promote the implementation of judicial responsibility system, strengthen the supervision and control of procuratorial power, promote the improvement of quality and efficiency of cases; Build a smart procuratorate, accelerate the development of procuratorial work. Next, Shanghai Procuratorial Organ should take the comprehensive supporting reform of the judicial system as an opportunity and gripper, intensify efforts to crack the difficult problems during the implementation of judicatory responsibility system, study and tackle the problems in reform, thus building a brand with Shanghai Procuratorial Organ's features and deepening the leverage of modern science and technology.

Keywords: Judicial Reform; Procuratorial Reform; Judicial Responsibility System; Comprehensive Supporting Reform of the Judicial System

B.6 The Case Features and Judicial Guarantee of Shanghai Free Trade Zone

Task Group of Shanghai No. 1 Intermediate People's Court Research Group / 119

Abstract: In the case that Shanghai No. 1 Intermediate People's Court was suspected the free trade zone, large number of group cases have a great impact on the number of cases, more than 90 percent of the cases are civil cases, and causes of the claims are relatively concentrated, the cases of financial disputes, commercial disputes and execution cases have their own characteristics. Shanghai No. 1 Intermediate People's Court revises "Trial Guidelines", enriches the relevant rules that the corporation personality denies the lawsuit trail, makes clear judicious judicial attitude to guarantee the financial innovation under the premise of ensuring financial security, increases the specific provisions that provide legal guarantee for financing lease and Internet financial innovation, complements the relevant specification related to the review of effectiveness of arbitration agreement on free trade zone. At the same time, commercial DR should be promoted and judicial guarantee of free trade zones should be deepened.

Keywords: Shanghai Free Trade Zone; Trial Guidelines; Commercial ADR

B.7 The Investigation Report of the Crime Cases of Food and Drug Safety of Shanghai Procuratorial Organ

Task Group of No. 3 Branch of the People's Procuratorate in Shanghai / 131

Abstract: The difficulty of food and drug crime determination mainly focuses on the determination of subjective knowing, harm result and cessation form. In terms of harm result, No. 3 Branch of the People's Procuratorate in Shanghai actively explore and form experience combined with actual situation: Through the analysis of the extension of the legal terms and the "reasonable doubt" in the limited criminal evidence, this paper solves the problem of legal application and evidence collection. As for the aspect of subjective knowing and cessation form, No. 3 Branch of the People's Procuratorate in Shanghai puts forward countermeasuresto solve the disputes in practicecombined with the criminal law theory: Subjective knowing in the food and drug crime can be maintained through constructive manner, the judicial organs should take these things as basic facts, for example, sales price, production, sales site, responsibility of the personnel involved in the cases, whether the business enterprise fulfills the obligation of certification, storage conditions, and determine the subjective knowing of the person involved in the case; As for cessation form of food and drug crime, the standard that identify completion of a crime and attempted crime should be based on the completion of sales acts of person involved in the case.

Keywords: Food and Drug Crime; Subjective Knowing; Sales Amount; Cessation Form

B.8 Empirical Study on the Prosecution of Smuggling Crime in Shanghai (2015 -2017)

Lu Jianqiang, Wang Youjun and Zhang Liang / 146

Abstract: From 2015 to 2017, Cases of smuggling crimes in Shanghai show high incidence of unit crimes, diversification of smuggling methods, Increase in the incidence of non-tax-related smuggling cases, rising smuggling cases overseas, cross-border e-commerce smuggling, increased risk of smuggling in free trade zones. The Third Branch of the Shanghai Municipal People's Procuratorate effectively demonstrated the new work of inter-district procuratorates and achieved remarkable results in the fight against smuggling crimes. In the next stage, we will focus on many aspects such as platform construction, team building, development promotion, propaganda and innovation, and reform protection, focusing on new

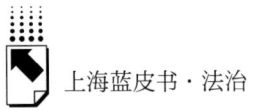

goals, identify the starting point and focus of service protection, increase the crackdown and supervision on smuggling crimes such as destroying the order of the market economy, affecting the construction of the free trade area, and destroying environmental resources, continuously improve the mechanism of criminal prosecution, improve the quality and level of inspection work.

Keywords: Crimes of Smuggling; Prosecutions Across Districts; Construction of Free Trade Zones

B.9 Implementation of Enforcement Inspection on Shanghai Road Traffic Management Regulations by National People's Congress in Shanghai City

Xiao Jun, Han Junrui / 161

Abstract: In 2017, the standing committee of the Shanghai municipal people's congress has carried out law enforcement inspection on the implementation of the regulations. After the Road traffic management regulations are revised, there have been many positive changes in the city in terms of traffic order, traffic facilities, traffic congestion and the awareness of law-abiding in Shanghai, but there are also some shortcomings and some new problems. In the future, we should improve the fine level of road traffic management, make full use of technology to optimize traffic management, and so on. This law enforcement inspection established the legal authority, promoted the law enforcement, provided a lot of good advice.

Keywords: Road Traffic Management Regulations; Law Enforcement Inspection; Fine Management

Contents

B. 10　Report on Shanghai Law Education Development
　　　　The Research Group of Shanghai Legal Education in
　　　　East China University of Political Science and Law / 171

Abstract: There are 20 institutions of higher universities that set law major in Shanghai, compared with last year one university was reduced, the scale of education in law is decreasing compared with the whole country. Over the past year, each law school of Shanghai actively docked with national development strategy and needs of regional economy and social development of Shanghai, conducted in-depth implementation of training scheme of excellent legal talents of ministry of education, series teaching materials of Ma engineering, peak plateau discipline construction plan of board of education of Shanghai, teaching incentive plan during undergraduate years, ideological and political course and other major education reform projects. And it grasped the development direction of law education profoundly, conducted in-depth study the problem that "who to teach, what, teach what, who will be taught and how to teach", and took this opportunity to innovate personnel training system and mechanism of rule of law based on school, promoted the development of law education connotation, tried to develop and bring up qualified successors of the socialist cause. Based on existing problems in law education in Shanghai, in the future, legal education should strengthen the depth and span of developing legal talents, based on the Chinese rule of law and practice, strengthen the construction of a system of legal disciplines with Chinese characteristics, strengthen the value guidance, develop international high-end talents that have firm political consciousness, deep cultural background, solid law quality, superb professional skills, moral and institution under the rule of law.

Keywords: Shanghai; Law Education; Law Major

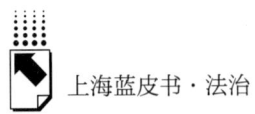

B.11 Operation Situation and Mechanism Exploration of the Legal Committee of Shanghai National People's Congress with District Level　　　　　　　　　　Yao Wei / 192

Abstract: According to the revised Local Organization Law, the national people's congress has been established the legislative committee in all districts of Shanghai, thus achieving the "full coverage" of this institution. As the permanent specialized agencies, the role of legislative committee with district level of national people's congresses to assist the national people's congress at the same level to carry out the work related to its function, actually it has 15 specific functions and powers, and has characteristics such as technicality, professional, assistance, regular and authority. At present, it actively participates in five aspects including: local legislation and related affairs of national legislation, record and review of the normative documents, law enforcement inspection, assisting the standing committee of National People's Congress with a district level to make a decision on important matters, motions and recommendations of the representatives, and good system effect has been obtained. In order to promote the good operation of the legislative committee of the National People's Congress, we should guarantee it in the aspects of concept, system, organization and talents. We should also recognize that legislative committee with a district level should provide comprehensive service for municipal National People's Congress, and should exercise important role when National People's Congress with a district level exercise is decision rights, and the special functions should be highlighted in the construction and improvement of the work system of the National People's Congress, but it should not be the supervisor and subject that exercises the decision of major events.

Keywords: Legislative Committee of National People's Congress with a District Level; Legislative Participation; Record and Review; Law Enforcement Inspection

B. 12 Sporadicalness of Knowledge and Rationality of Mechanism for Normative Document Review

—*National Practice and Shanghai Example*　　Deng Shaoling / 213

Abstract: Knowledge or information about the actual movement of the social phenomenon is not exist in someone's mind, but unevenly distributes in some placesand some people. What is needed is to enable these knowledge and information to be activated and fully mobiles and interacts, thereby gaining a fuller understanding and judgment of social affairs. Review and processing of normative documents is also a kind of understanding and judgment activity, so also we should respect the dispersion characteristics of knowledge, activate the related all kinds of information, the subject party can draw a reasonable judgment in the flow and interaction and the impact of information. The advantages and disadvantages of the normative document review mechanism can be analyzed from the perspective of how to deal with the dispersion of knowledge. At this angle, the corresponding review mechanism of the standing committee of Shanghai National People's Congress is relatively perfect.

Keywords: Knowledge; Decentralization; Standing Committee of Shanghai Municipal National People's Congress; System of Record and Review; Review Mechanism

Ⅳ　Reports on Hot Issues

B. 13 Environmental Resources Special Tribunal Based on the World-class Ecological Island Construction Path Analysis Setting

—*Taking the First Environmental Resources Tribunal Established by Chongming Court as an Empirical Study*　　Cao Caiyun / 227

Abstract: As a world-class ecological island, Chongming has creativity and

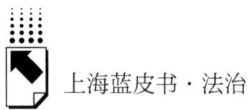

directivity, across the country and even the whole world. In this big background, it is urgent for Chongming Court to protect the world-class ecological island. This paper tries to take big data as the thinking orientation, and take Shanghai's first environmental resources special tribunal, environmental resources tribunal of Chongming Court as the empirical sample, conduct in-depth investigation from the macro, micro, domestic, foreign countries, and puts forward nine concrete suggestions, in order to truly create the ecological justice samples in the Shanghai area which can be copied and promoted, use the power of the rule of law to protect green hills and clear waters, trying to make the people feel fairness and justice in every environment resources case.

Keywords: Environmental Resources Specialized Trial Court; Typical Sample; Advanced Path

B.14 Some Legal Problems Need to be Solved in the Construction of Shanghai Free Trade Zone   *Wang Haifeng, Gao Yu* / 241

Abstract: With the gradual construction and improvement of pilot free trade zone, the construction of free trade zone is imperative, and the construction of Shanghai free trade zone has attracted wide attention. At present, China lacks the top level legislation of free trade zone, and the supporting laws and regulations are not sound and the authorization is unclear. There is still a gap between reform and internationalization in investment and finance. The system construction of Shanghai free trade zone needs to be unified and systematic, and the reform of investment, finance and other fields need to be closely followed internationalization.

Keywords: Free Trade Port; Free Port; Legal Construction; Investment Finance Reform

V Reports on Case Studies

B. 15 Security Work of the "Safety of the Tongue" in Shanghai and Review on its Effects-Based on the Issue of "Shanghai Food Safety Regulations" *Sun Dawei, Mi Yanxia* / 250

Abstract: In face of the traditional problems of food safety field, as well as the challenge under the new situation of food safety regulation, Shanghai city formulates "Shanghai Food Safety Regulations" and publishes relevant supporting measures to strengthen food safety management, thus forming the preliminary pattern of food safety problems with social governance. In order to effectively enhance the level of food safety, Shanghai should construct comprehensive governance and solutions that meet their own characteristics by virtue of promoting public participation, innovating regulatory models and improving liability insurance and so on.

Keywords: Food Safety; Local Regulations; Supporting Measures; Social Governance

B. 16 Grid Companies Actively Promote Local Legislation
He Yuan / 264

Abstract: The promotion of local legislation on electricity is a realistic requirement for the current rule of law and social development. China's legislative model belongs to the state-driven model. After the reform of the power system caused the separation of government and enterprises, the power companies replaced the original power administrative department as the main body of the power legislation. During the local legislation of Shanghai Electric Power, State Grid Shanghai electric power company not only actively promoted the "Regulations on the Supply and Use of Electricity in Shanghai" to be included in the legislative plan, but also participated in the drafting process and put forward many innovative proposals. State Grid Shanghai Electric Power Co., Ltd. also guarantees that it will fully implement the guidelines for power usage and inspection of important power users, comprehensively improve power supply services, actively promote the implementation of the Shanghai Municipal People's Supply and Use Electricity Format Contract, and provide refined customer service.

Keywords: Local Legislation; Supply and Use Regulations; State Grid Shanghai Electric Power Company

B.17　Postscript　　　　　　　　　　　　　　　　　　　　　　/ 276

社会科学文献出版社　　**皮书系列**

✦ 皮书起源 ✦

"皮书"起源于十七、十八世纪的英国，主要指官方或社会组织正式发表的重要文件或报告，多以"白皮书"命名。在中国，"皮书"这一概念被社会广泛接受，并被成功运作、发展成为一种全新的出版形态，则源于中国社会科学院社会科学文献出版社。

✦ 皮书定义 ✦

皮书是对中国与世界发展状况和热点问题进行年度监测，以专业的角度、专家的视野和实证研究方法，针对某一领域或区域现状与发展态势展开分析和预测，具备原创性、实证性、专业性、连续性、前沿性、时效性等特点的公开出版物，由一系列权威研究报告组成。

✦ 皮书作者 ✦

皮书系列的作者以中国社会科学院、著名高校、地方社会科学院的研究人员为主，多为国内一流研究机构的权威专家学者，他们的看法和观点代表了学界对中国与世界的现实和未来最高水平的解读与分析。

✦ 皮书荣誉 ✦

皮书系列已成为社会科学文献出版社的著名图书品牌和中国社会科学院的知名学术品牌。2016年，皮书系列正式列入"十三五"国家重点出版规划项目；2013~2018年，重点皮书列入中国社会科学院承担的国家哲学社会科学创新工程项目；2018年，59种院外皮书使用"中国社会科学院创新工程学术出版项目"标识。

权威报告·一手数据·特色资源

皮书数据库
ANNUAL REPORT(YEARBOOK) DATABASE

当代中国经济与社会发展高端智库平台

所获荣誉

- 2016年,入选"'十三五'国家重点电子出版物出版规划骨干工程"
- 2015年,荣获"搜索中国正能量 点赞2015""创新中国科技创新奖"
- 2013年,荣获"中国出版政府奖·网络出版物奖"提名奖
- 连续多年荣获中国数字出版博览会"数字出版·优秀品牌"奖

成为会员

通过网址www.pishu.com.cn访问皮书数据库网站或下载皮书数据库APP,进行手机号码验证或邮箱验证即可成为皮书数据库会员。

会员福利

- 使用手机号码首次注册的会员,账号自动充值100元体验金,可直接购买和查看数据库内容(仅限PC端)。
- 已注册用户购书后可免费获赠100元皮书数据库充值卡。刮开充值卡涂层获取充值密码,登录并进入"会员中心"—"在线充值"—"充值卡充值",充值成功后即可购买和查看数据库内容(仅限PC端)。
- 会员福利最终解释权归社会科学文献出版社所有。

卡号:199726221466
密码:

数据库服务热线:400-008-6695
数据库服务QQ:2475522410
数据库服务邮箱:database@ssap.cn
图书销售热线:010-59367070/7028
图书服务QQ:1265056568
图书服务邮箱:duzhe@ssap.cn

中国社会发展数据库（下设 12 个子库）

全面整合国内外中国社会发展研究成果，汇聚独家统计数据、深度分析报告，涉及社会、人口、政治、教育、法律等 12 个领域，为了解中国社会发展动态、跟踪社会核心热点、分析社会发展趋势提供一站式资源搜索和数据分析与挖掘服务。

中国经济发展数据库（下设 12 个子库）

基于"皮书系列"中涉及中国经济发展的研究资料构建，内容涵盖宏观经济、农业经济、工业经济、产业经济等 12 个重点经济领域，为实时掌控经济运行态势、把握经济发展规律、洞察经济形势、进行经济决策提供参考和依据。

中国行业发展数据库（下设 17 个子库）

以中国国民经济行业分类为依据，覆盖金融业、旅游、医疗卫生、交通运输、能源矿产等 100 多个行业，跟踪分析国民经济相关行业市场运行状况和政策导向，汇集行业发展前沿资讯，为投资、从业及各种经济决策提供理论基础和实践指导。

中国区域发展数据库（下设 6 个子库）

对中国特定区域内的经济、社会、文化等领域现状与发展情况进行深度分析和预测，研究层级至县及县以下行政区，涉及地区、区域经济体、城市、农村等不同维度。为地方经济社会宏观态势研究、发展经验研究、案例分析提供数据服务。

中国文化传媒数据库（下设 18 个子库）

汇聚文化传媒领域专家观点、热点资讯，梳理国内外中国文化发展相关学术研究成果、一手统计数据，涵盖文化产业、新闻传播、电影娱乐、文学艺术、群众文化等 18 个重点研究领域。为文化传媒研究提供相关数据、研究报告和综合分析服务。

世界经济与国际关系数据库（下设 6 个子库）

立足"皮书系列"世界经济、国际关系相关学术资源，整合世界经济、国际政治、世界文化与科技、全球性问题、国际组织与国际法、区域研究 6 大领域研究成果，为世界经济与国际关系研究提供全方位数据分析，为决策和形势研判提供参考。

法律声明

"皮书系列"(含蓝皮书、绿皮书、黄皮书)之品牌由社会科学文献出版社最早使用并持续至今,现已被中国图书市场所熟知。"皮书系列"的相关商标已在中华人民共和国国家工商行政管理总局商标局注册,如LOGO( )、皮书、Pishu、经济蓝皮书、社会蓝皮书等。"皮书系列"图书的注册商标专用权及封面设计、版式设计的著作权均为社会科学文献出版社所有。未经社会科学文献出版社书面授权许可,任何使用与"皮书系列"图书注册商标、封面设计、版式设计相同或者近似的文字、图形或其组合的行为均系侵权行为。

经作者授权,本书的专有出版权及信息网络传播权等为社会科学文献出版社享有。未经社会科学文献出版社书面授权许可,任何就本书内容的复制、发行或以数字形式进行网络传播的行为均系侵权行为。

社会科学文献出版社将通过法律途径追究上述侵权行为的法律责任,维护自身合法权益。

欢迎社会各界人士对侵犯社会科学文献出版社上述权利的侵权行为进行举报。电话:010-59367121,电子邮箱:fawubu@ssap.cn。

社会科学文献出版社

皮书系列

2018年

智库成果出版与传播平台

社会科学文献出版社
SOCIAL SCIENCES ACADEMIC PRESS (CHINA)

社长致辞

蓦然回首，皮书的专业化历程已经走过了二十年。20年来从一个出版社的学术产品名称到媒体热词再到智库成果研创及传播平台，皮书以专业化为主线，进行了系列化、市场化、品牌化、数字化、国际化、平台化的运作，实现了跨越式的发展。特别是在党的十八大以后，以习近平总书记为核心的党中央高度重视新型智库建设，皮书也迎来了长足的发展，总品种达到600余种，经过专业评审机制、淘汰机制遴选，目前，每年稳定出版近400个品种。"皮书"已经成为中国新型智库建设的抓手，成为国际国内社会各界快速、便捷地了解真实中国的最佳窗口。

20年孜孜以求，"皮书"始终将自己的研究视野与经济社会发展中的前沿热点问题紧密相连。600个研究领域，3万多位分布于800余个研究机构的专家学者参与了研创写作。皮书数据库中共收录了15万篇专业报告，50余万张数据图表，合计30亿字，每年报告下载量近80万次。皮书为中国学术与社会发展实践的结合提供了一个激荡智力、传播思想的入口，皮书作者们用学术的话语、客观翔实的数据谱写了中国故事壮丽的篇章。

20年跬步千里，"皮书"始终将自己的发展与时代赋予的使命与责任紧紧相连。每年百余场新闻发布会，10万余次中外媒体报道，中、英、俄、日、韩等12个语种共同出版。皮书所具有的凝聚力正在形成一种无形的力量，吸引着社会各界关注中国的发展，参与中国的发展，它是我们向世界传递中国声音、总结中国经验、争取中国国际话语权最主要的平台。

皮书这一系列成就的取得，得益于中国改革开放的伟大时代，离不开来自中国社会科学院、新闻出版广电总局、全国哲学社会科学规划办公室等主管部门的大力支持和帮助，也离不开皮书研创者和出版者的共同努力。他们与皮书的故事创造了皮书的历史，他们对皮书的拳拳之心将继续谱写皮书的未来！

现在，"皮书"品牌已经进入了快速成长的青壮年时期。全方位进行规范化管理，树立中国的学术出版标准；不断提升皮书的内容质量和影响力，搭建起中国智库产品和智库建设的交流服务平台和国际传播平台；发布各类皮书指数，并使之成为中国指数，让中国智库的声音响彻世界舞台，为人类的发展做出中国的贡献——这是皮书未来发展的图景。作为"皮书"这个概念的提出者，"皮书"从一般图书到系列图书和品牌图书，最终成为智库研究和社会科学应用对策研究的知识服务和成果推广平台这整个过程的操盘者，我相信，这也是每一位皮书人执着追求的目标。

"当代中国正经历着我国历史上最为广泛而深刻的社会变革，也正在进行着人类历史上最为宏大而独特的实践创新。这种前无古人的伟大实践，必将给理论创造、学术繁荣提供强大动力和广阔空间。"

在这个需要思想而且一定能够产生思想的时代，皮书的研创出版一定能创造出新的更大的辉煌！

社会科学文献出版社社长
中国社会学会秘书长
2017年11月

社会科学文献出版社简介

社会科学文献出版社(以下简称"社科文献出版社")成立于1985年,是直属于中国社会科学院的人文社会科学学术出版机构。成立至今,社科文献出版社始终依托中国社会科学院和国内外人文社会科学界丰厚的学术出版和专家学者资源,坚持"创社科经典,出传世文献"的出版理念、"权威、前沿、原创"的产品定位以及学术成果和智库成果出版的专业化、数字化、国际化、市场化的经营道路。

社科文献出版社是中国新闻出版业转型与文化体制改革的先行者。积极探索文化体制改革的先进方向和现代企业经营决策机制,社科文献出版社先后荣获"全国文化体制改革工作先进单位"、中国出版政府奖·先进出版单位奖,中国社会科学院先进集体、全国科普工作先进集体等荣誉称号。多人次荣获"第十届韬奋出版奖""全国新闻出版行业领军人才""数字出版先进人物""北京市新闻出版广电行业领军人才"等称号。

社科文献出版社是中国人文社会科学学术出版的大社名社,也是以皮书为代表的智库成果出版的专业强社。年出版图书2000余种,其中皮书400余种,出版新书字数5.5亿字,承印与发行中国社科院所属期刊72种,先后创立了皮书系列、列国志、中国史话、社科文献学术译库、社科文献学术文库、甲骨文书系等一大批既有学术影响又有市场价值的品牌,确立了在社会学、近代史、苏东问题研究等专业学科及领域出版的领先地位。图书多次荣获中国出版政府奖、"三个一百"原创图书出版工程、"五个'一'工程奖"、"大众喜爱的50种图书"等奖项,在中央国家机关"强素质·做表率"读书活动中,入选图书品种数位居各大出版社之首。

社科文献出版社是中国学术出版规范与标准的倡议者与制定者,代表全国50多家出版社发起实施学术著作出版规范的倡议,承担学术著作规范国家标准的起草工作,率先撰编完成《皮书手册》对皮书品牌进行规范化管理,并在此基础上推出中国版芝加哥手册 ——《社科文献出版社学术出版手册》。

社科文献出版社是中国数字出版的引领者,拥有皮书数据库、列国志数据库、"一带一路"数据库、减贫数据库、集刊数据库等4大产品线11个数据库产品,机构用户达1300余家,海外用户百余家,荣获"数字出版转型示范单位""新闻出版标准化先进单位""专业数字内容资源知识服务模式试点企业标准化示范单位"等称号。

社科文献出版社是中国学术出版走出去的践行者。社科文献出版社海外图书出版与学术合作业务遍及全球40余个国家和地区,并于2016年成立俄罗斯分社,累计输出图书500余种,涉及近20个语种,累计获得国家社科基金中华学术外译项目资助76种、"丝路书香工程"项目资助60种、中国图书对外推广计划项目资助71种以及经典中国国际出版工程资助28种,被五部委联合认定为"2015-2016年度国家文化出口重点企业"。

如今,社科文献出版社完全靠自身积累拥有固定资产3.6亿元,年收入3亿元,设置了七大出版分社、六大专业部门,成立了皮书研究院和博士后科研工作站,培养了一支近400人的高素质与高效率的编辑、出版、营销和国际推广队伍,为未来成为学术出版的大社、名社、强社,成为文化体制改革与文化企业转型发展的排头兵奠定了坚实的基础。

 宏观经济类 | 皮书系列 重点推荐

宏 观 经 济 类

经济蓝皮书
2018年中国经济形势分析与预测

李平/主编　2017年12月出版　定价：89.00元

◆ 本书为总理基金项目，由著名经济学家李扬领衔，联合中国社会科学院等数十家科研机构、国家部委和高等院校的专家共同撰写，系统分析了2017年的中国经济形势并预测2018年中国经济运行情况。

城市蓝皮书
中国城市发展报告No.11

潘家华　单菁菁/主编　2018年9月出版　估价：99.00元

◆ 本书是由中国社会科学院城市发展与环境研究中心编著的，多角度、全方位地立体展示了中国城市的发展状况，并对中国城市的未来发展提出了许多建议。该书有强烈的时代感，对中国城市发展实践有重要的参考价值。

人口与劳动绿皮书
中国人口与劳动问题报告No.19

张车伟/主编　2018年10月出版　估价：99.00元

◆ 本书为中国社会科学院人口与劳动经济研究所主编的年度报告，对当前中国人口与劳动形势做了比较全面和系统的深入讨论，为研究中国人口与劳动问题提供了一个专业性的视角。

宏观经济类・区域经济类

中国省域竞争力蓝皮书
中国省域经济综合竞争力发展报告（2017～2018）

李建平 李闽榕 高燕京/主编 2018年5月出版 估价：198.00元

◆ 本书融多学科的理论为一体，深入追踪研究了省域经济发展与中国国家竞争力的内在关系，为提升中国省域经济综合竞争力提供有价值的决策依据。

金融蓝皮书
中国金融发展报告（2018）

王国刚/主编 2018年6月出版 估价：99.00元

◆ 本书由中国社会科学院金融研究所组织编写，概括和分析了2017年中国金融发展和运行中的各方面情况，研讨和评论了2017年发生的主要金融事件，有利于读者了解掌握2017年中国的金融状况，把握2018年中国金融的走势。

区域经济类

京津冀蓝皮书
京津冀发展报告（2018）

祝合良 叶堂林 张贵祥/等著 2018年6月出版 估价：99.00元

◆ 本书遵循问题导向与目标导向相结合、统计数据分析与大数据分析相结合、纵向分析和长期监测与结构分析和综合监测相结合等原则，对京津冀协同发展新形势与新进展进行测度与评价。

 社会政法类

社会政法类

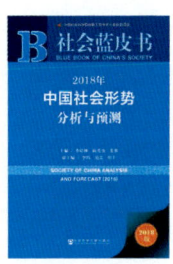

社会蓝皮书
2018年中国社会形势分析与预测

李培林　陈光金　张翼/主编　2017年12月出版　定价：89.00元

◆ 本书由中国社会科学院社会学研究所组织研究机构专家、高校学者和政府研究人员撰写，聚焦当下社会热点，对2017年中国社会发展的各个方面内容进行了权威解读，同时对2018年社会形势发展趋势进行了预测。

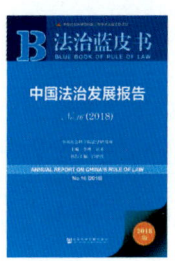

法治蓝皮书
中国法治发展报告 No.16（2018）

李林　田禾/主编　2018年3月出版　定价：128.00元

◆ 本年度法治蓝皮书回顾总结了2017年度中国法治发展取得的成就和存在的不足，对中国政府、司法、检务透明度进行了跟踪调研，并对2018年中国法治发展形势进行了预测和展望。

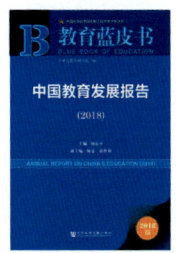

教育蓝皮书
中国教育发展报告（2018）

杨东平/主编　2018年3月出版　定价：89.00元

◆ 本书重点关注了2017年教育领域的热点，资料翔实，分析有据，既有专题研究，又有实践案例，从多角度对2017年教育改革和实践进行了分析和研究。

社会政法类

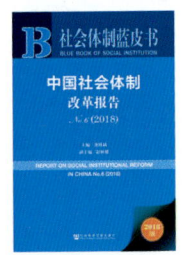

社会体制蓝皮书
中国社会体制改革报告 No.6（2018）

龚维斌/主编　2018年3月出版　定价：98.00元

◆ 本书由国家行政学院社会治理研究中心和北京师范大学中国社会管理研究院共同组织编写，主要对2017年社会体制改革情况进行回顾和总结，对2018年的改革走向进行分析，提出相关政策建议。

社会心态蓝皮书
中国社会心态研究报告（2018）

王俊秀　杨宜音/主编　2018年12月出版　估价：99.00元

◆ 本书是中国社会科学院社会学研究所社会心理研究中心"社会心态蓝皮书课题组"的年度研究成果，运用社会心理学、社会学、经济学、传播学等多种学科的方法进行了调查和研究，对于目前中国社会心态状况有较广泛和深入的揭示。

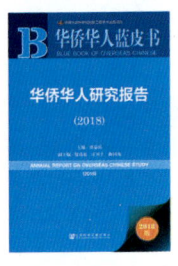

华侨华人蓝皮书
华侨华人研究报告（2018）

贾益民/主编　2017年12月出版　估价：139.00元

◆ 本书关注华侨华人生产与生活的方方面面。华侨华人是中国建设21世纪海上丝绸之路的重要中介者、推动者和参与者。本书旨在全面调研华侨华人，提供最新涉侨动态、理论研究成果和政策建议。

民族发展蓝皮书
中国民族发展报告（2018）

王延中/主编　2018年10月出版　估价：188.00元

◆ 本书从民族学人类学视角，研究近年来少数民族和民族地区的发展情况，展示民族地区经济、政治、文化、社会和生态文明"五位一体"建设取得的辉煌成就和面临的困难挑战，为深刻理解中央民族工作会议精神、加快民族地区全面建成小康社会进程提供了实证材料。

 产业经济类·行业及其他类

皮书系列
重点推荐

产业经济类

房地产蓝皮书
中国房地产发展报告 No.15（2018）

李春华 王业强 / 主编 2018年5月出版 估价：99.00元

◆ 2018年《房地产蓝皮书》持续追踪中国房地产市场最新动态，深度剖析市场热点，展望2018年发展趋势，积极谋划应对策略。对2017年房地产市场的发展态势进行全面、综合的分析。

新能源汽车蓝皮书
中国新能源汽车产业发展报告（2018）

中国汽车技术研究中心 日产（中国）投资有限公司
东风汽车有限公司 / 编著 2018年8月出版 估价：99.00元

◆ 本书对中国2017年新能源汽车产业发展进行了全面系统的分析，并介绍了国外的发展经验。有助于相关机构、行业和社会公众等了解中国新能源汽车产业发展的最新动态，为政府部门出台新能源汽车产业相关政策法规、企业制定相关战略规划，提供必要的借鉴和参考。

行业及其他类

旅游绿皮书
2017~2018年中国旅游发展分析与预测

中国社会科学院旅游研究中心 / 编 2018年1月出版 定价：99.00元

◆ 本书从政策、产业、市场、社会等多个角度勾画出2017年中国旅游发展全貌，剖析了其中的热点和核心问题，并就未来发展作出预测。

皮书系列重点推荐 — 行业及其他类

民营医院蓝皮书
中国民营医院发展报告（2018）

薛晓林/主编　2018年11月出版　估价：99.00元

◆ 本书在梳理国家对社会办医的各种利好政策的前提下，对我国民营医疗发展现状、我国民营医院竞争力进行了分析，并结合我国医疗体制改革对民营医院的发展趋势、发展策略、战略规划等方面进行了预估。

会展蓝皮书
中外会展业动态评估研究报告（2018）

张敏/主编　2018年12月出版　估价：99.00元

◆ 本书回顾了2017年的会展业发展动态，结合"供给侧改革"、"互联网+"、"绿色经济"的新形势分析了我国展会的行业现状，并介绍了国外的发展经验，有助于行业和社会了解最新的展会业动态。

中国上市公司蓝皮书
中国上市公司发展报告（2018）

张平　王宏淼/主编　2018年9月出版　估价：99.00元

◆ 本书由中国社会科学院上市公司研究中心组织编写的，着力于全面、真实、客观反映当前中国上市公司财务状况和价值评估的综合性年度报告。本书详尽分析了2017年中国上市公司情况，特别是现实中暴露出的制度性、基础性问题，并对资本市场改革进行了探讨。

工业和信息化蓝皮书
人工智能发展报告（2017～2018）

尹丽波/主编　2018年6月出版　估价：99.00元

◆ 本书国家工业信息安全发展研究中心在对2017年全球人工智能技术和产业进行全面跟踪研究基础上形成的研究报告。该报告内容翔实、视角独特，具有较强的产业发展前瞻性和预测性，可为相关主管部门、行业协会、企业等全面了解人工智能发展形势以及进行科学决策提供参考。

 国际问题与全球治理类 皮书系列 重点推荐

国际问题与全球治理类

世界经济黄皮书
2018年世界经济形势分析与预测
张宇燕 / 主编　2018年1月出版　定价：99.00元

◆ 本书由中国社会科学院世界经济与政治研究所的研究团队撰写，分总论、国别与地区、专题、热点、世界经济统计与预测等五个部分，对2018年世界经济形势进行了分析。

国际城市蓝皮书
国际城市发展报告（2018）
屠启宇 / 主编　2018年2月出版　定价：89.00元

◆ 本书作者以上海社会科学院从事国际城市研究的学者团队为核心，汇集同济大学、华东师范大学、复旦大学、上海交通大学、南京大学、浙江大学相关城市研究专业学者。立足动态跟踪介绍国际城市发展时间中，最新出现的重大战略、重大理念、重大项目、重大报告和最佳案例。

非洲黄皮书
非洲发展报告 No.20（2017~2018）
张宏明 / 主编　2018年7月出版　估价：99.00元

◆ 本书是由中国社会科学院西亚非洲研究所组织编撰的非洲形势年度报告，比较全面、系统地分析了2017年非洲政治形势和热点问题，探讨了非洲经济形势和市场走向，剖析了大国对非洲关系的新动向；此外，还介绍了国内非洲研究的新成果。

国别类

美国蓝皮书
美国研究报告（2018）
郑秉文 黄平 / 主编　2018 年 5 月出版　估价：99.00 元

◆ 本书是由中国社会科学院美国研究所主持完成的研究成果，它回顾了美国 2017 年的经济、政治形势与外交战略，对美国内政外交发生的重大事件及重要政策进行了较为全面的回顾和梳理。

德国蓝皮书
德国发展报告（2018）
郑春荣 / 主编　2018 年 6 月出版　估价：99.00 元

◆ 本报告由同济大学德国研究所组织编撰，由该领域的专家学者对德国的政治、经济、社会文化、外交等方面的形势发展情况，进行全面的阐述与分析。

俄罗斯黄皮书
俄罗斯发展报告（2018）
李永全 / 编著　2018 年 6 月出版　估价：99.00 元

◆ 本书系统介绍了 2017 年俄罗斯经济政治情况，并对 2016 年该地区发生的焦点、热点问题进行了分析与回顾；在此基础上，对该地区 2018 年的发展前景进行了预测。

 文化传媒类

文化传媒类

新媒体蓝皮书
中国新媒体发展报告 No.9（2018）

唐绪军 / 主编　2018 年 6 月出版　估价：99.00 元

◆ 本书是由中国社会科学院新闻与传播研究所组织编写的关于新媒体发展的最新年度报告，旨在全面分析中国新媒体的发展现状，解读新媒体的发展趋势，探析新媒体的深刻影响。

移动互联网蓝皮书
中国移动互联网发展报告（2018）

余清楚 / 主编　2018 年 6 月出版　估价：99.00 元

◆ 本书着眼于对 2017 年度中国移动互联网的发展情况做深入解析，对未来发展趋势进行预测，力求从不同视角、不同层面全面剖析中国移动互联网发展的现状、年度突破及热点趋势等。

文化蓝皮书
中国文化消费需求景气评价报告（2018）

王亚南 / 主编　2018 年 3 月出版　定价：99.00 元

◆ 本书首创全国文化发展量化检测评价体系，也是至今全国唯一的文化民生量化检测评价体系，对于检验全国及各地"以人民为中心"的文化发展具有首创意义。

地方发展类

北京蓝皮书
北京经济发展报告（2017~2018）

杨松/主编　2018年6月出版　估价：99.00元

◆ 本书对2017年北京市经济发展的整体形势进行了系统性的分析与回顾，并对2018年经济形势走势进行了预测与研判，聚焦北京市经济社会发展中的全局性、战略性和关键领域的重点问题，运用定量和定性分析相结合的方法，对北京市经济社会发展的现状、问题、成因进行了深入分析，提出了可操作性的对策建议。

温州蓝皮书
2018年温州经济社会形势分析与预测

蒋儒标　王春光　金浩/主编　2018年6月出版　估价：99.00元

◆ 本书是中共温州市委党校和中国社会科学院社会学研究所合作推出的第十一本温州蓝皮书，由来自党校、政府部门、科研机构、高校的专家、学者共同撰写的2017年温州区域发展形势的最新研究成果。

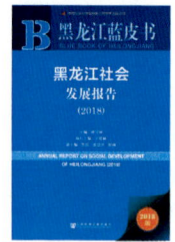

黑龙江蓝皮书
黑龙江社会发展报告（2018）

王爱丽/主编　2018年1月出版　定价：89.00元

◆ 本书以千份随机抽样问卷调查和专题研究为依据，运用社会学理论框架和分析方法，从专家和学者的独特视角，对2017年黑龙江省关系民生的问题进行广泛的调研与分析，并对2017年黑龙江省诸多社会热点和焦点问题进行了有益的探索。这些研究不仅可以为政府部门更加全面深入了解省情、科学制定决策提供智力支持，同时也可以为广大读者认识、了解、关注黑龙江社会发展提供理性思考。

宏观经济类

宏观经济类

城市蓝皮书
中国城市发展报告（No.11）
著（编）者：潘家华 单菁菁
2018年9月出版 / 估价：99.00元
PSN B-2007-091-1/1

城乡一体化蓝皮书
中国城乡一体化发展报告（2018）
著（编）者：付崇兰
2018年9月出版 / 估价：99.00元
PSN B-2011-226-1/2

城镇化蓝皮书
中国新型城镇化健康发展报告（2018）
著（编）者：张占斌
2018年8月出版 / 估价：99.00元
PSN B-2014-396-1/1

创新蓝皮书
创新型国家建设报告（2018~2019）
著（编）者：詹正茂
2018年12月出版 / 估价：99.00元
PSN B-2009-140-1/1

低碳发展蓝皮书
中国低碳发展报告（2018）
著（编）者：张希良 齐晔
2018年6月出版 / 估价：99.00元
PSN B-2011-223-1/1

低碳经济蓝皮书
中国低碳经济发展报告（2018）
著（编）者：薛进军 赵忠秀
2018年11月出版 / 估价：99.00元
PSN B-2011-194-1/1

发展和改革蓝皮书
中国经济发展和体制改革报告No.9
著（编）者：邹东涛 王再文
2018年1月出版 / 估价：99.00元
PSN B-2008-122-1/1

国家创新蓝皮书
中国创新发展报告（2017）
著（编）者：陈劲 2018年5月出版 / 估价：99.00元
PSN B-2014-370-1/1

金融蓝皮书
中国金融发展报告（2018）
著（编）者：王国刚
2018年6月出版 / 估价：99.00元
PSN B-2004-031-1/7

经济蓝皮书
2018年中国经济形势分析与预测
著（编）者：李平 2017年12月出版 / 定价：89.00元
PSN B-1996-001-1/1

经济蓝皮书春季号
2018年中国经济前景分析
著（编）者：李扬 2018年5月出版 / 估价：99.00元
PSN B-1999-008-1/1

经济蓝皮书夏季号
中国经济增长报告（2017~2018）
著（编）者：李扬 2018年9月出版 / 估价：99.00元
PSN B-2010-176-1/1

农村绿皮书
中国农村经济形势分析与预测（2017~2018）
著（编）者：魏后凯 黄秉信
2018年4月出版 / 定价：99.00元
PSN G-1998-003-1/1

人口与劳动绿皮书
中国人口与劳动问题报告No.19
著（编）者：张车伟 2018年11月出版 / 估价：99.00元
PSN G-2000-012-1/1

新型城镇化蓝皮书
新型城镇化发展报告（2017）
著（编）者：李伟 宋敏
2018年3月出版 / 定价：98.00元
PSN B-2005-038-1/1

中国省域竞争力蓝皮书
中国省域经济综合竞争力发展报告（2016~2017）
著（编）者：李建平 李闽榕
2018年2月出版 / 定价：198.00元
PSN B-2007-088-1/1

中小城市绿皮书
中国中小城市发展报告（2018）
著（编）者：中国城市经济学会中小城市经济发展委员会
中国城镇化促进会中小城市发展委员会
《中国中小城市发展报告》编纂委员会
中小城市发展战略研究院
2018年11月出版 / 估价：128.00元
PSN G-2010-161-1/1

区域经济类

东北蓝皮书
中国东北地区发展报告（2018）
著（编）者：姜晓秋　2018年11月出版 / 估价：99.00元
PSN B-2006-067-1/1

金融蓝皮书
中国金融中心发展报告（2017~2018）
著（编）者：王力　黄育华　2018年11月出版 / 估价：99.00元
PSN B-2011-186-6/7

京津冀蓝皮书
京津冀发展报告（2018）
著（编）者：祝合良　叶堂林　张贵祥
2018年6月出版 / 估价：99.00元
PSN B-2012-262-1/1

西北蓝皮书
中国西北发展报告（2018）
著（编）者：王福生　马廷旭　董秋生
2018年1月出版 / 定价：99.00元
PSN B-2012-261-1/1

西部蓝皮书
中国西部发展报告（2018）
著（编）者：瑏勇　任保平　2018年8月出版 / 估价：99.00元
PSN B-2005-039-1/1

长江经济带产业蓝皮书
长江经济带产业发展报告（2018）
著（编）者：吴传清　2018年11月出版 / 估价：128.00元
PSN B-2017-666-1/1

长江经济带蓝皮书
长江经济带发展报告（2017~2018）
著（编）者：王振　2018年11月出版 / 估价：99.00元
PSN B-2016-575-1/1

长江中游城市群蓝皮书
长江中游城市群新型城镇化与产业协同发展报告（2018）
著（编）者：杨刚强　2018年11月出版 / 估价：99.00元
PSN B-2016-578-1/1

长三角蓝皮书
2017年创新融合发展的长三角
著（编）者：刘飞跃　2018年5月出版 / 估价：99.00元
PSN B-2005-038-1/1

长株潭城市群蓝皮书
长株潭城市群发展报告（2017）
著（编）者：张萍　朱有志　2018年6月出版 / 估价：99.00元
PSN B-2008-109-1/1

特色小镇蓝皮书
特色小镇智慧运营报告（2018）：顶层设计与智慧架构标准
著（编）者：陈劲　2018年1月出版 / 定价：79.00元
PSN B-2018-692-1/1

中部竞争力蓝皮书
中国中部经济社会竞争力报告（2018）
著（编）者：教育部人文社会科学重点研究基地南昌大学中国
　　　　　中部经济社会发展研究中心
2018年12月出版 / 估价：99.00元
PSN B-2012-276-1/1

中部蓝皮书
中国中部地区发展报告（2018）
著（编）者：宋亚平　2018年12月出版 / 估价：99.00元
PSN B-2007-089-1/1

区域蓝皮书
中国区域经济发展报告（2017~2018）
著（编）者：赵弘　2018年5月出版 / 估价：99.00元
PSN B-2004-034-1/1

中三角蓝皮书
长江中游城市群发展报告（2018）
著（编）者：秦尊文　2018年9月出版 / 估价：99.00元
PSN B-2014-417-1/1

中原蓝皮书
中原经济区发展报告（2018）
著（编）者：李英杰　2018年6月出版 / 估价：99.00元
PSN B-2011-192-1/1

珠三角流通蓝皮书
珠三角商圈发展研究报告（2018）
著（编）者：王先庆　林至颖　2018年7月出版 / 估价：99.00元
PSN B-2012-292-1/1

社会政法类

北京蓝皮书
中国社区发展报告（2017~2018）
著（编）者：于燕燕　2018年9月出版 / 估价：99.00元
PSN B-2007-083-5/8

殡葬绿皮书
中国殡葬事业发展报告（2017~2018）
著（编）者：李伯森　2018年6月出版 / 估价：158.00元
PSN G-2010-180-1/1

城市管理蓝皮书
中国城市管理报告（2017-2018）
著（编）者：刘林　刘承水　2018年5月出版 / 估价：158.00元
PSN B-2013-336-1/1

城市生活质量蓝皮书
中国城市生活质量报告（2017）
著（编）者：张连城　张平　杨春学　郎丽华
2017年12月出版 / 定价：89.00元
PSN B-2013-326-1/1

社会政法类

城市政府能力蓝皮书
中国城市政府公共服务能力评估报告（2018）
著（编）者：何艳玲　2018年5月出版／估价：99.00元
PSN B-2013-338-1/1

创业蓝皮书
中国创业发展研究报告（2017~2018）
著（编）者：黄群慧　赵卫星　钟宏武
2018年11月出版／估价：99.00元
PSN B-2016-577-1/1

慈善蓝皮书
中国慈善发展报告（2018）
著（编）者：杨团　2018年6月出版／估价：99.00元
PSN B-2009-142-1/1

党建蓝皮书
党的建设研究报告No.2（2018）
著（编）者：崔建民　陈东平　2018年6月出版／估价：99.00元
PSN B-2016-523-1/1

地方法治蓝皮书
中国地方法治发展报告No.3（2018）
著（编）者：李林　田禾　2018年6月出版／估价：118.00元
PSN B-2015-442-1/1

电子政务蓝皮书
中国电子政务发展报告（2018）
著（编）者：李季　2018年8月出版／估价：99.00元
PSN B-2003-022-1/1

儿童蓝皮书
中国儿童参与状况报告（2017）
著（编）者：苑立新　2017年12月出版／定价：89.00元
PSN B-2017-682-1/1

法治蓝皮书
中国法治发展报告No.16（2018）
著（编）者：李林　田禾　2018年3月出版／定价：128.00元
PSN B-2004-027-1/3

法治蓝皮书
中国法院信息化发展报告No.2（2018）
著（编）者：李林　田禾　2018年2月出版／估价：118.00元
PSN B-2017-604-3/3

法治政府蓝皮书
中国法治政府发展报告（2017）
著（编）者：中国政法大学法治政府研究院
2018年3月出版／估价：158.00元
PSN B-2015-502-1/2

法治政府蓝皮书
中国法治政府评估报告（2018）
著（编）者：中国政法大学法治政府研究院
2018年9月出版／估价：168.00元
PSN B-2016-576-2/2

反腐倡廉蓝皮书
中国反腐倡廉建设报告No.8
著（编）者：张英伟　2018年12月出版／估价：99.00元
PSN B-2012-259-1/1

扶贫蓝皮书
中国扶贫开发报告（2018）
著（编）者：李培林　魏后凯　2018年12月出版／估价：128.00元
PSN B-2016-599-1/1

妇女发展蓝皮书
中国妇女发展报告No.6
著（编）者：　2018年9月出版／估价：158.00元
PSN B-2006-069-1/1

妇女教育蓝皮书
中国妇女教育发展报告No.3
著（编）者：张李玺　2018年10月出版／估价：99.00元
PSN B-2008-121-1/1

妇女绿皮书
2018年：中国性别平等与妇女发展报告
著（编）者：谭琳　2018年12月出版／估价：99.00元
PSN G-2006-073-1/1

公共安全蓝皮书
中国城市公共安全发展报告（2017~2018）
著（编）者：黄育华　杨文明　赵建辉
2018年6月出版／估价：99.00元
PSN B-2017-628-1/1

公共服务蓝皮书
中国城市基本公共服务力评价（2018）
著（编）者：钟君　刘志昌　吴正昊
2018年12月出版／估价：99.00元
PSN B-2011-214-1/1

公民科学素质蓝皮书
中国公民科学素质报告（2017~2018）
著（编）者：李群　陈雄　马宗文
2017年12月出版／定价：89.00元
PSN B-2014-379-1/1

公益蓝皮书
中国公益慈善发展报告（2016）
著（编）者：朱健刚　胡小军　2018年6月出版／估价：99.00元
PSN B-2012-283-1/1

国际人才蓝皮书
中国国际移民报告（2018）
著（编）者：王辉耀　2018年6月出版／估价：99.00元
PSN B-2012-304-3/4

国际人才蓝皮书
中国留学发展报告（2018）No.7
著（编）者：王辉耀　苗绿　2018年12月出版／估价：99.00元
PSN B-2012-244-2/4

海洋社会蓝皮书
中国海洋社会发展报告（2017）
著（编）者：崔凤　宋宁而　2018年3月出版／定价：99.00元
PSN B-2015-478-1/1

行政改革蓝皮书
中国行政体制改革报告No.7（2018）
著（编）者：魏礼群　2018年6月出版／估价：99.00元
PSN B-2012-231-1/1

社会政法类

华侨华人蓝皮书
华侨华人研究报告（2017）
著(编)者：张禹东 庄国土　2017年12月出版 / 定价：148.00元
PSN B-2011-204-1/1

互联网与国家治理蓝皮书
互联网与国家治理发展报告（2017）
著(编)者：张志安　2018年1月出版 / 定价：98.00元
PSN B-2017-671-1/1

环境管理蓝皮书
中国环境管理发展报告（2017）
著(编)者：李金惠　2017年12月出版 / 定价：98.00元
PSN B-2017-678-1/1

环境竞争力绿皮书
中国省域环境竞争力发展报告（2018）
著(编)者：李建平 李闽榕 王金南
2018年11月出版 / 估价：198.00元
PSN G-2010-165-1/1

环境绿皮书
中国环境发展报告（2017~2018）
著(编)者：李波　2018年6月出版 / 估价：99.00元
PSN G-2006-048-1/1

家庭蓝皮书
中国"创建幸福家庭活动"评估报告（2018）
著(编)者：国务院发展研究中心"创建幸福家庭活动评估"课题组
2018年12月出版 / 估价：99.00元
PSN B-2015-508-1/1

健康城市蓝皮书
中国健康城市建设研究报告（2018）
著(编)者：王鸿春 盛继洪　2018年12月出版 / 估价：99.00元
PSN B-2016-564-2/2

健康中国蓝皮书
社区首诊与健康中国分析报告（2018）
著(编)者：高和荣 杨叔禹 姜杰
2018年6月出版 / 估价：99.00元
PSN B-2017-611-1/1

教师蓝皮书
中国中小学教师发展报告（2017）
著(编)者：曾晓东 鱼霞
2018年6月出版 / 估价：99.00元
PSN B-2012-289-1/1

教育扶贫蓝皮书
中国教育扶贫报告（2018）
著(编)者：司树杰 王文静 李兴洲
2018年12月出版 / 估价：99.00元
PSN B-2016-590-1/1

教育蓝皮书
中国教育发展报告（2018）
著(编)者：杨东平　2018年3月出版 / 定价：89.00元
PSN B-2006-047-1/1

金融法治建设蓝皮书
中国金融法治建设年度报告（2015~2016）
著(编)者：朱小黄　2018年6月出版 / 估价：99.00元
PSN B-2017-633-1/1

京津冀教育蓝皮书
京津冀教育发展研究报告（2017~2018）
著(编)者：方中雄　2018年6月出版 / 估价：99.00元
PSN B-2017-608-1/1

就业蓝皮书
2018年中国本科生就业报告
著(编)者：麦可思研究院　2018年6月出版 / 估价：99.00元
PSN B-2009-146-1/2

就业蓝皮书
2018年中国高职高专生就业报告
著(编)者：麦可思研究院　2018年6月出版 / 估价：99.00元
PSN B-2015-472-2/2

科学教育蓝皮书
中国科学教育发展报告（2018）
著(编)者：王康友　2018年10月出版 / 估价：99.00元
PSN B-2015-487-1/1

劳动保障蓝皮书
中国劳动保障发展报告（2018）
著(编)者：刘燕斌　2018年9月出版 / 估价：158.00元
PSN B-2014-415-1/1

老龄蓝皮书
中国老年宜居环境发展报告（2017）
著(编)者：党俊武 周燕珉　2018年6月出版 / 估价：99.00元
PSN B-2013-320-1/1

连片特困区蓝皮书
中国连片特困区发展报告（2017~2018）
著(编)者：游俊 冷志明 丁建军
2018年6月出版 / 估价：99.00元
PSN B-2013-321-1/1

流动儿童蓝皮书
中国流动儿童教育发展报告（2017）
著(编)者：杨东平　2018年6月出版 / 估价：99.00元
PSN B-2017-600-1/1

民调蓝皮书
中国民生调查报告（2018）
著(编)者：谢耘耕　2018年12月出版 / 估价：99.00元
PSN B-2014-398-1/1

民族发展蓝皮书
中国民族发展报告（2018）
著(编)者：王延中　2018年10月出版 / 估价：188.00元
PSN B-2006-070-1/1

女性生活蓝皮书
中国女性生活状况报告No.12（2018）
著(编)者：高博燕　2018年7月出版 / 估价：99.00元
PSN B-2006-071-1/1

社会政法类 — 皮书系列 2018全品种

汽车社会蓝皮书
中国汽车社会发展报告（2017~2018）
著（编）者：王俊秀　2018年6月出版／估价：99.00元
PSN B-2011-224-1/1

青年蓝皮书
中国青年发展报告（2018）No.3
著（编）者：廉思　2018年6月出版／估价：99.00元
PSN B-2013-333-1/1

青少年蓝皮书
中国未成年人互联网运用报告（2017~2018）
著（编）者：季为民　李文革　沈杰
2018年11月出版／估价：99.00元
PSN B-2010-156-1/1

人权蓝皮书
中国人权事业发展报告No.8（2018）
著（编）者：李君如　2018年9月出版／估价：99.00元
PSN B-2011-215-1/1

社会保障绿皮书
中国社会保障发展报告No.9（2018）
著（编）者：王延中　2018年6月出版／估价：99.00元
PSN G-2001-014-1/1

社会风险评估蓝皮书
风险评估与危机预警报告（2017~2018）
著（编）者：唐钧　2018年8月出版／估价：99.00元
PSN B-2012-293-1/1

社会工作蓝皮书
中国社会工作发展报告（2016~2017）
著（编）者：民政部社会工作研究中心
2018年8月出版／估价：99.00元
PSN B-2009-141-1/1

社会管理蓝皮书
中国社会管理创新报告No.6
著（编）者：连玉明　2018年11月出版／估价：99.00元
PSN B-2012-300-1/1

社会蓝皮书
2018年中国社会形势分析与预测
著（编）者：李培林　陈光金　张翼
2017年12月出版／定价：89.00元
PSN B-1998-002-1/1

社会体制蓝皮书
中国社会体制改革报告No.6（2018）
著（编）者：龚维斌　2018年3月出版／定价：98.00元
PSN B-2013-330-1/1

社会心态蓝皮书
中国社会心态研究报告（2018）
著（编）者：王俊秀　2018年12月出版／估价：99.00元
PSN B-2011-199-1/1

社会组织蓝皮书
中国社会组织报告（2017-2018）
著（编）者：黄晓勇　2018年6月出版／估价：99.00元
PSN B-2008-118-1/2

社会组织蓝皮书
中国社会组织评估发展报告（2018）
著（编）者：徐家良　2018年12月出版／估价：99.00元
PSN B-2013-366-2/2

生态城市绿皮书
中国生态城市建设发展报告（2018）
著（编）者：刘举科　孙伟平　胡文臻
2018年9月出版／估价：158.00元
PSN G-2012-269-1/1

生态文明绿皮书
中国省域生态文明建设评价报告（ECI 2018）
著（编）者：严耕　2018年12月出版／估价：99.00元
PSN G-2010-170-1/1

退休生活蓝皮书
中国城市居民退休生活质量指数报告（2017）
著（编）者：杨一帆　2018年6月出版／估价：99.00元
PSN B-2017-618-1/1

危机管理蓝皮书
中国危机管理报告（2018）
著（编）者：文学国　范正青
2018年8月出版／估价：99.00元
PSN B-2010-171-1/1

学会蓝皮书
2018年中国学会发展报告
著（编）者：麦可思研究院　2018年12月出版／估价：99.00元
PSN B-2016-597-1/1

医改蓝皮书
中国医药卫生体制改革报告（2017~2018）
著（编）者：文学国　房志武
2018年11月出版／估价：99.00元
PSN B-2014-432-1/1

应急管理蓝皮书
中国应急管理报告（2018）
著（编）者：宋英华　2018年9月出版／估价：99.00元
PSN B-2016-562-1/1

政府绩效评估蓝皮书
中国地方政府绩效评估报告 No.2
著（编）者：贠杰　2018年12月出版／估价：99.00元
PSN B-2017-672-1/1

政治参与蓝皮书
中国政治参与报告（2018）
著（编）者：房宁　2018年8月出版／估价：128.00元
PSN B-2011-200-1/1

政治文化蓝皮书
中国政治文化报告（2018）
著（编）者：邢元敏　魏大鹏　龚克
2018年8月出版／估价：128.00元
PSN B-2017-615-1/1

中国传统村落蓝皮书
中国传统村落保护现状报告（2018）
著（编）者：胡彬彬　李向军　王晓波
2018年12月出版／估价：99.00元
PSN B-2017-663-1/1

社会政法类·产业经济类

中国农村妇女发展蓝皮书
农村流动女性城市生活发展报告（2018）
著（编）者：谢丽华　　2018年12月出版 / 估价：99.00元
PSN B-2014-434-1/1

宗教蓝皮书
中国宗教报告（2017）
著（编）者：邱永辉　　2018年8月出版 / 估价：99.00元
PSN B-2008-117-1/1

产业经济类

保健蓝皮书
中国保健服务产业发展报告 No.2
著（编）者：中国保健协会　　中共中央党校
2018年7月出版 / 估价：198.00元
PSN B-2012-272-3/3

保健蓝皮书
中国保健食品产业发展报告 No.2
著（编）者：中国保健协会
　　　　　中国社会科学院食品药品产业发展与监管研究中心
2018年8月出版 / 估价：198.00元
PSN B-2012-271-2/3

保健蓝皮书
中国保健用品产业发展报告 No.2
著（编）者：中国保健协会
　　　　　国务院国有资产监督管理委员会研究中心
2018年6月出版 / 估价：198.00元
PSN B-2012-270-1/3

保险蓝皮书
中国保险业竞争力报告（2018）
著（编）者：保监会　　2018年12月出版 / 估价：99.00元
PSN B-2013-311-1/1

冰雪蓝皮书
中国冰上运动产业发展报告（2018）
著（编）者：孙承华　杨占武　刘戈　张鸿俊
2018年9月出版 / 估价：99.00元
PSN B-2017-648-3/3

冰雪蓝皮书
中国滑雪产业发展报告（2018）
著（编）者：孙承华　伍斌　魏庆华　张鸿俊
2018年9月出版 / 估价：99.00元
PSN B-2016-559-1/3

餐饮产业蓝皮书
中国餐饮产业发展报告（2018）
著（编）者：邢颖
2018年6月出版 / 估价：99.00元
PSN B-2009-151-1/1

茶业蓝皮书
中国茶产业发展报告（2018）
著（编）者：杨江帆　李闽榕
2018年10月出版 / 估价：99.00元
PSN B-2010-164-1/1

产业安全蓝皮书
中国文化产业安全报告（2018）
著（编）者：北京印刷学院文化产业安全研究院
2018年12月出版 / 估价：99.00元
PSN B-2014-378-12/14

产业安全蓝皮书
中国新媒体产业安全报告（2016～2017）
著（编）者：肖丽　　2018年6月出版 / 估价：99.00元
PSN B-2015-500-14/14

产业安全蓝皮书
中国出版传媒产业安全报告（2017～2018）
著（编）者：北京印刷学院文化产业安全研究院
2018年6月出版 / 估价：99.00元
PSN B-2014-384-13/14

产业蓝皮书
中国产业竞争力报告（2018）No.8
著（编）者：张其仔　　2018年12月出版 / 估价：168.00元
PSN B-2010-175-1/1

动力电池蓝皮书
中国新能源汽车动力电池产业发展报告（2018）
著（编）者：中国汽车技术研究中心
2018年8月出版 / 估价：99.00元
PSN B-2017-639-1/1

杜仲产业绿皮书
中国杜仲橡胶资源与产业发展报告（2017～2018）
著（编）者：杜红岩　胡文臻　俞锐
2018年6月出版 / 估价：99.00元
PSN G-2013-350-1/1

房地产蓝皮书
中国房地产发展报告No.15（2018）
著（编）者：李春华　王业强
2018年5月出版 / 估价：99.00元
PSN B-2004-028-1/1

服务外包蓝皮书
中国服务外包产业发展报告（2017～2018）
著（编）者：王晓红　刘德军
2018年6月出版 / 估价：99.00元
PSN B-2013-331-2/2

服务外包蓝皮书
中国服务外包竞争力报告（2017～2018）
著（编）者：刘春生　王力　黄育华
2018年12月出版 / 估价：99.00元
PSN B-2011-216-1/2

产业经济类

皮书系列
2018全品种

工业和信息化蓝皮书
世界信息技术产业发展报告（2017~2018）
著(编)者：尹丽波　2018年6月出版／估价：99.00元
PSN B-2015-449-2/6

工业和信息化蓝皮书
战略性新兴产业发展报告（2017~2018）
著(编)者：尹丽波　2018年6月出版／估价：99.00元
PSN B-2015-450-3/6

海洋经济蓝皮书
中国海洋经济发展报告（2015~2018）
著(编)者：殷克东　高金田　方胜民
2018年3月出版／定价：128.00元
PSN B-2018-697-1/1

康养蓝皮书
中国康养产业发展报告（2017）
著(编)者：何莽　2017年12月出版／定价：88.00元
PSN B-2017-685-1/1

客车蓝皮书
中国客车产业发展报告（2017~2018）
著(编)者：姚蔚　2018年10月出版／估价：99.00元
PSN B-2013-361-1/1

流通蓝皮书
中国商业发展报告（2018~2019）
著(编)者：王雪峰　林诗慧
2018年7月出版／估价：99.00元
PSN B-2009-152-1/2

能源蓝皮书
中国能源发展报告（2018）
著(编)者：崔民选　王军生　陈义和
2018年12月出版／估价：99.00元
PSN B-2006-049-1/1

农产品流通蓝皮书
中国农产品流通产业发展报告（2017）
著(编)者：贾敬敦　张东科　张玉玺　张鹏毅　周伟
2018年6月出版／估价：99.00元
PSN B-2012-288-1/1

汽车工业蓝皮书
中国汽车工业发展年度报告（2018）
著(编)者：中国汽车工业协会
　　　　　　中国汽车技术研究中心
　　　　　　丰田汽车公司
2018年5月出版／定价：168.00元
PSN B-2015-463-1/2

汽车工业蓝皮书
中国汽车零部件产业发展报告（2017~2018）
著(编)者：中国汽车工业协会
　　　　　　中国汽车工程研究院深圳市沃特玛电池有限公司
2018年9月出版／估价：99.00元
PSN B-2016-515-2/2

汽车蓝皮书
中国汽车产业发展报告（2018）
著(编)者：中国汽车工程学会
　　　　　　大众汽车集团（中国）
2018年11月出版／估价：99.00元
PSN B-2008-124-1/1

世界茶业蓝皮书
世界茶业发展报告（2018）
著(编)者：李闽榕　冯廷佺
2018年5月出版／估价：168.00元
PSN B-2017-619-1/1

世界能源蓝皮书
世界能源发展报告（2018）
著(编)者：黄晓勇　2018年6月出版／估价：168.00元
PSN B-2013-349-1/1

石油蓝皮书
中国石油产业发展报告（2018）
著(编)者：中国石油化工集团公司经济技术研究院
　　　　　　中国国际石油化工联合有限责任公司
　　　　　　中国社会科学院数量经济与技术经济研究所
2018年2月出版／定价：98.00元
PSN B-2018-690-1/1

体育蓝皮书
国家体育产业基地发展报告（2016~2017）
著(编)者：李颖川　2018年6月出版／估价：168.00元
PSN B-2017-609-5/5

体育蓝皮书
中国体育产业发展报告（2018）
著(编)者：阮伟　钟秉枢
2018年12月出版／估价：99.00元
PSN B-2010-179-1/5

文化金融蓝皮书
中国文化金融发展报告（2018）
著(编)者：杨涛　金巍
2018年6月出版／估价：99.00元
PSN B-2017-610-1/1

新能源汽车蓝皮书
中国新能源汽车产业发展报告（2018）
著(编)者：中国汽车技术研究中心
　　　　　　日产（中国）投资有限公司
　　　　　　东风汽车有限公司
2018年8月出版／估价：99.00元
PSN B-2013-347-1/1

薏仁米产业蓝皮书
中国薏仁米产业发展报告No.2（2018）
著(编)者：李发耀　石明　袁礼康
2018年8月出版／估价：99.00元
PSN B-2017-645-1/1

邮轮绿皮书
中国邮轮产业发展报告（2018）
著(编)者：汪泓　2018年10月出版／估价：99.00元
PSN G-2014-419-1/1

智能养老蓝皮书
中国智能养老产业发展报告（2018）
著(编)者：朱勇　2018年10月出版／估价：99.00元
PSN B-2015-488-1/1

中国节能汽车蓝皮书
中国节能汽车发展报告（2017~2018）
著(编)者：中国汽车工程研究院股份有限公司
2018年9月出版／估价：99.00元
PSN B-2016-565-1/1

19

产业经济类·行业及其他类

中国陶瓷产业蓝皮书
中国陶瓷产业发展报告（2018）
著（编）者：左和平 黄速建
2018年10月出版 / 估价：99.00元
PSN B-2016-573-1/1

装备制造业蓝皮书
中国装备制造业发展报告（2018）
著（编）者：徐东华
2018年12月出版 / 估价：118.00元
PSN B-2015-505-1/1

行业及其他类

"三农"互联网金融蓝皮书
中国"三农"互联网金融发展报告（2018）
著（编）者：李勇坚 王弢
2018年8月出版 / 估价：99.00元
PSN B-2016-560-1/1

SUV蓝皮书
中国SUV市场发展报告（2017~2018）
著（编）者：靳军 2018年9月出版 / 估价：99.00元
PSN B-2016-571-1/1

冰雪蓝皮书
中国冬季奥运会发展报告（2018）
著（编）者：孙承华 伍斌 魏庆华 张鸿俊
2018年9月出版 / 估价：99.00元
PSN B-2017-647-2/3

彩票蓝皮书
中国彩票发展报告（2018）
著（编）者：益彩基金 2018年6月出版 / 估价：99.00元
PSN B-2015-462-1/1

测绘地理信息蓝皮书
测绘地理信息供给侧结构性改革研究报告（2018）
著（编）者：库热西·买合苏提
2018年12月出版 / 估价：168.00元
PSN B-2009-145-1/1

产权市场蓝皮书
中国产权市场发展报告（2017）
著（编）者：曹和平
2018年5月出版 / 估价：99.00元
PSN B-2009-147-1/1

城投蓝皮书
中国城投行业发展报告（2018）
著（编）者：华景斌
2018年11月出版 / 估价：300.00元
PSN B-2016-514-1/1

城市轨道交通蓝皮书
中国城市轨道交通运营发展报告（2017~2018）
著（编）者：崔学忠 贾文峥
2018年3月出版 / 定价：89.00元
PSN B-2018-694-1/1

大数据蓝皮书
中国大数据发展报告（No.2）
著（编）者：连玉明 2018年5月出版 / 估价：99.00元
PSN B-2017-620-1/1

大数据应用蓝皮书
中国大数据应用发展报告No.2（2018）
著（编）者：陈军君 2018年8月出版 / 估价：99.00元
PSN B-2017-644-1/1

对外投资与风险蓝皮书
中国对外直接投资与国家风险报告（2018）
著（编）者：中债资信评估有限责任公司
中国社会科学院世界经济与政治研究所
2018年6月出版 / 估价：189.00元
PSN B-2017-606-1/1

工业和信息化蓝皮书
人工智能发展报告（2017~2018）
著（编）者：尹丽波 2018年6月出版 / 估价：99.00元
PSN B-2015-448-1/6

工业和信息化蓝皮书
世界智慧城市发展报告（2017~2018）
著（编）者：尹丽波 2018年6月出版 / 估价：99.00元
PSN B-2017-624-6/6

工业和信息化蓝皮书
世界网络安全发展报告（2017~2018）
著（编）者：尹丽波 2018年6月出版 / 估价：99.00元
PSN B-2015-452-5/6

工业和信息化蓝皮书
世界信息化发展报告（2017~2018）
著（编）者：尹丽波 2018年6月出版 / 估价：99.00元
PSN B-2015-451-4/6

工业设计蓝皮书
中国工业设计发展报告（2018）
著（编）者：王晓红 于炜 张立群 2018年9月出版 / 估价：168.00元
PSN B-2014-420-1/1

公共关系蓝皮书
中国公共关系发展报告（2017）
著（编）者：柳斌杰 2018年1月出版 / 定价：89.00元
PSN B-2016-579-1/1

行业及其他类 — 皮书系列 2018全品种

公共关系蓝皮书
中国公共关系发展报告（2018）
著（编）者：柳斌杰　2018年11月出版 / 估价：99.00元
PSN B-2016-579-1/1

管理蓝皮书
中国管理发展报告（2018）
著（编）者：张晓东　2018年10月出版 / 估价：99.00元
PSN B-2014-416-1/1

轨道交通蓝皮书
中国轨道交通行业发展报告（2017）
著（编）者：仲建华　李闽榕
2017年12月出版 / 定价：98.00元
PSN B-2017-674-1/1

海关发展蓝皮书
中国海关发展前沿报告（2018）
著（编）者：干春晖　2018年6月出版 / 估价：99.00元
PSN B-2016-616-1/1

互联网医疗蓝皮书
中国互联网健康医疗发展报告（2018）
著（编）者：芮晓武　2018年6月出版 / 估价：99.00元
PSN B-2016-567-1/1

黄金市场蓝皮书
中国商业银行黄金业务发展报告（2017~2018）
著（编）者：平安银行　2018年6月出版 / 估价：99.00元
PSN B-2016-524-1/1

会展蓝皮书
中外会展业动态评估研究报告（2018）
著（编）者：张敏　任中峰　聂鑫焱　牛盼强
2018年12月出版 / 估价：99.00元
PSN B-2013-327-1/1

基金会蓝皮书
中国基金会发展报告（2017~2018）
著（编）者：中国基金会发展报告课题组
2018年6月出版 / 估价：99.00元
PSN B-2013-368-1/1

基金会绿皮书
中国基金会发展独立研究报告（2018）
著（编）者：基金会中心网　中央民族大学基金会研究中心
2018年6月出版 / 估价：99.00元
PSN G-2011-213-1/1

基金会透明度蓝皮书
中国基金会透明度发展研究报告（2018）
著（编）者：基金会中心网　清华大学廉政与治理研究中心
2018年9月出版 / 估价：99.00元
PSN B-2013-339-1/1

建筑装饰蓝皮书
中国建筑装饰行业发展报告（2018）
著（编）者：葛道顺　刘晓一
2018年10月出版 / 估价：198.00元
PSN B-2016-553-1/1

金融监管蓝皮书
中国金融监管报告（2018）
著（编）者：胡滨　2018年3月出版 / 定价：98.00元
PSN B-2012-281-1/1

金融蓝皮书
中国互联网金融行业分析与评估（2018~2019）
著（编）者：黄国平　伍旭川　2018年12月出版 / 估价：99.00元
PSN B-2016-585-7/7

金融科技蓝皮书
中国金融科技发展报告（2018）
著（编）者：李扬　孙国峰　2018年10月出版 / 估价：99.00元
PSN B-2014-374-1/1

金融信息服务蓝皮书
中国金融信息服务发展报告（2018）
著（编）者：李平　2018年5月出版 / 估价：99.00元
PSN B-2017-621-1/1

金蜜蜂企业社会责任蓝皮书
金蜜蜂中国企业社会责任报告研究（2017）
著（编）者：殷格非　于志宏　管竹笋
2018年1月出版 / 定价：99.00元
PSN B-2018-693-1/1

京津冀金融蓝皮书
京津冀金融发展报告（2018）
著（编）者：王爱俭　王璟怡　2018年10月出版 / 估价：99.00元
PSN B-2016-527-1/1

科普蓝皮书
国家科普能力发展报告（2018）
著（编）者：王康友　2018年5月出版 / 估价：138.00元
PSN B-2017-632-4/4

科普蓝皮书
中国基层科普发展报告（2017~2018）
著（编）者：赵立新　陈玲　2018年9月出版 / 估价：99.00元
PSN B-2016-568-3/4

科普蓝皮书
中国科普基础设施发展报告（2017~2018）
著（编）者：任福君　2018年6月出版 / 估价：99.00元
PSN B-2010-174-1/3

科普蓝皮书
中国科普人才发展报告（2017~2018）
著（编）者：郑念　任嵘嵘　2018年7月出版 / 估价：99.00元
PSN B-2016-512-2/4

科普能力蓝皮书
中国科普能力评价报告（2018~2019）
著（编）者：李富强　李群　2018年8月出版 / 估价：99.00元
PSN B-2016-555-1/1

临空经济蓝皮书
中国临空经济发展报告（2018）
著（编）者：连玉明　2018年9月出版 / 估价：99.00元
PSN B-2014-421-1/1

行业及其他类

旅游安全蓝皮书
中国旅游安全报告（2018）
著（编）者：郑向敏 谢朝武　2018年5月出版 / 估价：158.00元
PSN B-2012-280-1/1

旅游绿皮书
2017~2018年中国旅游发展分析与预测
著（编）者：宋瑞　2018年1月出版 / 定价：99.00元
PSN G-2002-018-1/1

煤炭蓝皮书
中国煤炭工业发展报告（2018）
著（编）者：岳福斌　2018年12月出版 / 估价：99.00元
PSN B-2008-123-1/1

民营企业社会责任蓝皮书
中国民营企业社会责任报告（2018）
著（编）者：中华全国工商业联合会
2018年12月出版 / 估价：99.00元
PSN B-2015-510-1/1

民营医院蓝皮书
中国民营医院发展报告（2017）
著（编）者：薛晓林　2017年12月出版 / 定价：89.00元
PSN B-2012-299-1/1

闽商蓝皮书
闽商发展报告（2018）
著（编）者：李闽榕 王日根 林琛
2018年12月出版 / 估价：99.00元
PSN B-2012-298-1/1

农业应对气候变化蓝皮书
中国农业气象灾害及其灾损评估报告（No.3）
著（编）者：矫梅燕　2018年6月出版 / 估价：118.00元
PSN B-2014-413-1/1

品牌蓝皮书
中国品牌战略发展报告（2018）
著（编）者：汪同三　2018年10月出版 / 估价：99.00元
PSN B-2016-580-1/1

企业扶贫蓝皮书
中国企业扶贫研究报告（2018）
著（编）者：钟宏武　2018年12月出版 / 估价：99.00元
PSN B-2016-593-1/1

企业公益蓝皮书
中国企业公益研究报告（2018）
著（编）者：钟宏武 汪杰 黄晓娟
2018年12月出版 / 估价：99.00元
PSN B-2015-501-1/1

企业国际化蓝皮书
中国企业全球化报告（2018）
著（编）者：王辉耀 苗绿　2018年11月出版 / 估价：99.00元
PSN B-2014-427-1/1

企业蓝皮书
中国企业绿色发展报告No.2（2018）
著（编）者：李红玉 朱光辉
2018年8月出版 / 估价：99.00元
PSN B-2015-481-2/2

企业社会责任蓝皮书
中资企业海外社会责任研究报告（2017~2018）
著（编）者：钟宏武 叶柳红 张蒽
2018年6月出版 / 估价：99.00元
PSN B-2017-603-2/2

企业社会责任蓝皮书
中国企业社会责任研究报告（2018）
著（编）者：黄群慧 钟宏武 张蒽 汪杰
2018年11月出版 / 估价：99.00元
PSN B-2009-149-1/2

汽车安全蓝皮书
中国汽车安全发展报告（2018）
著（编）者：中国汽车技术研究中心
2018年8月出版 / 估价：99.00元
PSN B-2014-385-1/1

汽车电子商务蓝皮书
中国汽车电子商务发展报告（2018）
著（编）者：中华全国工商业联合会汽车经销商商会
　　　　　　北方工业大学
　　　　　　北京易观智库网络科技有限公司
2018年10月出版 / 估价：158.00元
PSN B-2015-485-1/1

汽车知识产权蓝皮书
中国汽车产业知识产权发展报告（2018）
著（编）者：中国汽车工程研究院股份有限公司
　　　　　　中国汽车工程学会
　　　　　　重庆长安汽车股份有限公司
2018年12月出版 / 估价：99.00元
PSN B-2016-594-1/1

青少年体育蓝皮书
中国青少年体育发展报告（2017）
著（编）者：刘扶民 杨桦　2018年6月出版 / 估价：99.00元
PSN B-2015-482-1/1

区块链蓝皮书
中国区块链发展报告（2018）
著（编）者：李伟　2018年9月出版 / 估价：99.00元
PSN B-2017-649-1/1

群众体育蓝皮书
中国群众体育发展报告（2017）
著（编）者：刘国永 戴健　2018年5月出版 / 估价：99.00元
PSN B-2014-411-1/3

群众体育蓝皮书
中国社会体育指导员发展报告（2018）
著（编）者：刘国永 王欢　2018年6月出版 / 估价：99.00元
PSN B-2016-520-3/3

人力资源蓝皮书
中国人力资源发展报告（2018）
著（编）者：余兴安　2018年11月出版 / 估价：99.00元
PSN B-2012-287-1/1

融资租赁蓝皮书
中国融资租赁业发展报告（2017~2018）
著（编）者：李光荣 王力　2018年8月出版 / 估价：99.00元
PSN B-2015-443-1/1

行业及其他类

商会蓝皮书
中国商会发展报告No.5（2017）
著（编）者：王钦敏　2018年7月出版／估价：99.00元
PSN B-2008-125-1/1

商务中心区蓝皮书
中国商务中心区发展报告No.4（2017~2018）
著（编）者：李国红 单菁菁　2018年9月出版／估价：99.00元
PSN B-2015-444-1/1

设计产业蓝皮书
中国创新设计发展报告（2018）
著（编）者：王晓红 张立群 于炜
2018年11月出版／估价：99.00元
PSN B-2016-581-2/2

社会责任管理蓝皮书
中国上市公司社会责任能力成熟度报告No.4（2018）
著（编）者：肖红军 王晓光 李伟阳
2018年12月出版／估价：99.00元
PSN B-2015-507-2/2

社会责任管理蓝皮书
中国企业公众透明度报告No.4（2017~2018）
著（编）者：黄速建 熊梦 王晓光 肖红军
2018年6月出版／估价：99.00元
PSN B-2015-440-1/2

食品药品蓝皮书
食品药品安全与监管政策研究报告（2016~2017）
著（编）者：唐民皓　2018年6月出版／估价：99.00元
PSN B-2009-129-1/1

输血服务蓝皮书
中国输血行业发展报告（2018）
著（编）者：孙俊　2018年12月出版／估价：99.00元
PSN B-2016-582-1/1

水利风景区蓝皮书
中国水利风景区发展报告（2018）
著（编）者：董建文 兰思仁
2018年10月出版／估价：99.00元
PSN B-2015-480-1/1

数字经济蓝皮书
全球数字经济竞争力发展报告（2017）
著（编）者：王振　2017年12月出版／定价：79.00元
PSN B-2017-673-1/1

私募市场蓝皮书
中国私募股权市场发展报告（2017~2018）
著（编）者：曹和平　2018年12月出版／估价：99.00元
PSN B-2010-162-1/1

碳排放权交易蓝皮书
中国碳排放权交易报告（2018）
著（编）者：孙永平　2018年11月出版／估价：99.00元
PSN B-2017-652-1/1

碳市场蓝皮书
中国碳市场报告（2018）
著（编）者：定金彪　2018年11月出版／估价：99.00元
PSN B-2014-430-1/1

体育蓝皮书
中国公共体育服务发展报告（2018）
著（编）者：戴健　2018年12月出版／估价：99.00元
PSN B-2013-367-2/5

土地市场蓝皮书
中国农村土地市场发展报告（2017~2018）
著（编）者：李光荣　2018年6月出版／估价：99.00元
PSN B-2016-526-1/1

土地整治蓝皮书
中国土地整治发展研究报告（No.5）
著（编）者：国土资源部土地整治中心
2018年7月出版／估价：99.00元
PSN B-2014-401-1/1

土地政策蓝皮书
中国土地政策研究报告（2018）
著（编）者：高延利 张建平 吴次芳
2018年1月出版／定价：98.00元
PSN B-2015-506-1/1

网络空间安全蓝皮书
中国网络空间安全发展报告（2018）
著（编）者：惠志斌 覃庆玲
2018年11月出版／估价：99.00元
PSN B-2015-466-1/1

文化志愿服务蓝皮书
中国文化志愿服务发展报告（2018）
著（编）者：张永新 良警宇　2018年11月出版／估价：128.00元
PSN B-2016-596-1/1

西部金融蓝皮书
中国西部金融发展报告（2017~2018）
著（编）者：李忠民　2018年8月出版／估价：99.00元
PSN B-2010-160-1/1

协会商会蓝皮书
中国行业协会商会发展报告（2017）
著（编）者：景朝阳 李勇　2018年6月出版／估价：99.00元
PSN B-2015-461-1/1

新三板蓝皮书
中国新三板市场发展报告（2018）
著（编）者：王力　2018年8月出版／估价：99.00元
PSN B-2016-533-1/1

信托市场蓝皮书
中国信托业市场报告（2017~2018）
著（编）者：用益金融信托研究院
2018年6月出版／估价：198.00元
PSN B-2014-371-1/1

信息化蓝皮书
中国信息化形势分析与预测（2017~2018）
著（编）者：周宏仁　2018年8月出版／估价：99.00元
PSN B-2010-168-1/1

信用蓝皮书
中国信用发展报告（2017~2018）
著（编）者：章政 田侃　2018年6月出版／估价：99.00元
PSN B-2013-328-1/1

皮书系列 2018全品种

行业及其他类

休闲绿皮书
2017~2018年中国休闲发展报告
著(编)者：宋瑞　2018年7月出版 / 估价：99.00元
PSN G-2010-158-1/1

休闲体育蓝皮书
中国休闲体育发展报告（2017~2018）
著(编)者：李相如　钟秉枢
2018年10月出版 / 估价：99.00元
PSN B-2016-516-1/1

养老金融蓝皮书
中国养老金融发展报告（2018）
著(编)者：董克用　姚余栋
2018年9月出版 / 估价：99.00元
PSN B-2016-583-1/1

遥感监测绿皮书
中国可持续发展遥感监测报告（2017）
著(编)者：顾行发　汪克强　潘教峰　李闽榕　徐东华　王琦安
2018年6月出版 / 估价：99.00元
PSN B-2017-629-1/1

药品流通蓝皮书
中国药品流通行业发展报告（2018）
著(编)者：佘鲁林　温再兴
2018年7月出版 / 估价：198.00元
PSN B-2014-429-1/1

医疗器械蓝皮书
中国医疗器械行业发展报告（2018）
著(编)者：王宝亭　耿鸿武
2018年10月出版 / 估价：99.00元
PSN B-2017-661-1/1

医院蓝皮书
中国医院竞争力报告（2017~2018）
著(编)者：庄一强　2018年3月出版 / 定价：108.00元
PSN B-2016-528-1/1

瑜伽蓝皮书
中国瑜伽业发展报告（2017~2018）
著(编)者：张永建　徐华锋　朱泰余
2018年6月出版 / 估价：198.00元
PSN B-2017-625-1/1

债券市场蓝皮书
中国债券市场发展报告（2017~2018）
著(编)者：杨农　2018年10月出版 / 估价：99.00元
PSN B-2016-572-1/1

志愿服务蓝皮书
中国志愿服务发展报告（2018）
著(编)者：中国志愿服务联合会
2018年11月出版 / 估价：99.00元
PSN B-2017-664-1/1

中国上市公司蓝皮书
中国上市公司发展报告（2018）
著(编)者：张鹏　张平　黄胤英
2018年9月出版 / 估价：99.00元
PSN B-2014-414-1/1

中国新三板蓝皮书
中国新三板创新与发展报告（2018）
著(编)者：刘平安　闻召林
2018年8月出版 / 估价：158.00元
PSN B-2017-638-1/1

中国汽车品牌蓝皮书
中国乘用车品牌发展报告（2017）
著(编)者：《中国汽车报》社有限公司
　　　　　博世（中国）投资有限公司
　　　　　中国汽车技术研究中心数据资源中心
2018年1月出版 / 定价：89.00元
PSN B-2017-679-1/1

中医文化蓝皮书
北京中医药文化传播发展报告（2018）
著(编)者：毛嘉陵　2018年6月出版 / 估价：99.00元
PSN B-2015-468-1/2

中医文化蓝皮书
中国中医药文化传播发展报告（2018）
著(编)者：毛嘉陵　2018年7月出版 / 估价：99.00元
PSN B-2016-584-2/2

中医药蓝皮书
北京中医药知识产权发展报告No.2
著(编)者：汪洪　屠志涛　2018年6月出版 / 估价：168.00元
PSN B-2017-602-1/1

资本市场蓝皮书
中国场外交易市场发展报告（2016~2017）
著(编)者：高峦　2018年6月出版 / 估价：99.00元
PSN B-2009-153-1/1

资产管理蓝皮书
中国资产管理行业发展报告（2018）
著(编)者：郑智　2018年7月出版 / 估价：99.00元
PSN B-2014-407-2/2

资产证券化蓝皮书
中国资产证券化发展报告（2018）
著(编)者：沈炳熙　曹彤　李哲平
2018年4月出版 / 定价：98.00元
PSN B-2017-660-1/1

自贸区蓝皮书
中国自贸区发展报告（2018）
著(编)者：王力　黄育华
2018年6月出版 / 估价：99.00元
PSN B-2016-558-1/1

国际问题与全球治理类

"一带一路"跨境通道蓝皮书
"一带一路"跨境通道建设研究报(2017~2018)
著(编)者:余鑫 张秋生　2018年1月出版 / 定价:89.00元
PSN B-2016-557-1/1

"一带一路"蓝皮书
"一带一路"建设发展报告(2018)
著(编)者:李永全　2018年3月出版 / 定价:98.00元
PSN B-2016-552-1/1

"一带一路"投资安全蓝皮书
中国"一带一路"投资与安全研究报告(2018)
著(编)者:邹统钎 梁昊光　2018年4月出版 / 定价:98.00元
PSN B-2017-612-1/1

"一带一路"文化交流蓝皮书
中阿文化交流发展报告(2017)
著(编)者:王辉　2017年12月出版 / 定价:89.00元
PSN B-2017-655-1/1

G20国家创新竞争力黄皮书
二十国集团(G20)国家创新竞争力发展报告(2017~2018)
著(编)者:李建平 李闽榕 赵新力 周天勇
2018年7月出版 / 估价:168.00元
PSN Y-2011-229-1/1

阿拉伯黄皮书
阿拉伯发展报告(2016~2017)
著(编)者:罗林　2018年6月出版 / 估价:99.00元
PSN Y-2014-381-1/1

北部湾蓝皮书
泛北部湾合作发展报告(2017~2018)
著(编)者:吕余生　2018年12月出版 / 估价:99.00元
PSN B-2008-114-1/1

北极蓝皮书
北极地区发展报告(2017)
著(编)者:刘惠荣　2018年7月出版 / 估价:99.00元
PSN B-2017-634-1/1

大洋洲蓝皮书
大洋洲发展报告(2017~2018)
著(编)者:喻常森　2018年10月出版 / 估价:99.00元
PSN B-2013-341-1/1

东北亚区域合作蓝皮书
2017年"一带一路"倡议与东北亚区域合作
著(编)者:刘亚政 金美花
2018年5月出版 / 估价:99.00元
PSN B-2017-631-1/1

东盟黄皮书
东盟发展报告(2017)
著(编)者:杨静林 庄国土　2018年6月出版 / 估价:99.00元
PSN Y-2012-303-1/1

东南亚蓝皮书
东南亚地区发展报告(2017~2018)
著(编)者:王勤　2018年12月出版 / 估价:99.00元
PSN B-2012-240-1/1

非洲黄皮书
非洲发展报告No.20(2017~2018)
著(编)者:张宏明　2018年7月出版 / 估价:99.00元
PSN Y-2012-239-1/1

非传统安全蓝皮书
中国非传统安全研究报告(2017~2018)
著(编)者:潇枫 罗中枢　2018年8月出版 / 估价:99.00元
PSN B-2012-273-1/1

国际安全蓝皮书
中国国际安全研究报告(2018)
著(编)者:刘慧　2018年7月出版 / 估价:99.00元
PSN B-2016-521-1/1

国际城市蓝皮书
国际城市发展报告(2018)
著(编)者:屠启宇　2018年2月出版 / 估价:89.00元
PSN B-2012-260-1/1

国际形势黄皮书
全球政治与安全报告(2018)
著(编)者:张宇燕　2018年1月出版 / 定价:99.00元
PSN Y-2001-016-1/1

公共外交蓝皮书
中国公共外交发展报告(2018)
著(编)者:赵启正 雷蔚真　2018年6月出版 / 估价:99.00元
PSN B-2015-457-1/1

海丝蓝皮书
21世纪海上丝绸之路研究报告(2017)
著(编)者:华侨大学海上丝绸之路研究院
2017年12月出版 / 定价:89.00元
PSN B-2017-684-1/1

金砖国家黄皮书
金砖国家综合创新竞争力发展报告(2018)
著(编)者:赵新力 李闽榕 黄茂兴
2018年8月出版 / 估价:128.00元
PSN Y-2017-643-1/1

拉美黄皮书
拉丁美洲和加勒比发展报告(2017~2018)
著(编)者:袁东振　2018年6月出版 / 估价:99.00元
PSN Y-1999-007-1/1

澜湄合作蓝皮书
澜沧江-湄公河合作发展报告(2018)
著(编)者:刘稚　2018年9月出版 / 估价:99.00元
PSN B-2011-196-1/1

皮书系列 2018全品种 — 国际问题与全球治理类

欧洲蓝皮书
欧洲发展报告（2017~2018）
著(编)者：黄平 周弘 程卫东
2018年6月出版 / 估价：99.00元
PSN B-1999-009-1/1

葡语国家蓝皮书
葡语国家发展报告（2016~2017）
著(编)者：王成安 张敏 刘金兰
2018年6月出版 / 估价：99.00元
PSN B-2015-503-1/2

葡语国家蓝皮书
中国与葡语国家关系发展报告·巴西（2016）
著(编)者：张曙光
2018年8月出版 / 估价：99.00元
PSN B-2016-563-2/2

气候变化绿皮书
应对气候变化报告（2018）
著(编)者：王伟光 郑国光
2018年11月出版 / 估价：99.00元
PSN G-2009-144-1/1

全球环境竞争力绿皮书
全球环境竞争力报告（2018）
著(编)者：李建平 李闽榕 王金南
2018年12月出版 / 估价：198.00元
PSN G-2013-363-1/1

全球信息社会蓝皮书
全球信息社会发展报告（2018）
著(编)者：丁波涛 唐涛　2018年10月出版 / 估价：99.00元
PSN B-2017-665-1/1

日本经济蓝皮书
日本经济与中日经贸关系研究报告（2018）
著(编)者：张季风　2018年6月出版 / 估价：99.00元
PSN B-2008-102-1/1

上海合作组织黄皮书
上海合作组织发展报告（2018）
著(编)者：李进峰　2018年6月出版 / 估价：99.00元
PSN Y-2009-130-1/1

世界创新竞争力黄皮书
世界创新竞争力发展报告（2017）
著(编)者：李建平 李闽榕 赵新力
2018年6月出版 / 估价：168.00元
PSN Y-2013-318-1/1

世界经济黄皮书
2018年世界经济形势分析与预测
著(编)者：张宇燕　2018年1月出版 / 定价：99.00元
PSN Y-1999-006-1/1

世界能源互联互通蓝皮书
世界能源清洁发展与互联互通评估报告（2017）：欧洲篇
著(编)者：国网能源研究院
2018年1月出版 / 定价：128.00元
PSN B-2018-695-1/1

丝绸之路蓝皮书
丝绸之路经济带发展报告（2018）
著(编)者：任宗哲 白宽犁 谷孟宾
2018年1月出版 / 定价：89.00元
PSN B-2014-410-1/1

新兴经济体蓝皮书
金砖国家发展报告（2018）
著(编)者：林跃勤 周文
2018年8月出版 / 估价：99.00元
PSN B-2011-195-1/1

亚太蓝皮书
亚太地区发展报告（2018）
著(编)者：李向阳　2018年5月出版 / 估价：99.00元
PSN B-2001-015-1/1

印度洋地区蓝皮书
印度洋地区发展报告（2018）
著(编)者：汪戎　2018年6月出版 / 估价：99.00元
PSN B-2013-334-1/1

印度尼西亚经济蓝皮书
印度尼西亚经济发展报告（2017）：增长与机会
著(编)者：左志刚　2017年11月出版 / 定价：89.00元
PSN B-2017-675-1/1

渝新欧蓝皮书
渝新欧沿线国家发展报告（2018）
著(编)者：杨柏 黄森
2018年6月出版 / 估价：99.00元
PSN B-2017-626-1/1

中阿蓝皮书
中国-阿拉伯国家经贸发展报告（2018）
著(编)者：张廉 段庆林 王林聪 杨巧红
2018年12月出版 / 估价：99.00元
PSN B-2016-598-1/1

中东黄皮书
中东发展报告No.20（2017~2018）
著(编)者：杨光　2018年10月出版 / 估价：99.00元
PSN Y-1998-004-1/1

中亚黄皮书
中亚国家发展报告（2018）
著(编)者：孙力
2018年3月出版 / 定价：98.00元
PSN Y-2012-238-1/1

国别类

澳大利亚蓝皮书
澳大利亚发展报告(2017-2018)
著(编)者:孙有中 韩锋　2018年12月出版 / 估价:99.00元
PSN B-2016-587-1/1

巴西黄皮书
巴西发展报告(2017)
著(编)者:刘国枝　2018年5月出版 / 估价:99.00元
PSN Y-2017-614-1/1

德国蓝皮书
德国发展报告(2018)
著(编)者:郑春荣　2018年6月出版 / 估价:99.00元
PSN B-2012-278-1/1

俄罗斯黄皮书
俄罗斯发展报告(2018)
著(编)者:李永全　2018年6月出版 / 估价:99.00元
PSN Y-2006-061-1/1

韩国蓝皮书
韩国发展报告(2017)
著(编)者:牛林杰 刘宝全　2018年6月出版 / 估价:99.00元
PSN B-2010-155-1/1

加拿大蓝皮书
加拿大发展报告(2018)
著(编)者:唐小松　2018年9月出版 / 估价:99.00元
PSN B-2014-389-1/1

美国蓝皮书
美国研究报告(2018)
著(编)者:郑秉文 黄平　2018年5月出版 / 估价:99.00元
PSN B-2011-210-1/1

缅甸蓝皮书
缅甸国情报告(2017)
著(编)者:祝湘辉
2017年11月出版 / 定价:98.00元
PSN B-2013-343-1/1

日本蓝皮书
日本研究报告(2018)
著(编)者:杨伯江　2018年4月出版 / 定价:99.00元
PSN B-2002-020-1/1

土耳其蓝皮书
土耳其发展报告(2018)
著(编)者:郭长刚 刘义　2018年9月出版 / 估价:99.00元
PSN B-2014-412-1/1

伊朗蓝皮书
伊朗发展报告(2017~2018)
著(编)者:冀开运　2018年10月 / 估价:99.00元
PSN B-2016-574-1/1

以色列蓝皮书
以色列发展报告(2018)
著(编)者:张倩红　2018年8月出版 / 估价:99.00元
PSN B-2015-483-1/1

印度蓝皮书
印度国情报告(2017)
著(编)者:吕昭义　2018年6月出版 / 估价:99.00元
PSN B-2012-241-1/1

英国蓝皮书
英国发展报告(2017~2018)
著(编)者:王展鹏　2018年12月出版 / 估价:99.00元
PSN B-2015-486-1/1

越南蓝皮书
越南国情报告(2018)
著(编)者:谢林城　2018年11月出版 / 估价:99.00元
PSN B-2006-056-1/1

泰国蓝皮书
泰国研究报告(2018)
著(编)者:庄国土 张禹东 刘文正
2018年10月出版 / 估价:99.00元
PSN B-2016-556-1/1

文化传媒类

"三农"舆情蓝皮书
中国"三农"网络舆情报告(2017~2018)
著(编)者:农业部信息中心
2018年6月出版 / 估价:99.00元
PSN B-2017-640-1/1

传媒竞争力蓝皮书
中国传媒国际竞争力研究报告(2018)
著(编)者:李本乾 刘强 王大可
2018年8月出版 / 估价:99.00元
PSN B-2013-356-1/1

传媒蓝皮书
中国传媒产业发展报告(2018)
著(编)者:崔保国
2018年5月出版 / 估价:99.00元
PSN B-2005-035-1/1

传媒投资蓝皮书
中国传媒投资发展报告(2018)
著(编)者:张向东 谭云明
2018年6月出版 / 估价:148.00元
PSN B-2015-474-1/1

皮书系列 2018全品种 — 文化传媒类

非物质文化遗产蓝皮书
中国非物质文化遗产发展报告（2018）
著(编)者：陈平　2018年6月出版／估价：128.00元
PSN B-2015-469-1/2

非物质文化遗产蓝皮书
中国非物质文化遗产保护发展报告（2018）
著(编)者：宋俊华　2018年10月出版／估价：128.00元
PSN B-2016-586-2/2

广电蓝皮书
中国广播电影电视发展报告（2018）
著(编)者：国家新闻出版广电总局发展研究中心
2018年7月出版／估价：99.00元
PSN B-2006-072-1/1

广告主蓝皮书
中国广告主营销传播趋势报告No.9
著(编)者：黄升民　杜国清　邵华冬　等
2018年10月出版／估价：158.00元
PSN B-2005-041-1/1

国际传播蓝皮书
中国国际传播发展报告（2018）
著(编)者：胡正荣　李继东　姬德强
2018年12月出版／估价：99.00元
PSN B-2014-408-1/1

国家形象蓝皮书
中国国家形象传播报告（2017）
著(编)者：张昆　2018年6月出版／估价：128.00元
PSN B-2017-605-1/1

互联网治理蓝皮书
中国网络社会治理研究报告（2018）
著(编)者：罗昕　支庭荣
2018年9月出版／估价：118.00元
PSN B-2017-653-1/1

纪录片蓝皮书
中国纪录片发展报告（2018）
著(编)者：何苏六　2018年10月出版／估价：99.00元
PSN B-2011-222-1/1

科学传播蓝皮书
中国科学传播报告（2016~2017）
著(编)者：詹正茂　2018年6月出版／估价：99.00元
PSN B-2008-120-1/1

两岸创意经济蓝皮书
两岸创意经济研究报告（2018）
著(编)者：罗昌智　董泽平
2018年10月出版／估价：99.00元
PSN B-2014-437-1/1

媒介与女性蓝皮书
中国媒介与女性发展报告（2017~2018）
著(编)者：刘利群　2018年5月出版／估价：99.00元
PSN B-2013-345-1/1

媒体融合蓝皮书
中国媒体融合发展报告（2017~2018）
著(编)者：梅宁华　支庭荣
2017年12月出版／估价：98.00元
PSN B-2015-479-1/1

全球传媒蓝皮书
全球传媒发展报告（2017~2018）
著(编)者：胡正荣　李继东　2018年6月出版／估价：99.00元
PSN B-2012-237-1/1

少数民族非遗蓝皮书
中国少数民族非物质文化遗产发展报告（2018）
著(编)者：肖远平（彝）　柴立（满）
2018年10月出版／估价：118.00元
PSN B-2015-467-1/1

视听新媒体蓝皮书
中国视听新媒体发展报告（2018）
著(编)者：国家新闻出版广电总局发展研究中心
2018年7月出版／估价：118.00元
PSN B-2011-184-1/1

数字娱乐产业蓝皮书
中国动画产业发展报告（2018）
著(编)者：孙立军　孙平　牛兴侦
2018年10月出版／估价：99.00元
PSN B-2011-198-1/2

数字娱乐产业蓝皮书
中国游戏产业发展报告（2018）
著(编)者：孙立军　刘跃军　2018年10月出版／估价：99.00元
PSN B-2017-662-2/2

网络视听蓝皮书
中国互联网视听行业发展报告（2018）
著(编)者：陈鹏　2018年2月出版／定价：148.00元
PSN B-2018-688-1/1

文化创新蓝皮书
中国文化创新报告（2017·No.8）
著(编)者：傅才武　2018年6月出版／估价：99.00元
PSN B-2009-143-1/1

文化建设蓝皮书
中国文化发展报告（2018）
著(编)者：江畅　孙伟平　戴茂堂
2018年5月出版／估价：99.00元
PSN B-2014-392-1/1

文化科技蓝皮书
文化科技创新发展报告（2018）
著(编)者：于平　李凤亮　2018年10月出版／估价：99.00元
PSN B-2013-342-1/1

文化蓝皮书
中国公共文化服务发展报告（2017~2018）
著(编)者：刘新成　张永新　张旭
2018年12月出版／估价：99.00元
PSN B-2007-093-2/10

文化蓝皮书
中国少数民族文化发展报告（2017~2018）
著(编)者：武翠英　张晓明　任乌晶
2018年9月出版／估价：99.00元
PSN B-2013-369-9/10

文化蓝皮书
中国文化产业供需协调检测报告（2018）
著(编)者：王亚南　2018年3月出版／定价：99.00元
PSN B-2013-323-8/10

文化蓝皮书
中国文化消费需求景气评价报告（2018）
著(编)者：王亚南　2018年3月出版 / 定价：99.00元
PSN B-2011-236-4/10

文化蓝皮书
中国公共文化投入增长测评报告（2018）
著(编)者：王亚南　2018年3月出版 / 定价：99.00元
PSN B-2014-435-10/10

文化品牌蓝皮书
中国文化品牌发展报告（2018）
著(编)者：欧阳友权　2018年5月出版 / 估价：99.00元
PSN B-2012-277-1/1

文化遗产蓝皮书
中国文化遗产事业发展报告（2017~2018）
著(编)者：苏杨　张颖岚　卓杰　白海峰　陈晨　陈叙图
2018年8月出版 / 估价：99.00元
PSN B-2008-119-1/1

文学蓝皮书
中国文情报告（2017~2018）
著(编)者：白烨　2018年5月出版 / 估价：99.00元
PSN B-2011-221-1/1

新媒体蓝皮书
中国新媒体发展报告No.9（2018）
著(编)者：唐绪军　2018年7月出版 / 估价：99.00元
PSN B-2010-169-1/1

新媒体社会责任蓝皮书
中国新媒体社会责任研究报告（2018）
著(编)者：钟瑛　2018年12月出版 / 估价：99.00元
PSN B-2014-423-1/1

移动互联网蓝皮书
中国移动互联网发展报告（2018）
著(编)者：余清楚　2018年6月出版 / 估价：99.00元
PSN B-2012-282-1/1

影视蓝皮书
中国影视产业发展报告（2018）
著(编)者：司若　陈鹏　陈锐
2018年6月出版 / 估价：99.00元
PSN B-2016-529-1/1

舆情蓝皮书
中国社会舆情与危机管理报告（2018）
著(编)者：谢耘耕
2018年9月出版 / 估价：138.00元
PSN B-2011-235-1/1

中国大运河蓝皮书
中国大运河发展报告（2018）
著(编)者：吴欣　2018年2月出版 / 估价：128.00元
PSN B-2018-691-1/1

地方发展类-经济

澳门蓝皮书
澳门经济社会发展报告（2017~2018）
著(编)者：吴志良　郝雨凡
2018年7月出版 / 估价：99.00元
PSN B-2009-138-1/1

澳门绿皮书
澳门旅游休闲发展报告（2018）
著(编)者：郝雨凡　林广志
2018年5月出版 / 估价：99.00元
PSN G-2017-617-1/1

北京蓝皮书
北京经济发展报告（2017~2018）
著(编)者：杨松　2018年6月出版 / 估价：99.00元
PSN B-2006-054-2/8

北京旅游绿皮书
北京旅游发展报告（2018）
著(编)者：北京旅游学会
2018年7月出版 / 估价：99.00元
PSN G-2012-301-1/1

北京体育蓝皮书
北京体育产业发展报告（2017~2018）
著(编)者：钟秉枢　陈杰　杨铁黎
2018年9月出版 / 估价：99.00元
PSN B-2015-475-1/1

滨海金融蓝皮书
滨海新区金融发展报告（2017）
著(编)者：王爱俭　李向前　2018年4月出版 / 估价：99.00元
PSN B-2014-424-1/1

城乡一体化蓝皮书
北京城乡一体化发展报告（2017~2018）
著(编)者：吴宝新　张宝秀　黄序
2018年5月出版 / 估价：99.00元
PSN B-2012-258-2/2

非公有制企业社会责任蓝皮书
北京非公有制企业社会责任报告（2018）
著(编)者：宋贵伦　冯培
2018年6月出版 / 估价：99.00元
PSN B-2017-613-1/1

地方发展类-经济

福建旅游蓝皮书
福建省旅游产业发展现状研究（2017~2018）
著(编)者：陈敏华 黄远水　2018年12月出版 / 估价：128.00元
PSN B-2016-591-1/1

福建自贸区蓝皮书
中国(福建)自由贸易试验区发展报告(2017~2018)
著(编)者：黄茂兴　2018年6月出版 / 估价：118.00元
PSN B-2016-531-1/1

甘肃蓝皮书
甘肃经济发展分析与预测（2018）
著(编)者：安文华 罗哲　2018年1月出版 / 定价：99.00元
PSN B-2013-312-1/6

甘肃蓝皮书
甘肃商贸流通发展报告（2018）
著(编)者：张应华 王福生 王晓芳
2018年1月出版 / 定价：99.00元
PSN B-2016-522-6/6

甘肃蓝皮书
甘肃县域和农村发展报告（2018）
著(编)者：包东红 朱智文 王建兵
2018年1月出版 / 定价：99.00元
PSN B-2013-316-5/6

甘肃农业科技绿皮书
甘肃农业科技发展研究报告（2018）
著(编)者：魏胜文 乔德华 张东伟
2018年12月出版 / 估价：198.00元
PSN B-2016-592-1/1

甘肃气象保障蓝皮书
甘肃农业对气候变化的适应与风险评估报告（No.1）
著(编)者：鲍文中 周广胜
2017年12月出版 / 定价：108.00元
PSN B-2017-677-1/1

巩义蓝皮书
巩义经济社会发展报告（2018）
著(编)者：丁同民 朱军　2018年6月出版 / 估价：99.00元
PSN B-2016-532-1/1

广东外经贸蓝皮书
广东对外经济贸易发展研究报告（2017~2018）
著(编)者：陈万灵　2018年6月出版 / 估价：99.00元
PSN B-2012-286-1/1

广西北部湾经济区蓝皮书
广西北部湾经济区开放开发报告（2017~2018）
著(编)者：广西壮族自治区北部湾经济区和东盟开放合作办公室
　　　　　广西社会科学院
　　　　　广西北部湾发展研究院
2018年5月出版 / 估价：99.00元
PSN B-2010-181-1/1

广州蓝皮书
广州城市国际化发展报告（2018）
著(编)者：张跃国　2018年8月出版 / 估价：99.00元
PSN B-2012-246-11/14

广州蓝皮书
中国广州城市建设与管理发展报告（2018）
著(编)者：张其学 陈小钢 王宏伟　2018年8月出版 / 估价：99.00元
PSN B-2007-087-4/14

广州蓝皮书
广州创新型城市发展报告（2018）
著(编)者：尹涛　2018年6月出版 / 估价：99.00元
PSN B-2012-247-12/14

广州蓝皮书
广州经济发展报告（2018）
著(编)者：张跃国 尹涛　2018年7月出版 / 估价：99.00元
PSN B-2005-040-1/14

广州蓝皮书
2018年中国广州经济形势分析与预测
著(编)者：魏明海 谢博能 李华
2018年6月出版 / 估价：99.00元
PSN B-2011-185-9/14

广州蓝皮书
中国广州科技创新发展报告（2018）
著(编)者：于欣伟 陈爽 邓佑满　2018年8月出版 / 估价：99.00元
PSN B-2006-065-2/14

广州蓝皮书
广州农村发展报告（2018）
著(编)者：朱名宏　2018年7月出版 / 估价：99.00元
PSN B-2010-167-8/14

广州蓝皮书
广州汽车产业发展报告（2018）
著(编)者：杨再高 冯兴亚　2018年7月出版 / 估价：99.00元
PSN B-2006-066-3/14

广州蓝皮书
广州商贸业发展报告（2018）
著(编)者：张跃国 陈杰 荀振英
2018年7月出版 / 估价：99.00元
PSN B-2012-245-10/14

贵阳蓝皮书
贵阳城市创新发展报告No.3（白云篇）
著(编)者：连玉明　2018年5月出版 / 估价：99.00元
PSN B-2015-491-3/10

贵阳蓝皮书
贵阳城市创新发展报告No.3（观山湖篇）
著(编)者：连玉明　2018年5月出版 / 估价：99.00元
PSN B-2015-497-9/10

贵阳蓝皮书
贵阳城市创新发展报告No.3（花溪篇）
著(编)者：连玉明　2018年5月出版 / 估价：99.00元
PSN B-2015-490-2/10

贵阳蓝皮书
贵阳城市创新发展报告No.3（开阳篇）
著(编)者：连玉明　2018年5月出版 / 估价：99.00元
PSN B-2015-492-4/10

贵阳蓝皮书
贵阳城市创新发展报告No.3（南明篇）
著(编)者：连玉明　2018年5月出版 / 估价：99.00元
PSN B-2015-496-8/10

贵阳蓝皮书
贵阳城市创新发展报告No.3（清镇篇）
著(编)者：连玉明　2018年5月出版 / 估价：99.00元
PSN B-2015-489-1/10

地方发展类-经济

贵阳蓝皮书
贵阳城市创新发展报告No.3（乌当篇）
著(编)者：连玉明　2018年5月出版／估价：99.00元
PSN B-2015-495-7/10

贵阳蓝皮书
贵阳城市创新发展报告No.3（息烽篇）
著(编)者：连玉明　2018年5月出版／估价：99.00元
PSN B-2015-493-5/10

贵阳蓝皮书
贵阳城市创新发展报告No.3（修文篇）
著(编)者：连玉明　2018年5月出版／估价：99.00元
PSN B-2015-494-6/10

贵阳蓝皮书
贵阳城市创新发展报告No.3（云岩篇）
著(编)者：连玉明　2018年5月出版／估价：99.00元
PSN B-2015-498-10/10

贵州房地产蓝皮书
贵州房地产发展报告No.5（2018）
著(编)者：武廷方　2018年7月出版／估价：99.00元
PSN B-2014-426-1/1

贵州蓝皮书
贵州册亨经济社会发展报告（2018）
著(编)者：黄德林　2018年6月出版／估价：99.00元
PSN B-2016-525-8/9

贵州蓝皮书
贵州地理标志产业发展报告（2018）
著(编)者：李发耀　黄其松　2018年8月出版／估价：99.00元
PSN B-2017-646-10/10

贵州蓝皮书
贵安新区发展报告（2017~2018）
著(编)者：马长青　吴大华　2018年6月出版／估价：99.00元
PSN B-2015-459-4/10

贵州蓝皮书
贵州国家级开放创新平台发展报告（2017~2018）
著(编)者：申晓庆　吴大华　季泓
2018年11月出版／估价：99.00元
PSN B-2016-518-7/10

贵州蓝皮书
贵州国有企业社会责任发展报告（2017~2018）
著(编)者：郭丽　2018年12月出版／估价：99.00元
PSN B-2015-511-6/10

贵州蓝皮书
贵州民航业发展报告（2017）
著(编)者：申振东　吴大华　2018年6月出版／估价：99.00元
PSN B-2015-471-5/10

贵州蓝皮书
贵州民营经济发展报告（2017）
著(编)者：杨静　吴大华　2018年6月出版／估价：99.00元
PSN B-2016-530-9/9

杭州都市圈蓝皮书
杭州都市圈发展报告（2018）
著(编)者：洪庆华　沈翔　2018年4月出版／定价：98.00元
PSN B-2012-302-1/1

河北经济蓝皮书
河北省经济发展报告（2018）
著(编)者：马树强　金浩　张贵　2018年6月出版／估价：99.00元
PSN B-2014-380-1/1

河北蓝皮书
河北经济社会发展报告（2018）
著(编)者：康振海　2018年1月出版／定价：99.00元
PSN B-2014-372-1/3

河北蓝皮书
京津冀协同发展报告（2018）
著(编)者：陈璐　2017年12月出版／定价：79.00元
PSN B-2017-601-2/3

河南经济蓝皮书
2018年河南经济形势分析与预测
著(编)者：王世炎　2018年3月出版／定价：89.00元
PSN B-2007-086-1/1

河南蓝皮书
河南城市发展报告（2018）
著(编)者：张占仓　王建国　2018年5月出版／估价：99.00元
PSN B-2009-131-3/9

河南蓝皮书
河南工业发展报告（2018）
著(编)者：张占仓　2018年5月出版／估价：99.00元
PSN B-2013-317-5/9

河南蓝皮书
河南金融发展报告（2018）
著(编)者：喻新安　谷建全
2018年6月出版／估价：99.00元
PSN B-2014-390-7/9

河南蓝皮书
河南经济发展报告（2018）
著(编)者：张占仓　完世伟
2018年6月出版／估价：99.00元
PSN B-2010-157-4/9

河南蓝皮书
河南能源发展报告（2018）
著(编)者：国网河南省电力公司经济技术研究院
　　　　　河南省社会科学院
2018年6月出版／估价：99.00元
PSN B-2017-607-9/9

河南商务蓝皮书
河南商务发展报告（2018）
著(编)者：焦锦淼　穆荣国　2018年5月出版／估价：99.00元
PSN B-2014-399-1/1

河南双创蓝皮书
河南创新创业发展报告（2018）
著(编)者：喻新安　杨雪梅
2018年8月出版／估价：99.00元
PSN B-2017-641-1/1

黑龙江蓝皮书
黑龙江经济发展报告（2018）
著(编)者：朱宇　2018年1月出版／定价：89.00元
PSN B-2011-190-2/2

地方发展类-经济

湖南城市蓝皮书
区域城市群整合
著(编)者：童中贤 韩未名　2018年12月出版 / 估价：99.00元
PSN B-2006-064-1/1

湖南蓝皮书
湖南城乡一体化发展报告（2018）
著(编)者：陈文胜 王文强 陆福兴
2018年8月出版 / 估价：99.00元
PSN B-2015-477-8/8

湖南蓝皮书
2018年湖南电子政务发展报告
著(编)者：梁志峰　2018年5月出版 / 估价：128.00元
PSN B-2014-394-6/8

湖南蓝皮书
2018年湖南经济发展报告
著(编)者：卞鹰　2018年5月出版 / 估价：128.00元
PSN B-2011-207-2/8

湖南蓝皮书
2016年湖南经济展望
著(编)者：梁志峰　2018年5月出版 / 估价：128.00元
PSN B-2011-206-1/8

湖南蓝皮书
2018年湖南县域经济社会发展报告
著(编)者：梁志峰　2018年5月出版 / 估价：128.00元
PSN B-2014-395-7/8

湖南县域绿皮书
湖南县域发展报告（No.5）
著(编)者：袁准 周小毛 黎仁寅
2018年6月出版 / 估价：99.00元
PSN G-2012-274-1/1

沪港蓝皮书
沪港发展报告（2018）
著(编)者：尤安山　2018年9月出版 / 估价：99.00元
PSN B-2013-362-1/1

吉林蓝皮书
2018年吉林经济社会形势分析与预测
著(编)者：邵汉明　2017年12月出版 / 定价：89.00元
PSN B-2013-319-1/1

吉林省城市竞争力蓝皮书
吉林省城市竞争力报告（2017~2018）
著(编)者：崔岳春 张磊
2018年3月出版 / 定价：89.00元
PSN B-2016-513-1/1

济源蓝皮书
济源经济社会发展报告（2018）
著(编)者：喻新安　2018年6月出版 / 估价：99.00元
PSN B-2014-387-1/1

江苏蓝皮书
2018年江苏经济发展分析与展望
著(编)者：王庆五 吴先满
2018年7月出版 / 估价：128.00元
PSN B-2017-635-1/3

江西蓝皮书
江西经济社会发展报告（2018）
著(编)者：陈石俊 龚建文　2018年10月出版 / 估价：128.00元
PSN B-2015-484-1/2

江西蓝皮书
江西设区市发展报告（2018）
著(编)者：姜玮 梁勇
2018年10月出版 / 估价：99.00元
PSN B-2016-517-2/2

经济特区蓝皮书
中国经济特区发展报告（2017）
著(编)者：陶一桃　2018年1月出版 / 估价：99.00元
PSN B-2009-139-1/1

辽宁蓝皮书
2018年辽宁经济社会形势分析与预测
著(编)者：梁启东 魏红江　2018年6月出版 / 估价：99.00元
PSN B-2006-053-1/1

民族经济蓝皮书
中国民族地区经济发展报告（2018）
著(编)者：李曦辉　2018年7月出版 / 估价：99.00元
PSN B-2017-630-1/1

南宁蓝皮书
南宁经济发展报告（2018）
著(编)者：胡建华　2018年9月出版 / 估价：99.00元
PSN B-2016-569-2/3

内蒙古蓝皮书
内蒙古精准扶贫研究报告（2018）
著(编)者：张志华　2018年1月出版 / 定价：89.00元
PSN B-2017-681-2/2

浦东新区蓝皮书
上海浦东经济发展报告（2018）
著(编)者：周小平 徐美芳
2018年1月出版 / 定价：89.00元
PSN B-2011-225-1/1

青海蓝皮书
2018年青海经济社会形势分析与预测
著(编)者：陈玮　2018年1月出版 / 定价：98.00元
PSN B-2012-275-1/2

青海科技绿皮书
青海科技发展报告（2017）
著(编)者：青海省科学技术信息研究所
2018年3月出版 / 定价：98.00元
PSN G-2018-701-1/1

山东蓝皮书
山东经济形势分析与预测（2018）
著(编)者：李广杰　2018年7月出版 / 估价：99.00元
PSN B-2014-404-1/5

山东蓝皮书
山东省普惠金融发展报告（2018）
著(编)者：齐鲁财富网
2018年9月出版 / 估价：99.00元
PSN B2017-676-5/5

地方发展类-经济

山西蓝皮书
山西资源型经济转型发展报告（2018）
著(编)者：李志强　　2018年7月出版 / 估价：99.00元
PSN B-2011-197-1/1

陕西蓝皮书
陕西经济发展报告（2018）
著(编)者：任宗哲　白宽犁　裴成荣
2018年1月出版 / 定价：89.00元
PSN B-2009-135-1/6

陕西蓝皮书
陕西精准脱贫研究报告（2018）
著(编)者：任宗哲　白宽犁　王建康
2018年4月出版 / 定价：89.00元
PSN B-2017-623-6/6

上海蓝皮书
上海经济发展报告（2018）
著(编)者：沈开艳　　2018年2月出版 / 定价：89.00元
PSN B-2006-057-1/7

上海蓝皮书
上海资源环境发展报告（2018）
著(编)者：周冯琦　胡静　　2018年2月出版 / 定价：89.00元
PSN B-2006-060-4/7

上海蓝皮书
上海奉贤经济发展分析与研判（2017～2018）
著(编)者：张兆安　朱平芳　　2018年3月出版 / 估价：99.00元
PSN B-2018-698-8/8

上饶蓝皮书
上饶发展报告（2016～2017）
著(编)者：廖其志　　2018年6月出版 / 估价：128.00元
PSN B-2014-377-1/1

深圳蓝皮书
深圳经济发展报告（2018）
著(编)者：张骁儒　　2018年6月出版 / 估价：99.00元
PSN B-2008-112-3/7

四川蓝皮书
四川城镇化发展报告（2018）
著(编)者：侯水平　陈炜　　2018年6月出版 / 估价：99.00元
PSN B-2015-456-7/7

四川蓝皮书
2018年四川经济形势分析与预测
著(编)者：杨钢　　2018年1月出版 / 定价：158.00元
PSN B-2007-098-2/7

四川蓝皮书
四川企业社会责任研究报告（2017～2018）
著(编)者：侯水平　盛毅　　2018年5月出版 / 估价：99.00元
PSN B-2014-386-4/7

四川蓝皮书
四川生态建设报告（2018）
著(编)者：李晟之　　2018年5月出版 / 估价：99.00元
PSN B-2015-455-6/7

四川蓝皮书
四川特色小镇发展报告（2017）
著(编)者：吴志强　　2017年11月出版 / 定价：89.00元
PSN B-2017-670-8/8

体育蓝皮书
上海体育产业发展报告（2017~2018）
著(编)者：张林　黄海燕
2018年10月出版 / 估价：99.00元
PSN B-2015-454-4/5

体育蓝皮书
长三角地区体育产业发展报（2017～2018）
著(编)者：张林　　2018年6月出版 / 估价：99.00元
PSN B-2015-453-3/5

天津金融蓝皮书
天津金融发展报告（2018）
著(编)者：王爱俭　孔德昌
2018年5月出版 / 估价：99.00元
PSN B-2014-418-1/1

图们江区域合作蓝皮书
图们江区域合作发展报告（2018）
著(编)者：李铁　　2018年6月出版 / 估价：99.00元
PSN B-2015-464-1/1

温州蓝皮书
2018年温州经济社会形势分析与预测
著(编)者：蒋儒标　王春光　金浩
2018年6月出版 / 估价：99.00元
PSN B-2008-105-1/1

西咸新区蓝皮书
西咸新区发展报告（2018）
著(编)者：李扬　王军
2018年6月出版 / 估价：99.00元
PSN B-2016-534-1/1

修武蓝皮书
修武经济社会发展报告（2018）
著(编)者：张占仓　袁凯声
2018年10月出版 / 估价：99.00元
PSN B-2017-651-1/1

偃师蓝皮书
偃师经济社会发展报告（2018）
著(编)者：张占仓　袁凯声　何武周
2018年7月出版 / 估价：99.00元
PSN B-2017-627-1/1

扬州蓝皮书
扬州经济社会发展报告（2018）
著(编)者：陈扬
2018年12月出版 / 估价：108.00元
PSN B-2011-191-1/1

长垣蓝皮书
长垣经济社会发展报告（2018）
著(编)者：张占仓　袁凯声　秦保建
2018年10月出版 / 估价：99.00元
PSN B-2017-654-1/1

遵义蓝皮书
遵义发展报告（2018）
著(编)者：邓彦　曾征　龚永育
2018年9月出版 / 估价：99.00元
PSN B-2014-433-1/1

皮书系列 2018全品种
地方发展类-社会

地方发展类-社会

安徽蓝皮书
安徽社会发展报告（2018）
著（编）者：程桦　2018年6月出版／估价：99.00元
PSN B-2013-325-1/1

安徽社会建设蓝皮书
安徽社会建设分析报告（2017~2018）
著（编）者：黄家海　蔡宪
2018年11月出版／估价：99.00元
PSN B-2013-322-1/1

北京蓝皮书
北京公共服务发展报告（2017~2018）
著（编）者：施昌奎　2018年6月出版／估价：99.00元
PSN B-2008-103-7/8

北京蓝皮书
北京社会发展报告（2017~2018）
著（编）者：李伟东
2018年7月出版／估价：99.00元
PSN B-2006-055-3/8

北京蓝皮书
北京社会治理发展报告（2017~2018）
著（编）者：殷星辰　2018年7月出版／估价：99.00元
PSN B-2014-391-8/8

北京律师蓝皮书
北京律师发展报告No.4（2018）
著（编）者：王隽　2018年12月出版／估价：99.00元
PSN B-2011-217-1/1

北京人才蓝皮书
北京人才发展报告（2018）
著（编）者：敏华　2018年12月出版／估价：128.00元
PSN B-2011-201-1/1

北京社会心态蓝皮书
北京社会心态分析报告（2017~2018）
北京市社会心理服务促进中心
2018年10月出版／估价：99.00元
PSN B-2014-422-1/1

北京社会组织管理蓝皮书
北京社会组织发展与管理（2018）
著（编）者：黄江松
2018年6月出版／估价：99.00元
PSN B-2015-446-1/1

北京养老产业蓝皮书
北京居家养老发展报告（2018）
著（编）者：陆杰华　周明明
2018年8月出版／估价：99.00元
PSN B-2015-465-1/1

法治蓝皮书
四川依法治省年度报告No.4（2018）
著（编）者：李林　杨天宗　田禾
2018年3月出版／定价：118.00元
PSN B-2015-447-2/3

福建妇女发展蓝皮书
福建省妇女发展报告（2018）
著（编）者：刘群英　2018年11月出版／估价：99.00元
PSN B-2011-220-1/1

甘肃蓝皮书
甘肃社会发展分析与预测（2018）
著（编）者：安文华　谢增虎　包晓霞
2018年1月出版／定价：99.00元
PSN B-2013-313-2/6

广东蓝皮书
广东全面深化改革研究报告（2018）
著（编）者：周林生　涂成林
2018年12月出版／估价：99.00元
PSN B-2015-504-3/3

广东蓝皮书
广东社会工作发展报告（2018）
著（编）者：罗观翠　2018年6月出版／估价：99.00元
PSN B-2014-402-2/3

广州蓝皮书
广州青年发展报告（2018）
著（编）者：徐柳　张强
2018年8月出版／估价：99.00元
PSN B-2013-352-13/14

广州蓝皮书
广州社会保障发展报告（2018）
著（编）者：张跃国　2018年8月出版／估价：99.00元
PSN B-2014-425-14/14

广州蓝皮书
2018年中国广州社会形势分析与预测
著（编）者：张强　郭志勇　何镜清
2018年6月出版／估价：99.00元
PSN B-2008-110-5/14

贵州蓝皮书
贵州法治发展报告（2018）
著（编）者：吴大华　2018年5月出版／估价：99.00元
PSN B-2012-254-2/10

贵州蓝皮书
贵州人才发展报告（2017）
著（编）者：于杰　吴大华
2018年9月出版／估价：99.00元
PSN B-2014-382-3/10

贵州蓝皮书
贵州社会发展报告（2018）
著（编）者：王兴骥　2018年6月出版／估价：99.00元
PSN B-2010-166-1/10

杭州蓝皮书
杭州妇女发展报告（2018）
著（编）者：魏颖
2018年10月出版／估价：99.00元
PSN B-2014-403-1/1

地方发展类-社会

河北蓝皮书
河北法治发展报告（2018）
著（编）者：康振海　2018年6月出版 / 估价：99.00元
PSN B-2017-622-3/3

河北食品药品安全蓝皮书
河北食品药品安全研究报告（2018）
著（编）者：丁锦霞
2018年10月出版 / 估价：99.00元
PSN B-2015-473-1/1

河南蓝皮书
河南法治发展报告（2018）
著（编）者：张林海　2018年7月出版 / 估价：99.00元
PSN B-2014-376-6/9

河南蓝皮书
2018年河南社会形势分析与预测
著（编）者：牛苏林　2018年5月出版 / 估价：99.00元
PSN B-2005-043-1/9

河南民办教育蓝皮书
河南民办教育发展报告（2018）
著（编）者：胡大白　2018年9月出版 / 估价：99.00元
PSN B-2017-642-1/1

黑龙江蓝皮书
黑龙江社会发展报告（2018）
著（编）者：王爱丽　2018年1月出版 / 定价：89.00元
PSN B-2011-189-1/2

湖南蓝皮书
2018年湖南两型社会与生态文明建设报告
著（编）者：卞鹰　2018年5月出版 / 估价：128.00元
PSN B-2011-208-3/8

湖南蓝皮书
2018年湖南社会发展报告
著（编）者：卞鹰　2018年5月出版 / 估价：128.00元
PSN B-2014-393-5/8

健康城市蓝皮书
北京健康城市建设研究报告（2018）
著（编）者：王鸿春　盛继洪
2018年9月出版 / 估价：99.00元
PSN B-2015-460-1/2

江苏法治蓝皮书
江苏法治发展报告No.6（2017）
著（编）者：蔡道通　龚廷泰
2018年8月出版 / 估价：99.00元
PSN B-2012-290-1/1

江苏蓝皮书
2018年江苏社会发展分析与展望
著（编）者：王庆五　刘旺洪
2018年8月出版 / 估价：128.00元
PSN B-2017-636-2/3

民族教育蓝皮书
中国民族教育发展报告（2017·内蒙古卷）
著（编）者：陈中永
2017年12月出版 / 定价：198.00元
PSN B-2017-669-1/1

南宁蓝皮书
南宁法治发展报告（2018）
著（编）者：杨维超　2018年12月出版 / 估价：99.00元
PSN B-2015-509-1/3

南宁蓝皮书
南宁社会发展报告（2018）
著（编）者：胡建华　2018年10月出版 / 估价：99.00元
PSN B-2016-570-3/3

内蒙古蓝皮书
内蒙古反腐倡廉建设报告 No.2
著（编）者：张志华　2018年6月出版 / 估价：99.00元
PSN B-2013-365-1/1

青海蓝皮书
2018年青海人才发展报告
著（编）者：王宇燕　2018年9月出版 / 估价：99.00元
PSN B-2017-650-2/2

青海生态文明建设蓝皮书
青海生态文明建设报告（2018）
著（编）者：张西明　尚华　2018年12月出版 / 估价：99.00元
PSN B-2016-595-1/1

人口与健康蓝皮书
深圳人口与健康发展报告（2018）
著（编）者：陆杰华　傅崇辉
2018年11月出版 / 估价：99.00元
PSN B-2011-228-1/1

山东蓝皮书
山东社会形势分析与预测（2018）
著（编）者：李善峰　2018年6月出版 / 估价：99.00元
PSN B-2014-405-2/5

陕西蓝皮书
陕西社会发展报告（2018）
著（编）者：任宗哲　白宽犁　牛昉
2018年1月出版 / 定价：89.00元
PSN B-2009-136-2/6

上海蓝皮书
上海法治发展报告（2018）
著（编）者：叶必丰　2018年9月出版 / 估价：99.00元
PSN B-2012-296-6/7

上海蓝皮书
上海社会发展报告（2018）
著（编）者：杨雄　周海旺
2018年2月出版 / 定价：89.00元
PSN B-2006-058-2/7

社会建设蓝皮书
2018年北京社会建设分析报告
著(编)者：宋贵伦 冯虹　2018年9月出版 / 估价：99.00元
PSN B-2010-173-1/1

深圳蓝皮书
深圳法治发展报告（2018）
著(编)者：张骁儒　2018年6月出版 / 估价：99.00元
PSN B-2015-470-6/7

深圳蓝皮书
深圳劳动关系发展报告（2018）
著(编)者：汤庭芬　2018年8月出版 / 估价：99.00元
PSN B-2007-097-2/7

深圳蓝皮书
深圳社会治理与发展报告（2018）
著(编)者：张骁儒　2018年6月出版 / 估价：99.00元
PSN B-2008-113-4/7

生态安全绿皮书
甘肃国家生态安全屏障建设发展报告（2018）
著(编)者：刘举科 喜文华
2018年10月出版 / 估价：99.00元
PSN G-2017-659-1/1

顺义社会建设蓝皮书
北京市顺义区社会建设发展报告（2018）
著(编)者：王学武　2018年9月出版 / 估价：99.00元
PSN B-2017-658-1/1

四川蓝皮书
四川法治发展报告（2018）
著(编)者：郑泰安　2018年6月出版 / 估价：99.00元
PSN B-2015-441-5/7

四川蓝皮书
四川社会发展报告（2018）
著(编)者：李羚　2018年6月出版 / 估价：99.00元
PSN B-2008-127-3/7

四川社会工作与管理蓝皮书
四川省社会工作人力资源发展报告（2017）
著(编)者：边慧敏　2017年12月出版 / 定价：89.00元
PSN B-2017-683-1/1

云南社会治理蓝皮书
云南社会治理年度报告（2017）
著(编)者：晏雄 韩全芳
2018年5月出版 / 估价：99.00元
PSN B-2017 667-1/1

地方发展类-文化

北京传媒蓝皮书
北京新闻出版广电发展报告（2017~2018）
著(编)者：王志　2018年11月出版 / 估价：99.00元
PSN B-2016-588-1/1

北京蓝皮书
北京文化发展报告（2017~2018）
著(编)者：李建盛　2018年5月出版 / 估价：99.00元
PSN B-2007-082-4/8

创意城市蓝皮书
北京文化创意产业发展报告（2018）
著(编)者：郭万超 张京成　2018年12月出版 / 估价：99.00元
PSN B-2012-263-1/7

创意城市蓝皮书
天津文化创意产业发展报告（2017~2018）
著(编)者：谢思全　2018年6月出版 / 估价：99.00元
PSN B-2016-536-7/7

创意城市蓝皮书
武汉文化创意产业发展报告（2018）
著(编)者：黄永林 陈汉桥　2018年12月出版 / 估价：99.00元
PSN B-2013-354-4/7

创意上海蓝皮书
上海文化创意产业发展报告（2017~2018）
著(编)者：王慧敏 王兴全　2018年8月出版 / 估价：99.00元
PSN B-2016-561-1/1

非物质文化遗产蓝皮书
广州市非物质文化遗产保护发展报告（2018）
著(编)者：宋俊华　2018年12月出版 / 估价：99.00元
PSN B-2016-589-1/1

甘肃蓝皮书
甘肃文化发展分析与预测（2018）
著(编)者：马廷旭 戚晓萍　2018年1月出版 / 定价：99.00元
PSN B-2013-314-3/6

甘肃蓝皮书
甘肃舆情分析与预测（2018）
著(编)者：王俊莲 张谦元　2018年1月出版 / 定价：99.00元
PSN B-2013-315-4/6

广州蓝皮书
中国广州文化发展报告（2018）
著(编)者：屈哨兵 陆志强　2018年6月出版 / 估价：99.00元
PSN B-2009-134-7/14

广州蓝皮书
广州文化创意产业发展报告（2018）
著(编)者：徐咏虹　2018年7月出版 / 估价：99.00元
PSN B-2008-111-6/14

海淀蓝皮书
海淀区文化和科技融合发展报告（2018）
著(编)者：陈名杰 孟景伟　2018年5月出版 / 估价：99.00元
PSN B-2013-329-1/1

地方发展类-文化

河南蓝皮书
河南文化发展报告（2018）
著(编)者：卫绍生　　2018年7月出版 / 估价：99.00元
PSN B-2008-106-2/9

湖北文化产业蓝皮书
湖北省文化产业发展报告（2018）
著(编)者：黄晓华　　2018年9月出版 / 估价：99.00元
PSN B-2017-656-1/1

湖北文化蓝皮书
湖北文化发展报告（2017~2018）
著(编)者：湖北大学高等人文研究院
　　　　　中华文化发展湖北省协同创新中心
2018年10月出版 / 估价：99.00元
PSN B-2016-566-1/1

江苏蓝皮书
2018年江苏文化发展分析与展望
著(编)者：王庆五　樊和平　2018年9月出版 / 估价：128.00元
PSN B-2017-637-3/3

江西文化蓝皮书
江西非物质文化遗产发展报告（2018）
著(编)者：张圣才　傅安平　2018年12月出版 / 估价：128.00元
PSN B-2015-499-1/1

洛阳蓝皮书
洛阳文化发展报告（2018）
著(编)者：刘福兴　陈启明　2018年7月出版 / 估价：99.00元
PSN B-2015-476-1/1

南京蓝皮书
南京文化发展报告（2018）
著(编)者：中共南京市委宣传部
2018年12月出版 / 估价：99.00元
PSN B-2014-439-1/1

宁波文化蓝皮书
宁波"一人一艺"全民艺术普及发展报告（2017）
著(编)者：张爱琴　　2018年11月出版 / 估价：128.00元
PSN B-2017-668-1/1

山东蓝皮书
山东文化发展报告（2018）
著(编)者：涂可国　　2018年5月出版 / 估价：99.00元
PSN B-2014-406-3/5

陕西蓝皮书
陕西文化发展报告（2018）
著(编)者：任宗哲　白宽犁　王长寿
2018年1月出版 / 定价：89.00元
PSN B-2009-137-3/6

上海蓝皮书
上海传媒发展报告（2018）
著(编)者：强荧　焦雨虹　2018年2月出版 / 定价：89.00元
PSN B-2012-295-5/7

上海蓝皮书
上海文学发展报告（2018）
著(编)者：陈圣来　　2018年6月出版 / 估价：99.00元
PSN B-2012-297-7/7

上海蓝皮书
上海文化发展报告（2018）
著(编)者：荣跃明　　2018年6月出版 / 估价：99.00元
PSN B-2006-059-3/7

深圳蓝皮书
深圳文化发展报告（2018）
著(编)者：张骁儒　　2018年7月出版 / 估价：99.00元
PSN B-2016-554-7/7

四川蓝皮书
四川文化产业发展报告（2018）
著(编)者：向宝云　张立伟　2018年6月出版 / 估价：99.00元
PSN B-2006-074-1/7

郑州蓝皮书
2018年郑州文化发展报告
著(编)者：王哲　　2018年9月出版 / 估价：99.00元
PSN B-2008-107-1/1

社会科学文献出版社　皮书系列

❖ 皮书起源 ❖

"皮书"起源于十七、十八世纪的英国,主要指官方或社会组织正式发表的重要文件或报告,多以"白皮书"命名。在中国,"皮书"这一概念被社会广泛接受,并被成功运作、发展成为一种全新的出版形态,则源于中国社会科学院社会科学文献出版社。

❖ 皮书定义 ❖

皮书是对中国与世界发展状况和热点问题进行年度监测,以专业的角度、专家的视野和实证研究方法,针对某一领域或区域现状与发展态势展开分析和预测,具备原创性、实证性、专业性、连续性、前沿性、时效性等特点的公开出版物,由一系列权威研究报告组成。

❖ 皮书作者 ❖

皮书系列的作者以中国社会科学院、著名高校、地方社会科学院的研究人员为主,多为国内一流研究机构的权威专家学者,他们的看法和观点代表了学界对中国与世界的现实和未来最高水平的解读与分析。

❖ 皮书荣誉 ❖

皮书系列已成为社会科学文献出版社的著名图书品牌和中国社会科学院的知名学术品牌。2016年,皮书系列正式列入"十三五"国家重点出版规划项目;2013~2018年,重点皮书列入中国社会科学院承担的国家哲学社会科学创新工程项目;2018年,59种院外皮书使用"中国社会科学院创新工程学术出版项目"标识。

中国皮书网

（网址：www.pishu.cn）

发布皮书研创资讯，传播皮书精彩内容
引领皮书出版潮流，打造皮书服务平台

栏目设置

关于皮书：何谓皮书、皮书分类、皮书大事记、皮书荣誉、
皮书出版第一人、皮书编辑部

最新资讯：通知公告、新闻动态、媒体聚焦、网站专题、视频直播、下载专区

皮书研创：皮书规范、皮书选题、皮书出版、皮书研究、研创团队

皮书评奖评价：指标体系、皮书评价、皮书评奖

互动专区：皮书说、社科数托邦、皮书微博、留言板

所获荣誉

2008年、2011年，中国皮书网均在全国新闻出版业网站荣誉评选中获得"最具商业价值网站"称号；

2012年，获得"出版业网站百强"称号。

网库合一

2014年，中国皮书网与皮书数据库端口合一，实现资源共享。

权威报告・一手数据・特色资源

皮书数据库

ANNUAL REPORT(YEARBOOK) DATABASE

当代中国经济与社会发展高端智库平台

所获荣誉

- 2016年,入选"'十三五'国家重点电子出版物出版规划骨干工程"
- 2015年,荣获"搜索中国正能量 点赞2015""创新中国科技创新奖"
- 2013年,荣获"中国出版政府奖・网络出版物奖"提名奖
- 连续多年荣获中国数字出版博览会"数字出版・优秀品牌"奖

成为会员

通过网址www.pishu.com.cn或使用手机扫描二维码进入皮书数据库网站,进行手机号码验证或邮箱验证即可成为皮书数据库会员(建议通过手机号码快速验证注册)。

会员福利

- 使用手机号码首次注册的会员,账号自动充值100元体验金,可直接购买和查看数据库内容(仅限使用手机号码快速注册)。
- 已注册用户购书后可免费获赠100元皮书数据库充值卡。刮开充值卡涂层获取充值密码,登录并进入"会员中心"—"在线充值"—"充值卡充值",充值成功后即可购买和查看数据库内容。

数据库服务热线:400-008-6695
数据库服务QQ:2475522410
数据库服务邮箱:database@ssap.cn

图书销售热线:010-59367070/7028
图书服务QQ:1265056568
图书服务邮箱:duzhe@ssap.cn

更多信息请登录

皮书数据库
http://www.pishu.com.cn

中国皮书网
http://www.pishu.cn

皮书微博
http://weibo.com/pishu

皮书微信"皮书说"

请到当当、亚马逊、京东或各地书店购买，也可办理邮购

咨询/邮购电话：010-59367028　59367070

邮　　箱：duzhe@ssap.cn

邮购地址：北京市西城区北三环中路甲29号院3号楼
　　　　　华龙大厦13层读者服务中心

邮　编：100029

银行户名：社会科学文献出版社

开户银行：中国工商银行北京北太平庄支行

账　　号：0200010019200365434